Aus dem Programm
Huber: Psychologie Sachbuch

Peter Winterhoff-Spurk

Fernsehen

Psychologische Befunde zur Medienwirkung

Verlag Hans Huber, Bern Stuttgart Toronto

Ich danke herzlich

Prof. Dr. Theo Herrmann für seine umfassende und freundschaftliche Hilfe,
Frau Brigitte Krieg für die präzise und geduldige Schreibarbeit,
meiner Frau, Claudia Spurk, für zahlreiche und anregende Gespräche,
dem Huber-Verlag und Dr. Peter Stehlin für die Unterstützung,
Dr. Jo Groebel, den Lehrer-Ehepaaren Krista und Ingo Lörcher und Christine und Artur Mietens sowie Dipl. Psych. Carlo Michael Sommer für die kritische Lektüre einer ersten Fassung des Buches.

P. Winterhoff-Spurk

CIP-Kurztitelaufnahme der Deutschen Bibliothek

Winterhoff-Spurk, Peter:
Fernsehen: psycholog. Befunde zur Medienwirkung /
Peter Winterhoff-Spurk. - Bern; Stuttgart;
Toronto: Huber, 1986.
(Huber-Psychologie-Sachbuch)
ISBN 3-456-81517-4

1. Auflage 1986

Satz und Druck: Heinz Arm, Bern
Printed in Switzerland

Inhaltsverzeichnis

1. Kapitel

Neunzig Jahre Angst – «Farmington turns off!»

1.1 Die Invasion vom Mars – Spektakuläre Medienwirkungen
1.2 Max Skladanowsky und sein boxendes Känguruh – Vermutungen über Filmwirkungen
1.3 Schafft das Fernsehen ab! – Radikale Lösungsvorschläge

1.1 Die Invasion vom Mars
Spektakuläre Medienwirkungen

Am Abend des 30. Oktober 1938 hörten amerikanische Rundfunkhörer folgende Durchsage eines Brigadegenerals namens Montgomery Smith in ihrem Radio:

«Der Gouverneur von New Jersey hat mich gebeten, den Ausnahmezustand über die Gebiete von Mercer und Middlesex bis westlich von Princeton und östlich von Jamesbury zu verhängen. Es ist niemandem erlaubt, diese Gebiete zu betreten, es sei denn, er hat eine besondere Erlaubnis, die von den staatlichen oder den Militärbehörden ausgestellt wird. Vier Kompanien der staatlichen Miliz rücken von Trenton nach Grovers Mill vor, um bei der Evakuierung der Häuser innerhalb der Reichweite der militärischen Operationen zu helfen.» Wer auf Empfang blieb, konnte die Erklärung eines Wissenschaftlers hören, daß in diesem Gebiet vermutlich ein größerer Meteorit niedergegangen sei. Nicht lange danach sind bereits Rundfunkreporter der CBS (= Columbia Broadcasting System) mit ihren Übertragungswagen am Ort des Geschehens und berichten in Direktübertragung, daß der Meteorit überraschenderweise aus Metall sei.

«Meine Damen und Herren, das ist einmalig! ... Das ist die fürchterlichste Sache, die ich jemals erlebt habe. ... Es ist das außergewöhnlichste Ereignis. Ich finde keine Worte.» So beschreibt der Sprecher den Moment, in dem sich das Metallgehäuse öffnet. Wenig später ist er tot, umgebracht von außerirdischen Wesen, die mit ihrem Raumschiff – dem Metallgehäuse – in New Jersey niedergegangen waren.

Es kommt zu panikartigen Reaktionen: «Ich wußte, daß etwas Schreckliches geschah und hatte Angst», gibt eine Hausfrau später an. «Aber ich wußte nicht, was los war. Ich konnte nicht glauben, daß das Ende der Welt gekommen war. Ich habe immer gehört, wenn das Ende der Welt käme, würde es so schnell gehen, daß es niemand merken würde ... Als sie uns sagten, welche Straße wir nehmen sollten, um hinter die Berge zu kommen, und als die Kinder zu weinen anfingen, entschied sich die Familie hinauszugehen. Wir nahmen Decken mit, und meine Enkelin wollte die Katze und den Kanarienvogel tragen.» Ein Tankwart aus Newark erinnert sich: «Meine Freundin und ich blieben eine Weile im Auto und fuhren herum. Dann folgten wir dem Weg eines Freundes. Wir rannten alle in ein Kolonialwarengeschäft und fragten den Besitzer, ob wir in seinen Keller gehen könnten. Er sagte: ‹Was ist los? Wollt ihr mein Geschäft ruinieren?› So jagte er uns hinaus. Mehrere Leute versammelten sich. Wir liefen zu einem Appartementhaus und baten den Mann darin, uns in seinen Keller zu lassen. Er sagte: ‹Ich habe keinen Keller. Macht, daß ihr wegkommt!› Da begannen die Leute aus dem Appartementhaus herauszustürzen, alle kaum bekleidet. Wir setzten uns ins Auto und hörten weiter zu. Plötzlich verstummte die Stimme des Ansagers, der Sender war tot.»

Mrs. Joslin, die Ehefrau eines Arbeiters, gibt zu Protokoll: «Ich hatte furchtbare Angst. Ich wollte packen, mein Kind auf den Arm nehmen, meine Freunde aufsammeln, im Auto so weit nach Norden fahren, wie wir konnten. Aber alles, was ich tat, war, neben dem Fenster zu sitzen, zu beten und zuzuhören. Ich war ganz steif vor Schreck und mein Mann spähte aus dem anderen Fenster und guckte, ob die Leute herumrannten. Als dann der Ansager sagte: ‹Die Stadt wird evakuiert›, lief ich los, rief unseren Untermieter und rannte mit meinem Kind die Treppe hinunter, ohne meinen Hut oder irgend etwas anderes mitzunehmen. Als ich unten war, traute ich mich einfach nicht hinaus.»

Die Hausfrau, der Tankwart, die Arbeiterfrau und mit ihnen weitere sechs Millionen Rundfunkhörer hatten das Hörspiel «Die Invasion vom Mars» eingeschaltet, das unter der Regie von Orson Welles in beängstigend realistischer Weise inszeniert worden war. Mit der Bemerkung: «Leute, ich hoffe, wir haben euch nicht durcheinandergebracht. Dies ist nur ein Hörspiel!» beendete ORSON WELLES die Sendung.

Mittlerweile hatte er mit diesem Hörspiel aber bereits eine Million Menschen beunruhigt und einige tausend in Panik versetzt: «Lange bevor die Sendung zu Ende war, beteten und weinten viele Menschen in den Vereinigten Staaten und versuchten, außer sich vor Angst zu fliehen, um dem Tod durch die Marsmenschen zu entkommen. Einige versuchten, Angehörige zu retten. Andere telephonierten, um sich zu verabschieden oder zu warnen; sie alarmierten die Nachbarn, versuchten Informationen aus den Tageszeitungen oder den Funkhäusern zu bekommen, riefen Ambulanz und Polizei an», beschreibt der amerikanische Medienforscher Hadley Cantril (1940; hier zitiert nach der deutschen Übersetzung aus dem Jahr 1973, S. 198 ff.) die Folgen.

Man ist heute versucht zu sagen, daß diese Panik eine Ausnahme gewesen sei und daß sie nur in den Kindertagen des Radios möglich gewesen war, heute aber kaum noch stattfinden könnte: Im November 1973 läuft im Schwedischen Rundfunk eine elfminütige Radiosendung über einen Kernkraftunfall in Barsebäck. Bereits eine Stunde später wird auch hier von panikartigen Reaktionen der südschwedischen Bevölkerung gesprochen, die auch noch in der Tagespresse des folgenden Tages ausführlich erwähnt wurden (vgl. Kunczik, 1979). Auch diese Sendung entsprach nicht den Tatsachen, auch sie löste bei den Zuhörern Reaktionen aus, die als «Barsebäck-Panik» in die Fachliteratur eingingen. Es scheint so, als hätte der Rundfunk eine ganz erhebliche Einflußmöglichkeit auf das Fühlen, Denken und Handeln der Rezipienten, so daß Mißtrauen und Angst ihm gegenüber sehr verständliche Haltungen sind. Wenn schon - wie dargestellt - das Radio mit seinen vergleichsweise begrenzten Möglichkeiten derartige Effekte haben konnte, um wieviel mehr müssen dann erst *Bild-Medien* wirken.

1.2 Max Skladanowsky und sein boxendes Känguruh - Vermutungen über Filmwirkungen

Bei den Bild-Medien liegen die Dinge ähnlich: Schon die von dem französischen Maler Louis Daguerre (1789–1851) im Jahre 1837 erfundene *Daguerrotypie* erregt erhebliches Mißtrauen. Der «Leipziger Stadtanzeiger» schreibt dazu im Jahre 1841 (zit. nach Buddemeier, 1970): «Flüchtige Spiegelbilder festhalten zu wollen, dies ist nicht bloß ein Ding der Unmöglichkeit, wie es sich nach gründlicher deutscher Untersuchung herausgestellt hat, sondern schon der Wunsch, dies zu wollen, ist eine Gotteslästerung. ... Nun: und derselbe Gott, der seit Jahrtausenden es nie geduldet hat, daß eines Menschen Spiegelbild unvergänglich bestehen bleibt, dieser selbe Gott soll plötzlich seinen urewigen Grundsätzen ungetreu werden und es zulassen, daß ein Franzose in Paris eine Erfindung teuflischster Art in die Welt setzt! Man muß sich doch klarmachen, wie unchristlich und heillos eitel die Menschheit erst werden wird, wenn sich jeder für seine Goldpatzen sein Spiegelbild dutzendweise anfertigen lassen kann. ... Und wenn jener Musje Daguerre in Paris hundertmal behauptet, mit seiner Maschine menschliche Spiegelbilder auf Silberplatten festhalten zu können, so ist dieses hundertmal eine infame Lüge zu nennen, und es ist nicht wert, daß sich deutsche gediegene Meister der Optik von dieser frechen Behauptung betören lassen.» Die Deutschen folgten dieser Mahnung nicht, und so wurden bald darauf auch hier erste, mit fünfzig bis einhundert Talern zu bezahlende Daguerrotypien angefertigt. Nach einem von BUDDEMEIER (1970, S. 230) abgedruckten Augenzeugenbericht wunderte man sich damals, daß sich die abgebildeten Personen nicht auch bewegen konnten. Man glaubte zudem daran, daß die Photographierten den Betrachter ihrerseits ebenfalls ansehen könnten.

Fünfzig Jahre später konnten sie sich bewegen: Das am 1. November 1895 von MAX SKLADANOWSKY in Berlin mit Stücken wie «Das boxende Känguruh» oder «Komisches Reckturnen» erstmals öffentlich vorgeführte *Kino* war geboren. Es hatte eine schlechte Kinderstube, da es zunächst als ambulantes Kinogewerbe vor allem auf den Jahrmärkten und in zweifelhaften Etablissements für die unteren Schichten zu einem preiswerten Vergnügen wurde. Das frühe Wanderkino war, wie KNIETZSCH (1971, S. 10) schreibt, « ... ein ungebärdiges Kind des Jahrmarkts, des Varietés und der Schaubuden. Es war derb und frech, aber voller Freude bei der Wiedergabe von Szenen aus dem Alltag, bei dokumentarischen Aufzeichnungen oder der Rekonstruktion historischer Ereignisse. Da es ein Instrument der Unterhaltung war, wurde schon in den ersten Filmen der Clownerie, der grotesken, der heiteren Szene viel Raum gewidmet.» Der Erfolg dieser Wanderkinos führte schon bald zur Gründung ortsfester Kinos: Am 1. Januar 1900 gab es in Deutschland erst zwei, nur zehn Jahre später aber waren es bereits 480 ortsfeste Kinos (vgl. KOMMER, 1979). Angesichts einer solchen Entwicklung konnte es nicht lange ausbleiben, daß wie zum Photographieren auch hier negative Wirkungen diskutiert wurden.

Zunächst ist es der *Kinobesuch selbst,* der kritisiert wird: In einer 1913 erschienenen Streitschrift «Der Kino» führt der Autor VICTOR NOACK Statistiken an, nach denen im Jahre 1909 allein in Wien rund 10 Millionen Menschen in kinematographische Vorstellungen gegangen sind. Der deutsche Psychologe Hugo Münsterberg schätzt in seinem 1916 erschienenen Bändchen «The photoplay. A psychological study», daß in den USA zwischen drei und zehn Millionen Menschen täglich eine Kinovorführung sehen. In einer von Curt Moreck 1926 veröffentlichten «Sittengeschichte des Kino» sollen es dann bereits um die zwanzig Millionen Zuschauer pro Tag sein, während die Zahl der Kinobesucher in Deutschland etwa bei dreieinhalb Millionen täglich liegen soll. Dieser Autor verwendet auch die Bezeichnungen «homo cinematicus» oder «Kinomensch» zur Kennzeichnung von Personengruppen, die überdurchschnittlich häufige Kinobesuche aufweisen: «Wenn ein Menschenkind wöchentlich ein-, zwei-, dreimal ins Kino geht, so wird es schon allein durch die Art der Vorführung, abgesehen vom Inhalt, seelisch zerstört. Mag das Kino noch so anständig sein und ein wohlzensuriertes Programm zeigen, die bloße Gewöhnung an die huschenden, zuckenden, zappelnden Bilder der Flimmerwand zersetzt langsam und sicher die geistige und schließlich die sittliche Festigkeit des Menschen» (Moreck, 1926, S. 69).

Auch ist von «Kinosucht» die Rede, die wie folgt gekennzeichnet ist: «Mütter entziehen ihrer jungen Brut die nährende Milch, um die paar Groschen für das Kino zu erübrigen, und die Jugend vergreift sich frech an dem, was für die dringendsten Lebensbedürfnisse der Familie bestimmt ist, um ihrer Leidenschaft zu frönen. Der echte Kinomensch ist von dieser, mit demoralisierender Gewalt auftretenden Leidenschaft geradezu besessen» (Guttmann, 1916; zit. nach Moreck, 1926).

Dann sind es auch die Wirkungen auf das *Sexualverhalten,* die von besorgten Autoren diskutiert werden. Noack etwa schreibt dazu: «Die Sitzplätze sind so knapp bemessen, daß zwischen den Körpern der Nachbarn kein Luftspielraum bleibt; wodurch – zudem es während der Vorführung stockdunkel zwischen den Bänken ist – die aus der Tageschronik bekannten Sexualattentate auf Kinder und Frauen geradezu verführerisch bequem gemacht sind. Wieviele Kinder verbringen ihre schulfreien Nachmittage statt mit gesundem Spiele in freier Luft in der schwülen Atmosphäre des ‹Kientopps›. In der Praxis der Jugendgerichte kehrt der Fall immer wieder, daß Kinder sich durch kleine Diebstähle oder auch durch raffinierte Preisgabe der kindlichen Scham die Mittel zum

Besuch des ‹Kientopps› zu verschaffen wußten. Die Bezeichnung ‹Kinokinder› ist gerichtsnotorisch. Der Rektor einer Volksschule in einem westlichen Vororte Berlins berichtete mir, daß zwölfjährige Schülerinnen in einem, an belebter Verkehrsstraße gelegenen ‹Kientopp› einen regelrechten ‹Liebesmarkt› etablierten. Sie verleiteten gleichaltrige Knaben zum Besuche des ‹Kientopps›, indem sie ihnen versprachen, sich in der Dunkelheit unerlaubte Freiheiten von ihnen gefallen zu lassen. ... Die kinematographische Darstellung kitzliger Ehebruchs- usw. -Geschichten erregt die sensiblen Sexualnerven der frühreifen Kinder, und die Enge der Sitzplätze im Schutze der Dunkelheit ergibt dann ‹erotische Situationen› ..., denen die erschütterte sittliche Energie des Kindes nicht gewachsen ist» (NOACK, 1913, S. 3 f.).

Nach MORECK (1926, S. 171 f.) soll eine große Zahl junger Mädchen in München um Zulassung für eben das Gewerbe der Prostitution gebeten haben, da es in einem entsprechenden Film so außerordentlich angenehm geschildert worden war. Derselbe Autor (vgl. MORECK, 1926, S. 211) sieht in der Dunkelheit des Zuschauerraumes eine Gelegenheit, die zu sexuellen Freizügigkeiten animiere und Prostitution erleichtere. Ein Münchner Pädagoge habe Schüler befragt «Hast Du im Kino etwas Unrechtes gesehen?» und findet in den Antworten zahlreiche Hinweise auf lebhafte sexuelle Aktivitäten der Jugendlichen während der Kinovorführungen.

In der deutschen Nationalversammlung wird in einer Rede 1920 behauptet, daß in einer Münchner Frauenklinik mehr als die Hälfte der minderjährigen Wöchnerinnen angab, ihren Verführer im Kino kennengelernt zu haben. Schließlich berichtet ein in Köln konstituierter Ausschuß der «Volksgemeinschaft zur Wahrung von Anstand und guter Sitte» aus einer Untersuchung in mehr als dreißig Kölner Vorstadtkinos: «Vielfach wurden auch junge Pärchen aus dem Arbeiterstande beobachtet, die sich in nicht ganz einwandfreier Weise auf den weniger beleuchteten Plätzen benahmen. Viele Engländer (Angehörige der Besatzungstruppe) besuchten mit der unvermeidlichen deutschen weiblichen Begleitung die Kinos. Ausgesprochene Straßendirnen, die an ihrem Benehmen sofort erkennbar waren, suchten hier ihre Opfer. In erschreckender Zahl wurden Jugendliche jeden Alters und beiderlei Geschlechts beobachtet» (MORECK, 1926, S. 213 f.).

Besonders erschüttert zeigt sich derselbe Autor auch vom Inseratenteil der Filmzeitschriften, die er als «Kuppelecke» bezeichnet. Aus der «Deutschen Filmwoche» führt er einige Inserate an, «... über deren Endziel kein Zweifel bestehen dürfte:

- ‹Suche nettes, temperamentvolles Mädel von sechzehn bis neunzehn Jahren zu gemeinsamem Kinobesuch ...›
- ‹Junger Künstler in Leipzig möchte eine hübsche, fesche Filmfreundin zwecks gemeinsamer Kinobesuche kennenlernen ...›
- ‹Junges, fröhliches Mädchen sucht mit Herren im Alter von zwanzig bis fünfundzwanzig in Briefwechsel zu treten oder kennen zu lernen ...›

Ein Kommentar erübrigt sich. Die Absicht ist nicht mißzuverstehen» (Moreck, 1926, S. 214 f.).

Ein weiteres Kapitel ist die Frage der Auswirkungen des Kinos auf die *Kriminalität.* Kinoplakate und -bilder in den Schaukästen mit Titeln wie «Gewalt am Weibe», «Die weiße Sklavin» oder «Die Stunde der Rache» werden in Zusammenhang mit einer Zunahme der Kapitalverbrechen auf sadistischer Basis gebracht (Noack, 1913). Münsterberg (1916) erwähnt die Schätzung eines Kriminologen, nach der 85 % der gesamten Jugendkriminalität direkt oder indirekt durch das Kino erklärt werden könnten.

Der schon mehrfach erwähnte Moreck (1926, S. 256 ff.) schließlich schildert einige Fälle, bei denen insbesondere Jugendliche die im Film gesehenen Verbrechen selbst realisierten: Ein junger Mann in Newark verübte Selbstmord detailgetreu nach einer Methode, die er zuvor im Film gesehen hatte. In Pittsburgh wollten zwei Jugendliche eine Straßenbahn aufhalten und die Mitfahrer berauben, nachdem sie einen Film über einen Eisenbahnraub besucht hatten. In New York versuchten drei Schuljungen einen zufällig vorbeigehenden vierten Jungen auf einem Scheiterhaufen zu verbrennen, nachdem sie im Kino die entsprechenden Szenen mit einem Missionar gesehen hatten. Auch aus Deutschland werden ähnliche Beobachtungen berichtet. Danach soll in Baden-Württemberg ein Fünfzehnjähriger durch den Kinobesuch zur Unterschlagung von DM 5 000.— angeregt worden sein, und eine Raubmörderin namens Bunzel soll sich ihre Kenntnisse über Mordtechniken nach eigenen Angaben vorzugsweise im Kino erworben haben. In Bochum gaben mehrere jugendliche Arbeiter vor der Strafkammer zu Protokoll, sie seien durch das Kino auf die Idee gekommen, ihren Lebensunterhalt durch Raub zu verdienen. Schließlich läßt MORECK (1926, S. 259) noch einen Pädagogen Weyher zu Wort kommen: «Mir ist ein Fall bekannt, daß ein Knabe zum gewiegten Spitzbuben geworden ist. Wie sich herausstellte, hatte er täglich den Kinematographen besucht und Hunderte von Bildern aus dem Verbrecherleben gesehen.»

Allerdings gibt es auch aus dieser Zeit mahnende Stimmen, die vor einer Überschätzung der Filmwirkung warnen. MORECK selbst (1926, S. 256) führt dazu RUDOLPH LEONHARD mit seinen Bemerkungen zur Ästhetik und Soziologie des Films an: «Mag sein, daß hin und wieder ein Bursche, der eine Mordszene sah, auf ‹die abschüssige Bahn des Verbrechens› geriet, das spricht so viel mehr gegen sein Gehirn als gegen den Film, wie es nicht gegen den Werther spricht, daß er eine Selbstmordepidemie zur Folge hatte. Die Filmzensur müßte also auch die zwar weniger suggestiven, aber umso schwelgerischeren Zeitungen verbieten. Und sie müßte, am besten und konsequentesten, die Verbrechen verbieten.»

Auch *physio- und psycho-pathologische Wirkungen* werden unterstellt: brennende Augen, heiße Köpfe, eingedrückte Lungen, erhöhte Pulsfrequenz, asthmatischer Atem, Schreckensschreie und Ohnmachten. NOACK (1913, S. 10) gibt eine besonders drastische Einzelfallschilderung: «In einem Kinematographtheater gelangte mit der üblichen grob naturalistischen Handgreiflichkeit der Traum eines Postboten zur Darstellung, der von Räubern überfallen und der mitgeführten Wertsendungen beraubt wird, ein Traum, der sich beim Erwachen in schauerliche Wirklichkeit umsetzte. Ein junges, zur Hysterie neigendes Mädchen, das der Vorstellung beigewohnt, kam mit allen Zeichen gesteigerter Nervenanregung nach Hause und stand so vollständig im Banne des Geschauten, daß sich bei ihr unverzüglich Halluzinationen einstellten. Sie sah die gierigen Hände der Räuber gegen sich ausgestreckt und konnte sich unbeschadet der Erkenntnis der Unwirklichkeit der geschauten Vorgänge ihrer Nachwirkungen nicht entziehen ... Die von den marternden Halluzinationen Verfolgte schlief nicht mehr, magerte ab und verfiel im Verlaufe der drei Monate andauernden hysterischen Anfälle in ein Siechtum, von dem sie die ärztliche Kunst nur nach unendlicher Mühe zu erretten vermochte.»

Man diskutiert weitere Gefahren: politisch-ideologische Beeinflussung, verzerrte Weltbilder, Phantasieüberreizung, Senkung des kulturellen Niveaus (durch verringertes Lesen) und Starunwesen. «Die gesamte Presse berichtete von einer Frau, die sich erschoß, als sie von Valentinos Tod erfuhr, obwohl sie zu ihm keine andere Beziehung hatte als die eines allwöchentlichen Kinobesuchs», berichtet ZGLINICKI (1956, S. 503) beispielsweise über die ersten Opfer des Star-Unwesens. Es war die bereits erwähnte Kölner «Volksgemeinschaft zur Wahrung von Anstand und guter Sitte», die es erstmals auf sich nahm, etwa 200 Filme in 36 Kölner Kinos zu sichten. Sie fertigte darüber einen Bericht an, der sogar 1920 vom Reichsministerium des Inneren der Nationalversammlung bei der Beratung eines neues Lichtspielgesetzes als Material vorgelegt wurde. Darin heißt es u.a.:

«1. Die größte Zahl der Filme dient nur der Schaulust, der Befriedigung der Neugierde, besser noch: dem Totschlagen der kostbaren Zeit. Die Darstellungen sind fast alle ohne jeden bildenden oder veredelnden Wert. Weder Geist noch Gemüt tragen irgendwelchen Gewinn davon, das Gegenteil ist der Fall. Die dargestellten Vorgänge sind oft ein Hohn auf jeden Wirklichkeitssinn, verlangen geradezu das Ausschalten jeder Denkkraft, töten das Wahrheitsgefühl, so daß sie, öfter genossen, geradezu verdummend und das Weltbild fälschend auf den Geist wirken müssen.

2. Schlimmer schon sind die Stücke, die sich mit aufregenden und aufreizenden Darstellungen vorwiegend an die Phantasie der Zuschauer wenden, sie mit grausigen und schrecklichen Eindrücken erfüllen und krankhaft überspannen. Besonders die Jugendlichen müssen hierdurch schwer geschädigt werden, da ihre Phantasie durch diese ganz ungeeigneten Stoffe vor der Zeit überreizt und verdorben wird und so für reine Bilder kaum mehr zugänglich ist.

3. Noch verderblicher wirkt die Darstellung der Verbrecher- und Detektivfilme. Sie stellen in manchen Kinos den größten Teil aller Stücke dar. Sie verheeren mit ihren Schrecknissen, die geradezu gehäuft werden, nicht nur die reine Phantasie, sie müssen auch in ihrer Fernwirkung unweigerlich zur Schule des Verbrechertums werden. Der oft vorkommende Bankraub, die zahlreichen Angriffe auf Bankboten und die Löhnungsautomobile der großen Firmen und Zechen sind unbedingt auf die Wirkungen des Kinobesuchs zurückzuführen, wenn die Kinos diese Wirkungen auch nicht hervorrufen wollen. Diese verderbliche Wirkung wird durch die Art der Darstellung erreicht; denn immer ist der Verbrecher der Held, er siegt in geistiger und körperlicher Hinsicht, er überlistet und überwindet; der Verfolger ist oft der Tölpel, der dem Zuschauer Stoff zum Lachen gibt. Wie könnte unter diesen Umständen eine moralische Wirkung erzielt werden? Und wenn der Verbrecher am Schluß doch gefaßt und bestraft wird, so empfindet der Zuschauer das nicht als eine Genugtuung für die verletzte Gerechtigkeit.

4. Äußerst bedenklich sind ferner die unzähligen öden Liebesgeschichten, die vielfach auf unmöglichen Voraussetzungen beruhen. Hier macht sich so recht das Fehlen des Wortes beim Film, des höchsten und vornehmsten Ausdrucksmittels der menschlichen Gefühle, bemerkbar. Dem Kino fehlt die Möglichkeit, das unsichere und zaghafte Aufkeimen der jungen Liebe, das verschämte und doch so heilige Eingeständnis derselben, die Beteuerung der Treue auf immer und schließlich den unzerbrechlichen Eidschwur heiliger Treue zur Darstellung zu bringen. An ihre Stelle tritt eine Häufung von leidenschaftlichen Liebkosungen und Küssen, ein leeres Getändel und Gespiel, das auf ernstere Naturen nur abstoßend wirken kann. Dem jungen Menschen wird so die Anschauung eingeimpft, als wenn das Wesen der Liebe in der ungebändigten Leidenschaft liege. Das Erwachen der ungehemmten Sinnlichkeit wird bei den Jugendlichen mächtig gefördert.

5. Auf diese Wirkungen sind eine Menge Stücke geradezu eingestellt. Sie wenden sich durch Vorführungen von Liebesszenen, von Entblößungen und Entkleidungen, von Badeszenen, vom Verschwinden der Paare in den Schlafzimmern usw. an die allerniedrigsten Triebe im Menschen und führen dem Publikum vor, wie man in raffiniertester Weise der niedrigsten Sinnenleidenschaft frönen kann. Das Dirnenleben wird in zahllosen Stücken nackt und unverhüllt vor Augen geführt, zumal unter dem allzu durchsichtigen Mäntelchen, als wollten sie Moral predigen oder Mitleid mit den Verirrten erwecken. Jedoch wird das letztere gewiß nicht erreicht, weil das Laster zu süß und seine Opfer zu üppig in Wohnung, Kleidung, Speise und Trank dargestellt werden, als daß diese Stücke abschreckend wirken könnten. Hierher gehören auch diejenigen Filme, die unter dem Schein der Aufklärung das Geschlechtliche darstellen und direkt zur Sünde verleiten müssen.

6. Die genannten Stücke verstoßen gegen Moral und Sittlichkeit im engeren Sinne; andere verhöhnen durch ihre Vorführungen die heiligsten Gesetze der Ehe, das Fundament alles gedeihlichen menschlichen Daseins. Sie zeigen und verherrlichen, wenn vielleicht auch nicht immer gewollt, den Leichtsinn und die Untreue der Eheleute, den Ehebruch, oft genug den doppelten, Hinterlist und Betrug, den darauf folgenden Totschlag und Mord, Selbstmord, Verzweiflung der Überlebenden, Wahnsinn. Alles das im gefälligen Gewande, so daß man daraus eine Anklage gegen heute noch geltende Gesetze und Anschauungen herausfühlt. Die Heiligkeit der Ehe wird hier als Altväterweisheit empfunden. Das junge Geschlecht spielt mit ‹Unverstandensein›, es will flirten und sich ausleben, aber sich nicht binden und Treue halten. Wo bleibt hier das Zusammenhalten der beiden Ehegatten in Freud und Leid, in Not und Tod, wie Kirche und Gesetz es fordern? Ein zugkräftiges Kinodrama ohne Ehebruch und seine Begleiterscheinungen ist heute geradezu unbekannt. Welche vernichtende Wirkung übt das alles aus auf empfängliche Gemüter unserer Jugendlichen und Kinder!

7. Eine Reihe von Filmen bewirken eine Verhöhnung der Religion, des Gottesglaubens, des Glaubens an Gerechtigkeit und Vergeltung, des Glaubens an ein Jenseits. Sie ziehen alles Heilige in den Staub und machen die Religion zum Gegenstand des Spottes ... Katholischen Ordensleuten wird vorgeworfen: Bruch des Gelübdes, Sinnentaumel, geschlechtliche Ausschweifungen, Verführung anderer, Totschlag usw. Wie lange sollen solche Darbietungen, die einen großen Volksteil beleidigen, noch gestattet sein?

Fassen wir unser Urteil zusammen, so müssen wir feststellen, daß kaum ein Zehntel der Filme einen gewissen Wert hat, daß aber neun Zehntel entweder ganz wertlos oder sogar verderblich sind. Furchtbar muß einst diese Saat aufgehen, besonders in den Herzen der Jugendlichen ... Für Kinder und Jugendliche ist der ungezügelte Kinobesuch schon jetzt zum Verderben geworden» (zitiert nach LANGE, 1920).

«Alles war gegen den Kintopp: Die Zensur ..., die Polizei, die Feuerwehr, die Presse, die Sprechbühne, der Klerus, die Lehrer, die Eltern. Der Künstler sagte, der Film wäre ein Attentat auf die Nerven und Seele. Der Pädagoge nannte ihn einen Jugendvergifter. Die Moralisten hielten das Kino für den Treffpunkt zweifelhafter Existenzen ...» faßt KALBUS (1935) die Lage zusammen.

Natürlich wehrt sich die Gesellschaft gegen diese vermuteten Wirkungen: So wurde schon bald mit *Gesetzen* z.B. zum Jugendschutz der Zugang zum Kinofilm reguliert. Beispielsweise erließ der Berliner Polizeipräsident am 4.1.1913 eine Verordnung, nach der Kindern unter sechs Jahren der Kinobesuch überhaupt verboten und Jugendlichen zwischen sechs und sechzehn nur der Besuch spezieller Jugendvorstellungen erlaubt war. Auch richteten gebildete Bürger um 1910 in Hamburg, Dresden und Württemberg sog. «Reformkinos» ein, in denen nur vermeintlich anspruchsvollere Kulturfilme vorgeführt wurden.

Als besonders geeignet aber erschien es, die zu beanstandenden Szenen gar nicht erst in die Kinos gelangen zu lassen, indem man die Filme vor ihrer Aufführung einer staatlichen *Zensur* unterzog. In Pennsylvania (USA) beispielsweise waren alle Szenen verboten, die Mädchenhandel, Verführung, Prostitution, geschlechtliche Vorgänge oder Geschlechtskrankheiten, Opiumgenuß, Techniken von Verbrechern, Schlägereien, Hinrichtungen, Folterungen, Operationen, Irrsinnige, Fieberkranke, Sterbende, Leichen, unbekleidete Personen, Betrunkene, unverheiratete Liebespaare, Spielen mit Stich- oder Schußwaffen, Darstellung von ostentativ rauchenden Frauen u.a.m. darstellten.

Aus unserer heutigen Sicht erscheinen viele der genannten Befürchtungen übertrieben und (nach unserem Verständnis von wissenschaftlicher Überprüfung) kaum oder nur sehr mangelhaft belegt. Das darin sichtbar werdende Erschrecken ganzer Gesellschaften vor diesen neuen Massenmedien mag aber auch damit zusammenhängen, daß die notwendigen Seh- und Aufnahmegewohnheiten erst zu entwickeln waren. Der ungarische Filmtheoretiker B. BALÁZS erzählt zu diesem Problem, daß es einem gebildeten Erwachsenen, der zum ersten Mal in seinem Leben einen Film sah, zunächst unmöglich war, die sukzessiven Bilder zu einer Geschehenseinheit zusammenzufassen (vgl. CLOSTERMANN, 1952). Auch EDGAR MORIN, ein französischer Film-Soziologe, schildert ähnliche Reaktionen russischer Bauern. Sie hielten die erste Filmvorführung ihres Lebens für Zauberei und steckten kurzerhand die Projektionsbaracke in Brand. Ebenso wird von französischen Zuschauern mitgeteilt, daß sie beim Betrachten einer von vorn gefilmten fahrenden Lokomotive flüchteten oder in Ohnmacht fielen, weil sie glaubten, daß diese in den Zuschauerraum hineinraste (vgl. MORIN, 1958). Insofern kann man eine uns gelegentlich lächerlich erscheinende Haltung des Mißtrauens, der Feindlichkeit und der rigorosen Kontrolle jener Zeit zunächst als eine sinnvolle Reaktion auf das unbekannte Medium und seine Folgen verstehen. Überraschenderweise aber knüpft die Diskussion *nach dem Zweiten Weltkrieg* zumindest teilweise an die dargestellten Befürchtungen an. Zwar hatten sich nach über fünfzigjähriger Filmgeschichte die Sehgewohnheiten geändert, so daß nicht mehr im gleichen Maße wie zu Beginn des Kinos mit dramatischen Effekten zu rechnen war. Auch standen mittlerweile in den empirischen Sozialwissenschaften adäquate Methoden zur Untersuchung der befürchteten Wirkungen zur Verfügung. Dennoch blieb die Haltung (vor allem die der Pädagogen) gegenüber dem Kino auch weiterhin überwiegend negativ. Auch hier sind es wieder die gleichen Themen - *Sexualität, Kriminalität* und *Gesundheitsschäden* -, die die Diskussion bestimmen. In einem 1955 veröffentlichten Buch unterscheiden die Autoren STÜCKRATH & SCHOTTMAYER die *Kinoerotik,* die sich auf die mit dem Aufenthalt im Zuschauerraum verbundenen erotischen Verhaltensweisen bezieht, und die im Film selbst dargestellte *Filmerotik.* Sie kommen aufgrund ihrer Befragungen von Jugendlichen zu dem Schluß: «Bei gehaltvoller Gestaltung von Liebesproblemen kann der Filmstoff klärend auf die persönlichen Liebesanliegen wirken. Bei der Mehrzahl der Filme ist allerdings eine sinnlich orientierte Auffassung und Verarbeitung von Liebesszenen zu erwarten. ... es besteht ... nach den Äußerungen der Jugendlichen kein Zweifel, daß ihr Einfluß auf den Liebesgeschmack, die erotischen Wunschvorstellungen und Verhaltensweisen nicht unerheblich ist.» (a.a.O., S. 169). Ein anderer Autor (WASEM, 1957, S. 60) bringt beides in Zusammenhang und mahnt: «Das Lichtspieltheater bringt zur Filmerotik, die erotisch induziert, noch die Gelegenheit zur Kinoerotik, indem es die Pärchen unter günstigen Umständen zur ersten Tuchfühlung bringt.»

Zur *kriminalitätsfördernden Wirkung* von Filmen führt CLOSTERMANN (1952) eine empirische Befragung mit 342 straffälligen Jugendlichen durch, von denen ganze 16 (= 4,7 %) vor der Inhaftierung überdurchschnittlich oft das Kino besucht hatten. Diese waren zudem nicht wegen Gewalttätigkeiten, sondern wegen Diebstahls und Arbeitsbummelei bestraft worden. Dennoch ringt sich CLOSTERMANN (1952) nur zu der Feststellung durch: «Bei sämtlichen kinobesuchenden Jugendlichen waren 2 bis 10 nichtfilmische Faktoren nachgewiesen, die Einfluß auf die Straftat gehabt haben können. Der Film darf daher nach unseren Untersuchungen nicht als einziger Faktor der Kriminalität angesprochen werden, so ernst er als Erziehungs- und Kulturfaktor zu nehmen ist» (a. a. O., S. 18). Etwa zur gleichen Zeit - im Spätherbst 1951 - fragt das «Deutsche Institut für Filmkunde» in Wiesbaden bei 320 Jugendämtern, Jugendgerichten und Jugendstrafanstalten an, ob dort konkrete Fälle bekanntgeworden sind, die auf einen kausalen Zusammenhang von Verbrechen und entsprechenden Darstellungen in Film schließen lassen, und ob in ihrem Bereich Diebstähle aufgetreten sind, mit denen sich Jugendliche die Mittel zum Kinobesuch beschafft haben. Die erste Frage wird hier nicht nur überwiegend verneint, zugleich wird auch deutlich, daß auffällige Jugendliche nicht selten den unterstellten Filmeinfluß auch dort für ihre eigenen Straftaten anführten, wo er objektiv nicht vorgelegen haben kann: «Ein Junge hatte z. B. vor dem Jugendamt behauptet, er habe einen Einbruchsdiebstahl genau nach dem Vorbild des Films ‹Der grüne Finger› begangen. Ein Mitarbeiter des Jugendamtes sah sich darauf diesen Film an und stellte fest, daß er nichts enthielt, was mit der Straftat des Jugendlichen und mit der Art ihrer Durchführung im Zusammenhang stand ... In einem anderen Fall, einem Raubversuch, gaben beide Täter bei ihrer polizeilichen Vernehmung an, sie hätten am gleichen Abend einen Wildwestfilm besucht und seien durch ihn zu der Tat angeregt worden. Ihre Eltern und die Presse nahmen diese Behauptung auf, und erst ein angefordertes ärztliches Gutachten über den Geisteszustand des einen der beiden Angeklagten konnte feststellen, daß die beiden am Abend der Tat überhaupt kein Kino besucht hatten ...» (MUTH, 1955, S. 130). Unbeeinflußt von diesen Befunden schreibt aber noch Jahre später beispielsweise WASEM (1957, S. 59f.):

«Man kann nicht von den Gefahren des Films sprechen, ohne seine Bedeutung für die Jugendkriminalität zu erörtern. Die Frage ist hierbei nicht, ob der Film die zweifellos bedenklich geartete Jugendkriminalität fördert oder nicht, sondern inwieweit er es tut. Wir nehmen heute an, und die letzten Untersuchungen beweisen es, daß der Film niemals die Alleinschuld an den Verbrechen Jugendlicher tragen kann. Tatsächlich handelt es sich immer um eine ganze Ursachenkette, wenn nicht sowieso der überreiche Konsum von Filmen (150 bis 200 pro Jahr bei einigen straffälligen Jugendlichen) weniger eine Ursache als ein Anzeichen der Verwahrlosung bedeutet. Die Fehlhaltungen lösen das Bedürfnis nach Scheinbefriedigung aus und haben die Kinosucht zur Folge, die wiederum Anreiz gibt, etwa um ihretwillen zu stehlen. ... Als gesichert gilt, daß bei Labilen Kriminalfilme als Lehrfilme gelten.»

Zu *Gesundheitsschäden* werden nun angeführt: unregelmäßiger Herzschlag, unregelmäßige Atmung, Augenschäden, Stottern, Nervenschäden, Schlafstörungen (vgl. dazu SICKER, 1956) sowie Magengeschwüre (HESSE, 1955). Da sich – bis auf wenige Ausnahmen (vgl. etwa KEILHACKER, 1954; GERHARTZ-FRANCK, 1955; Übersichten bei SICKER, 1956; KÜBLER, 1982) – in der Bundesrepublik keine nennenswerte Film- und Kinoforschung entwickelt hat, können auch noch Anfang der fünfziger Jahre über die seit 1949 existierende Freiwillige Selbstkontrolle (FSK) der Filmwirtschaft und eines 1951 verabschiedeten Gesetzes zum Filmjugendschutz hinausgehend folgende Forderungen für einen jugendgerechten Film gestellt werden (CLOSTERMANN, 1952, S. 17):

«1. Echtheit und Natürlichkeit. Die Jugend will keine gekünstelten und komplizierten Menschen ...

2. Darstellung der Natur, der deutschen Landschaft als Hintergrund der Spielhandlungen. Heranziehung von Menschen, die in dieser Landschaft gewachsen sind. ...

3. Kampf und Heldentum, aber echtes Heldentum ohne Rückgriff auf den Untergrund der Verbrecherwelt und eines zweifelhaften Frauentums.

4. Keine Überfütterung der Jugend mit erotischen Stoffen, die von dem größeren Teil der Jugend entweder nicht gern gesehen oder ausdrücklich abgelehnt werden. In den erotischen Filmen soll eine hohe Auffassung der Liebe und Ehe zum Ausdruck kommen.

5. Pflege des echten deutschen und jugendlichen Humors, der dem Verlangen der Jugend nach Freude entgegenkommt. Bewußte Abkehr von geistlosen Späßen. ...»

1.3 Schafft das Fernsehen ab! – Radikale Lösungsvorschläge

Am 25. Dezember 1952 wurde in der Bundesrepublik wieder ein neues Kapitel der Mediengeschichte begonnen: An diesem Tag strahlte der Nordwestdeutsche Rundfunk erstmals über die Sender Hamburg, Berlin und Köln ein regelmäßiges *Fernsehprogramm* von täglich zwei bis drei Stunden aus. Das Medium kam an. Schon drei Jahre nach dem Start – 1955 – wurden etwa 100 000 Teilnehmer registriert (vgl. zum folgenden KÜBLER & WÜRZBERG, 1982). Da anfangs etwa 20 % der Geräte in Gastwirtschaften standen, erfreute es sich schnell wachsender Bekanntheit; 47 % der Bevölkerung hatten ihren ersten Fernsehkontakt in einer Gaststätte. Zehn Jahre nach Beginn des regelmäßigen Fersehprogramms gab es in der Bundesrepublik bereits 7 Millionen Fernsehgeräte. Mit der zunehmenden Verbreitung des Fernsehens bis Mitte der siebziger Jahre war zugleich ein starker Rückgang bei den Kinobesuchern zu registrieren, wohl auch daher ließ das Interesse von Pädagogen und Sozialwissenschaftlern an Filmwirkungen nach und wandte sich den TV-Wirkungen zu. Dabei wurden – anders als bei der Filmwirkungsforschung – von Beginn an modernere sozialwissenschaftliche Methoden wie Fragebogenstudien, Laborexperimente, Langzeituntersuchungen usw. in stärkerem Ausmaß verwendet (vgl. etwa STÜCKRATH & SCHOTTMAYER, 1967).

Die bereits 1952 vom Nordwestdeutschen und vom Süddeutschen Rundfunk durchgeführten Zuschauerbefragungen konzentrierten sich dabei zunächst weitgehend auf die Erfassung von Sehbeteiligung und die Beurteilung des Fernsehens insgesamt oder einzelner Sendungen. Ein schönes Beispiel dafür ist die vom

Nordwestdeutschen Rundfunk durchgeführte Untersuchung mit 126 Zuschauern, die noch nie zuvor eine Fernsehsendung gesehen hatten (vgl. KOCH, 1954). Sie wurden in kleineren Gruppen zu einem Fernsehabend eingeladen und gebeten, sich anschließend darüber zu unterhalten. Es zeigte sich, daß die Mehrzahl der Erwachsenen von diesem ersten Fernsehabend ihres Lebens keinesfalls sonderlich beeindruckt waren. Ihnen erschien das Fernsehen wie eine Mischung aus Radio und Kino, die sie beide schon lange kannten. Leider jedoch nutzte die rundfunkinterne Medienforschung diese außerordentlich interessante Phase der Einführung des Fernsehens in der Bundesrepublik nicht hinreichend, und systematische Untersuchungen zu psychologischen Fragen der Fernsehwirkung sind in diesem Bereich auch heute noch eher selten. Auch außerhalb der Rundfunkhäuser gab es zunächst nur wenige fernsehpsychologische Arbeiten (vgl. etwa STÜCKRATH & SCHOTTMAYER, 1967; BENESCH, 1968); die öffentliche Diskussion wurde überwiegend durch *kulturkritische* Autoren bestimmt (vgl. etwa ANDERS, 1961; ADORNO, 1964). Vor allem die Studentenunruhen Ende der sechziger Jahre intensivierten das Mißtrauen gegenüber den (hier vor allem: manipulativen) Medien, was sich in *ideologiekritischen* Fernsehtheorien ausdrückte (vgl. etwa PROKOP, 1972; HOLZER, 1975 u.a.m.).

Die Diskrepanz zwischen den reinen Umfragedaten der Rundfunkhäuser einerseits und den empirisch wenig gesicherten kultur- und ideologiekritischen Theorien andererseits trug sicherlich zu einer Aufarbeitung der zwischenzeitlich vor allem in den USA weit entwickelten empirischen Fernsehforschung und -psychologie in der Bundesrepublik bei. Da sich aber eine eigenständige Medien- und Fernsehpsychologie bei uns erst langsam formiert, wird die öffentliche Diskussion von Fernsehwirkungen bis heute weitgehend durch Übersetzungen amerikanischer Autoren bestimmt. In den letzten Jahren scheint das Interesse - wohl auch angesichts der sog. Neuen Medien (= Kabel- und Satellitenfernsehen, Video) - noch einmal gewachsen zu sein: Autoren wie MARIE WINN (1977, deutsch: 1984), JERRY MANDER (1978, deutsch: 1979) und NEIL POSTMAN (1982, 1985, deutsch: 1983, 1985) mit den provozierenden Titeln «Die Droge im Wohnzimmer», «Schafft das Fernsehen ab!», «Das Verschwinden der Kindheit» und «Wir amüsieren uns zu Tode» werden in hohen Auflagen verkauft.

Da diese Bücher auch in der politischen Diskussion – z.B. um den «fernsehfreien Tag» – eine Rolle spielen, wollen wir sie im folgenden kurz zusammenfassen:

Die Aussagen von MARIE WINN beziehen sich im wesentlichen auf Fernsehwirkungen bei Kindern und bei Familien. Sie glaubt, daß Kinder die aktive Auseinandersetzung mit realen Gesprächs- und Interaktionspartnern besonders benötigen, um sich notwendige Sprach-, Denk- und Verhaltensstrukturen anzueignen: «Für ein kleines Kind, das im Begriff ist, jene grundlegenden geistigen Strukturen, Begriffe und Kenntnisse zu erwerben, die notwendig sind, daß es sich als rationales menschliches Wesen voll entfalten und verwirklichen kann ..., hängt viel von den Gelegenheiten ab, die es ihm ermöglichen, sein zunehmendes Sprachvermögen zu schulen. Je mehr verbale Übungsmöglichkeiten sich dem Kind bieten, desto größer ist die Wahrscheinlichkeit, daß seine Sprache an Komplexität zunehmen und daß sich sein rationales, verbales Denkvermögen schärfen wird. Je geringer diese Möglichkeiten sind, desto größer die Wahrscheinlichkeit, daß das Sprachzentrum durch das ungenutzte Vorüberstreichen der prägenden Perioden unentwickelt oder unterentwickelt bleibt.

Für einen Erwachsenen bedeuten nonverbale geistige Aktivitäten die Chance, sich von der Anstrengung des normalen logischen Denkens zu erholen, sie gewähren ihm den ersehnten Zustand der Ausgeglichenheit und der Ruhe. Beim kleinen Kind, das sich in den Entwicklungsjahren befindet, in denen es seine Sprache erwirbt, muß jedoch jede anhaltende Regression auf eine nonverbale geistige Beschäftigung, wie es das Fernsehen darstellt, als potentieller Rückschritt angesehen werden» (a.a.O., S. 74).

Unter Bezug auf die sog. «split-brain»-Forschung, nach der die beiden Hälften des Gehirns unterschiedliche Funktionen (links: verbal-logisches Denken; rechts: bildhaftes Denken und Emotionen) haben, glaubt sie, daß folgende Funktionen der rechten Hirnhälfte bei Kindern, die viel fernsehen, an Gewicht gewinnen: Nichtlogisches, nichtdiskursives, sprunghaftes Denken, Fehlen von Ehrgeiz und des Dranges zu rivalisieren, Unlust, nach persönlichem Verdienst und Höchstleistung zu streben, Konzentration auf das Selbst, Besessenheit vom eigenen Innenleben, Flucht vor der Vernunft, vor der Realität, vor geistiger Aktivität. «Fast ausnahmslos vollzieht sich jede beobachtete Verhaltensänderung der jungen Generation in Richtung auf das nichtkognitive, nichtverbale Denken. Andere Merkmale der Fernsehgeneration unterstreichen diese Tendenz zum Nonverbalen» (a.a.O., S. 143 f.).

Die zweite große Gefahr des Fernsehkonsums sieht MARIE WINN in der Unterminierung der Familie: Vor der Einführung des Fernsehens waren die Eltern gezwungen, sich im Tagesablauf aktiv mit dem Kind zu beschäftigen. Mittlerweile hat das Fernsehen diese Funktion übernommen, die Eltern müssen feststellen, daß ihre Spiel- und Interaktionsangebote für die Kinder oft kaum attraktiv erscheinen; die Autorität der Familie beginnt zu schwinden. Abhilfe für diese Gefahren formuliert sie prägnant in der Überschrift zum Schlußteil ihres Buches: «Abschalten, die einzige Alternative» (a.a.O., S. 263).

NEIL POSTMAN sieht in seinem Buch «Das Verschwinden der Kindheit» nicht nur das Sprach- und Denkvermögen und die leistungsmotivation, sondern die eigenständige menschliche Entwicklungsphase der Kindheit durch das Fernsehen schlechthin bedroht. In seiner Sicht ist Kindheit wesentlich dadurch definiert, daß dem Kind noch nicht alle Regeln und Zusammenhänge der Erwachsenenwelt bekannt sind. Da es auch die Schriftsprache noch nicht beherrscht, kann es selbst keinen Zugang dazu finden. Es ist auf eine entsprechende Ausbildung in der Schule angewiesen. Mit der vor allem im Fernsehen realisierten, bildlichen Kommunikation werden diese Grenzen abgebaut, das Fernsehen gibt keine «kognitiven Rätsel» wie die gedruckte Schrift auf. Da es zudem über nahezu alle Bereiche des menschlichen Lebens informiert, werden dem Kind schon früh Informationen zugänglich, die vordem tabuisiert waren. Sexualität, Gewalt, Krankheit und Tod sind für das Kind als Folge dieser «optischen Revolution» keine Geheimnisse mehr; es wird ein «kleiner Erwachsener» mit allen negativen Konsequenzen wie Alkoholismus, Drogenkonsum und Kriminalität. In der Wahl seiner Gegenmittel ist POSTMAN jedoch nicht ganz so radikal wie MARIE WINN: Er rät lediglich zum kontrollierten Fernsehkonsum und zur aktiven Auseinandersetzung der Kinder und der Erwachsenen mit dem Geschehen.

In seinem 1985 in Deutschland erschienenen Buch «Wir amüsieren uns zu Tode» wiederholt POSTMAN diesen Rat und weist insbesondere der Schule die Aufgabe zu, den jungen Menschen zu einem reflektierten und kritischen Umgang mit dem Fernsehen zu befähigen. Der Leitgedanke dieses Buches besteht im übrigen darin, daß nach seiner Ansicht das vor allem für Unterhaltung geeignete Medium Fernsehen alle Bereiche des sozialen und politischen Lebens nach den Gesetzen von Unterhaltung verforme: «Das Entertainment ist die Superideologie des gesamten Fernsehdiskurses. Gleichgültig, was gezeigt wird und aus welchem Blickwinkel - die Grundannahme ist stets, daß es zu unserer Unterhaltung und zu unserem Vergnügen gezeigt wird» (a. a. O., S. 110). Diese Art der Präsentation wird in einer vom Fernsehen dominierten Gesellschaft zum Modell dafür, wie die Welt schlechthin auszusehen habe: «Es geht nicht bloß darum, daß das Entertainment auf dem Bildschirm zur Metapher für jeglichen Diskurs wird. Es geht darum, daß diese Metapher auch jenseits des Bildschirms dominiert. Wo früher der Buchdruck den Stil im Umgang mit Politik, Religion, Wirtschaft, Bildung, Recht und anderen wichtigen Angelegenheiten der Gesellschaft vorschrieb, gebietet heute das Fernsehen» (a. a. O., S. 116). Diesen Gedanken belegt er mit zahlreichen Beispielen aus der Politik, dem religiösen Leben sowie dem Erziehungs- und Bildungssystem; insofern ist dieses Buch auch als eine Ergänzung des zuerst genannten Titels «Das Verschwinden der Kindheit» aus soziologischer oder politologischer Sichtweise zu verstehen.

Den radikalsten Ansatz aber wählt JERRY MANDER, der dem Fernsehen unterschiedslos bei Kindern und Erwachsenen eine große Zahl negativer Wirkungen zuschreibt: Fernsehen läßt die persönlichen Erfahrungen verkümmern, es weicht die Grenzen zwischen Realität und Fiktion auf und kann zu schweren psychischen Erkrankungen führen, es richtet das Bewußtsein der Zuschauer ab, es dämpft die Wahrnehmung und führt zu hypnoseähnlichen Zuständen, es macht süchtig und verflacht das menschliche Wissen, es erleichtert diktatorische Herrschaftsformen und anderes mehr. Auch er sieht als Ausweg nur die Abschaffung der gesamten Institution «Fernsehen», die man als Individuum durch Abschalten schon jetzt vorwegnehmen kann.

«Farmington turns off!» («Farmington schaltet ab!») ist das einleitende Kapitel dieses Buches überschrieben. Farmington, das ist ein kleines Städtchen hundertfünfzig Meilen nordöstlich von New York im US-Staat Connecticut. Die Leiterin der dortigen Kinderabteilung der öffentlichen Bibliothek, NANCY DE SALVO, hatte in ihrer sechzehnjährigen Tätigkeit mit Kummer bemerken müssen, daß ihre Zöglinge kaum noch für Bücher zu gewinnen waren. Die Wochenzeitschrift DIE ZEIT berichtet in ihrer Ausgabe vom 18.01.1985, daß sich NANCY DE SALVO noch genau an den Tag erinnere, an dem für sie das Maß voll war. Eine Gruppe von ABC-Schützen, denen sie ein indianisches Volksmärchen vorlas, habe sich wie ein Haufen dreijähriger Kleinkinder benommen: «Die einen stierten völlig passiv vor sich hin, die anderen hörten nach einer Minute auf zuzuhören und wurden grob zueinander. ‹Früher war es so, daß wenn ein Kind zu weinen begann, die anderen traurig zusahen. Heute scheint sie nichts mehr zu bekümmern. Ihre Helden sind alle wie Superman-Typen mit unheimlichen Kräften. Das formt die Kinderpersönlichkeit auf eine sehr einseitige Weise›, sagt die Bibliothekarin.» Ihre Reaktion gegen Konzentrationsmängel, Passivität und Aggressivität war eine *Fernsehdiät:* Mehr als 1000 Einwohner hatten sich im Januar 1984 zu einer ein-oder mehrwöchigen Enthaltsamkeit entschlossen und über 4000 Einwohner hatten ihren Fernsehkonsum stark eingeschränkt. Zusammen war dies mehr als ein Viertel der Bevölkerung. In dieser Zeit gab es zahlreiche Veranstaltungen in der Bibliothek wie Aufsatzwettbewerbe, Bastelstunden, Märchen erfinden, Kaleidoskope bauen usf. sowie ein großes Abschlußtreffen. In einer Informationsmappe werden als positive Wirkungen angeführt: Mehr gemeinsame Aktivitäten innerhalb der Familie, bessere Schulnoten, weniger Aggressivität und erhöhte Aufmerksamkeit in der Schule und - vorläufig - ein dauerhaft reduzierter Fernsehkonsum.

Ziehen wir Bilanz: Wir haben nunmehr ein Puzzle von Fakten, Vermutungen, Befürchtungen und Ratschlägen zusammengetragen, die nach unserer Ansicht *die Geschichte einer neunzigjährigen Angst vor audio-visuellen Medien* ausdrücken. Sind aber alle diese Befürchtungen auch wirklich gerechtfertigt? Kehren wir einmal zum Eingangsbeispiel - dem Hörspiel über «Die Invasion vom Mars» - zurück: In einer Reanalyse der Daten weist KUNCZIK (1979) darauf hin, daß insgesamt überhaupt nur 12% der erwachsenen Bevölkerung die Sendung hörten. Von diesen verstanden 28% die Sendung fälschlich als eine realistische Nachrichtensendung und davon wiederum reagierten 70% verängstigt oder verstört. Insgesamt wurden also nur maximal 2% der Bevölkerung erschreckt, von denen CANTRIL (1940) 135 Personen befragt hat. Auch die angeführte «Barsebäck-Panik» stellt sich bei genauerer Betrachtung (vgl. KUNCZIK, 1979, S. 118 f.) als vergleichsweise harmlos heraus: 10% der Bevölkerung hatte die Sendung mißverstanden, 1% zeigte Reaktionen, die aber nur zur kurzzeitigen Überlastung zweier Telefonzentralen führten. Von massenhafter panikartiger Flucht jedenfalls konnte in beiden Fällen keine Rede sein. Ist die Furcht vor den Medien also zumindest in Teilen von den Medien oder den Medienwissenschaftlern - willentlich oder nicht - selbst produziert? Und wie soll man sich angesichts zukünftig durch Kabel- und Satellitenfernsehen sowie Videogeräte noch erweiterter Zugangsmöglichkeiten verhalten? Ist Abschalten - wie in Farmington praktiziert - die beste Reaktion? Soll man das Fernsehen stärker als bisher zensieren, wie es ELISABETH LANG in der Streitschrift «Kind, Familie und Fernsehen» fordert, wenn sie 1980 schreibt, daß «... Menschen, die auf Grund ihrer Ausbildung und ihrer Berufserfahrung ... Zusammenhänge überblicken, die Verantwortung dafür tragen, im Interesse der Kinder einzugreifen und beispielsweise auf eine Veränderung der Schwerpunkte im Programmangebot hinzuarbeiten» (S. 151).

Im nachfolgenden Kapitel wollen wir nun versuchen, die gegenwärtig in der Medienpsychologie vorliegenden Befunde zusammenzutragen und die daraus für das alltägliche Umgehen möglichen Konsequenzen für den Einzelnen zu erörtern.

2. Kapitel

Von der Kampagnenforschung zur Schweigespirale – Die Entwicklung der Massenkommunikationsforschung

2.1 Medien, Massen Massenkommunikation - Einige Begriffsklärungen

Alle reden über die Medien und die meisten klagen über sie: der Fußballtrainer, dessen Mannschaft der Erfolg versagt ist, der Politiker, dessen Popularitätskurve sinkt, der Lehrer, der mit seinen Schülern nicht zurechtkommt, der Pfarrer, dem die Gemeinde wegläuft. Man ist oft unsicher, ob sie alle dasselbe meinen, wenn sie die Wörter *«Medien», «Kommunikation»* und *«Masse»* gebrauchen. Um Begriffsverwirrungen möglichst auszuschließen, sollen zunächst die genannten Begriffe diskutiert werden. Ein Überblick zur Entwicklung der Massenkommunikations- oder Medienwirkungsforschung schließt sich an.

In der Literatur (vgl. KÜBLER & WÜRZBERG, 1982) sind vor allem drei Deutungen des Begriffs *«Medium»* anzutreffen: (1) Ein *universalistisch-kulturphilosophischer* Medienbegriff, nach dem jedes Zeichen (also z.B. auch ein Denkmal oder die Sprache selbst) als Medium angesehen wird, (2) ein *pädagogisch-didaktischer* Medienbegriff, der alle zur Verbesserung von Lehr- und Lernvorgängen dienende Objekte (also auch z.B. die Tafelkreide und den Lehrer selbst) umfaßt und (3) ein *kommunikationswissenschaftlicher* Medienbegriff, der sich auf die sog. Massenmedien (Druck-Medien, Rundfunk, Film und Fernsehen) konzentriert. Von diesen wird nachfolgend nur das Fernsehen behandelt.

*Massen*medien - dieser Begriff hat seinen Ursprung im 19. Jahrhundert, denn aus dieser Zeit stammt die Einführung des Begriffs «Masse» in die Psychologie. Im gleichen Jahr 1895, in dem (wie erwähnt) MAX SKLADANOWSKY in Berlin und die GEBRÜDER LUMIÈRE in Paris die Kino-Zeit eröffneten, erschien von GUSTAVE LE BON das Buch «Psychologie der Massen». Mit dieser Bezeichnung sollte das Phänomen großer Menschenansammlungen (bei Demonstrationen, Volksfesten, Lynchjustiz, Streiks usw.) beschrieben werden, die sich aus vielen, gleichartigen und extrem vom Willen einer Führerpersönlichkeit abhängenden Einzelnen zusammensetzen. Der vordem noch individuelle Einzelmensch wird hier anonym, hat keine persönliche Verantwortung mehr, läßt seinen Trieben und Gefühlen die Herrschaft über die Vernunft, verzichtet auf Teile seiner eigenständigen Intelligenz und unterwirft sich dem Führer der Masse - wie es etwa in Panikzuständen deutlich werden soll.

Mit der heutigen Verwendung dieses Begriffs zur Beschreibung von Rezipientengruppen von Medien sind Vorannahmen verbunden: Es wird nahegelegt (wenn nicht sogar unterstellt), daß die Nutzer von Zeitung, Radio, Film und Fernsehen sich ebenfalls durch Merkmale wie Anonymität, Gefühlsbestimmtheit, Schwinden von Intelligenz und persönlicher Verantwortung ausreichend beschreiben lassen. Das war aber bei der Mehrheit nicht einmal in den Reaktionen auf den eingangs genannten Extremfall «Die Invasion vom Mars» der Fall.

Was schließlich ist nun Massen*kommunikation?* Soll dies die Kommunikation zwischen verschiedenen Massen oder die Kommunikation zwischen Führer und Massen (oder umgekehrt) sein, und was wird hier wie kommuniziert? Zunächst zur *Kommunikation* im allgemeinen:
In der Sozial- und Sprachpsychologie (vgl. SCHERER, 1979; HERRMANN, 1985) wird dann von *interpersonaler Kommunikation* gesprochen, wenn zwei oder mehrere Menschen zur gleichen Zeit sprachliche oder nonverbale (gestische, mimische usw.) Informationen austauschen. Zugleich muß ihr Verhalten aufeinander abgestimmt (koorientiert) und (zumindest punktuell) auf gemeinsame Interaktionsziele ausgerichtet sein.

Betrachten wir mit diesem generellen Verständnis von Kommunikation die Massenmedien Presse, Rundfunk, Film und Fernsehen: Zunächst gilt für die *Presse,* daß hier keine Kommunikation im o.a. Sinne stattfindet. Das Massenmedium Presse ist weder koorientiert (da Produzent und Rezipient die Nachricht zeitversetzt behandeln), noch ist es in der Regel auf gemeinsame Interaktionsziele ausgerichtet. Hier liegt eher Informationsübermittlung in verschiedenen Zeichensystemen (Schrift und Bild) zwischen mehreren Akteuren vor. Statt von Kommunikation spricht man wohl besser von *Informationstransfer oder -distribution.* Daraus kann gelegentlich - z.B. durch Leserbriefe - auch Interaktion werden.

Beim *Rundfunk* liegen die Dinge etwas anders. Zwar hat auch im Rundfunk der Sprecher seinen Hörer nicht leibhaftig vor sich sitzen, gegenüber der Zeitung kommt jedoch eine neue Qualität hinzu: Der Radiosprecher kann zu Recht davon ausgehen, daß er irgendwo im Sendebereich auch einen oder mehrere Zuhörer am Gerät sitzen hat, d.h. Sprecher, Nachricht und Hörer treffen zum gleichen Zeitpunkt aufeinander. Zudem zeigen Rundfunksprecher oft ein Verhalten, *als ob* sie sich in einer direkten interpersonalen Interaktion befänden. Dieser Eindruck wird oft noch durch die Einblendung von Telefon- oder Studiogesprächen verstärkt. Wenn der gleiche Moderator nach einem Telefongespräch sagt, «Das war der Roland aus Mannheim», und anschließend fortfährt «... und nun spiele ich für Euch alle den alten Beatles-Song ‹Let it be› », dann mag der Eindruck entstehen, es handele sich auch hier um direkte, interpersonale Interaktion. Dies gilt gleichermaßen für den Fall, daß die Sendung aufgezeichnet und erst einige Zeit nach der Produktion gesendet wird. Geübte Moderatoren spielen gelegentlich selbst noch mit dieser Zeitlücke, um den Eindruck direkter Kommunikation zu erzielen: «Wenn Sie diese Sendung hören, bin ich schon unterwegs für Sie nach Nashville.»

Daß beim *Film* und (v.a.) beim *Fernsehen* keine direkte Interaktion in dem oben aufgeführten Sinn vorliegt, ist nach den Ausführungen zu Presse und Rundfunk einsichtig. Beide unterscheiden sich vom Rundfunk im wesentlichen nur dadurch, daß zu den auditiven Zeichen hier noch visuelle hinzukommen. Daß Sprecher, Nachricht und Zuhörer auch hier zur gleichen Zeit aufeinandertreffen und daß der Zuhörer hier zudem noch ein Zuschauer ist, mag zwar den Eindruck vom Vorliegen einer direkten Interaktion verstärken, tatsächlich aber sind auch hier die Kriterien der Koorientierung und des gemeinsam zielgerichteten Verhaltens nicht gegeben. Es handelt sich auch hier um – wie man es nennen könnte – *Quasi-Kommunikation.* Wenn sich Karl-Heinz Köpcke, Ulrike von Möllendorf oder Dieter Thomas Heck auch noch so «persönlich» auf dem Bildschirm zeigen – sie *tun* doch nur so, als ob sie koorientiert und gemeinsam zielgerichtet mit dem Zuschauer interagierten. Tatsächlich aber liegt hier ebenfalls nur Informationstransfer oder -distribution vor.

Ersichtlich ist nach allem der *Begriff der Massenkommunikation* in zweifacher Hinsicht *unzutreffend:* (1) Zum einen lassen sich die Rezipientengruppen nicht mit dem aus dem 19. Jahrhundert stammenden Konzept der Masse zutreffend beschreiben, (2) zum anderen handelt es sich bei den genannten Medien eher um Informationstransfer oder -distribution als um Kommunikation.

Ein derart unscharfer und ideologisch belasteter Begriff hätte in der Wissenschaft eigentlich nichts verloren, aber er hat sich eingebürgert und hält sich hartnäckig. Viele Medien- und Kommunikationswissenschaftler fügen sich dieser Tatsache (vgl. MERTEN, 1977; KUNCZIK, 1979) und verwenden ihn weiterhin, nachdem sie ihn neu - und präziser - definiert haben. Eine häufig verwendete Definition stammt von MALETZKE (1963). Er versteht unter Massenkommunikation die öffentliche, indirekte, einseitige (also nicht wechselseitige) technische Verbreitung professionalisierter, strukturell und funktional ausdifferenzierter und periodisch veranstalteter Kommunikationsformen.

Das bedeutet im einzelnen:

(1) Die Produktion und Verteilung von Informationen erfordert zunächst einmal eine komplexe Organisation wie z.B. eine Rundfunkanstalt oder einen Zeitungsverlag mit klaren Strukturen (z.B. Rundfunkrat, Intendant, verschiedenen Redaktionen) und unterschiedlichen Funktionen.

(2) Die Produktion und Verteilung von Informationen erfolgt kontinuierlich und/oder mit einer gewissen Periodizität (z.B. bei Tageszeitungen werktäglich über das ganze Jahr).

(3) Die Verteilung ist zumeist öffentlich (d.h. allgemein zugänglich).

(4) Die Informationen richten sich zumeist an ein großes, relativ heterogenes Publikum (wie z.B. die Leserschaft einer überregionalen Tageszeitung oder die Hörer eines entsprechenden Radiosenders), das in gleicher Weise zur etwa gleichen Zeit erreicht wird.

(5) Beziehungen zwischen Produzent (Redakteur) und Rezipient (Leser, Zuhörer, Zuschauer) sind selten und fast stets indirekt (Leserbriefe).

2.2 13 Sekunden vor Mitternacht - Massenkommunikationsforschung bis heute

Die so definierte Massenkommunikation ist historisch gesehen ein vergleichsweise junges Phänomen. W. SCHRAMM fragt 1979 in dem Artikel «What is a long time?» und erstellt eine 24-Stunden-Uhr für die gesamte Geschichte der Menschheit bis heute. Danach treten die Sprache etwa um 21.33 Uhr, die Schrift um 23.52 Uhr auf. Das erste Buch erscheint zwei Minuten vor Mitternacht, Gutenberg und der Druck mit beweglichen Lettern taucht um 23.59 Uhr und 14 Sekunden auf und erst 13 Sekunden vor Mitternacht erscheinen Rundfunk und Fernsehen. Anders formuliert: Vom Entstehen der Sprache bis zur Schrift vergingen 50 Millionen Jahre, bis zum Erfinden des Drucks weitere 5000 Jahre. Vom Druck bis zum Rundfunk hat es nochmals etwa 500 Jahre gedauert und von dort aus noch 15 Jahre bis zur Erfindung des Fernsehens. Diese zuletzt dann doch stürmische Entwicklung hat recht bald (vor allem in den USA) das Interesse der Wissenschaftler angezogen.

(1) *Das Kaffeehaus:* Angefangen hat die Medienwirkungsforschung nach ELIHU KATZ (1978) mit dem Kaffeehaus. Frühe Vorstellungen von Medienwirkung gingen davon aus, daß Regierungen Vorschläge machen, Parlamente darüber debattieren, die Presse dies weitergibt und der Bürger darüber in den Cafés, Bars und Salons diskutiert. Daraus entsteht die öffentliche Meinung, die dann irgendwie die Entscheidungsträger wieder erreicht und beeinflußt. Das Kaffeehaus-Modell der Medienwirkung läßt sich durch die Verknüpfung Presse–Gespräch–öffentliche Meinung skizzieren; die Wirkung der Medien besteht darin, Themen der Regierung an die Staatsbürger weiterzugeben.

(2) *Die Wirkungs- und Kampagnenforschung:* Die geschichtlichen Ereignisse des 19. und 20. Jahrhunderts lehrten bald, daß dieses Konzept von Medienwirkung wohl doch zu einseitig und harmlos ist. Der Begriff der Masse, den wir schon als problematisch erkannt haben, überschwemmte die wissenschaftliche und politische Diskussion und lag auch den frühen *empirischen* Studien zugrunde. In der ersten Stufe der Medienwirkungsforschung in den zwanziger und dreißiger Jahren unseres Jahrhunderts – der sog. Wirkungs- oder Kampagnenforschung – wurde den Medien eine starke und direkte (auf Auge und Ohr), unmittelbare (störungsfreie) und kollektiv-massenhafte Wirkung zugeschrieben. Die Fragestellung dieser ersten, auf die Erforschung politischer und kommerzieller Wirkungen gerichteten Studien läßt sich mit der berühmten LASSWELL-Formel (1927) zusammenfassen: Wer sagt was, warum, wie und mit welchem Effekt zu wem? Medienwirkungsforschung war hier vor allem die Suche nach spezifi-

schen, meßbaren, kurzfristigen, individuellen, auf Einstellung und Verhalten bezogenen Effekten von politischen oder kommerziellen Werbekampagnen in den Massenmedien (vgl. ALLPORT & CANTRIL, 1935). Sie wurde größtenteils von Rundfunksendern oder der US-Armee finanziert.

Dieses simple Konzept der *starken Medien* stellte sich jedoch schon bald als zu einfach heraus; vor allem zwei Faktoren - *interpersonale Beziehungen* und *defensive Selektivität* - hatten zumindest ebenfalls Einfluß.

(3) *Interpersonale Beziehungen:* Die Berücksichtigung der interpersonalen Beziehungen der Medienrezipienten führte den Zeitfaktor in die Massenkommunikationsforschung ein: Mediale Inhalte kommen vor allem über die sogenannten «opinion leaders» (= Meinungsführer) zum Rezipienten. Das vielleicht bekannteste Modell dieser sog. *Diffusionsforschung* stammt von PAUL LAZARSFELD. Bei einer Untersuchung des amerikanischen Präsidentschafts-Wahlkampfes von 1940 (Roosevelt vs. Wilkie) mit 600 Bürgern von Erie County, Ohio stellte er fest, daß Wahlpropaganda durch Radio und Zeitungen nur wenig direkten Einfluß auf Einstellung und Verhalten des durchschnittlichen Rezipienten hat (LAZARSFELD et al., 1944). Stattdessen vermutet er einen Einfluß der Medien auf die sich durch aktives soziales Leben und Weltoffenheit auszeichnenden *Meinungsführer;* von diesem aus geht die Einflußnahme anschließend weiter an den «kleinen Mann» («man-on-the-street»).

Zwar hat dieses Modell zahlreiche Folgestudien ausgelöst, und auch heute noch bedienen sich nicht wenige kommerzielle Firmen (z.B. für den Vertrieb von Parfum oder Plastikgeschirr) dieses Prinzips, es hat aber zugleich auch zahlreiche Kritik provoziert (vgl. KUNCZIK, 1979, S. 168 ff.).

(a) Das Modell impliziert eine feste Rollenzuschreibung - Meinungsführer vs. «Mann-auf-der-Straße» -, während tatsächlich auch Meinungsführer ihrerseits in bestimmten Situationen oder zu bestimmten Themen andere um Rat fragen.

(b) Das Modell läßt unberücksichtigt, was der Meinungsführer mit der erhaltenen Information macht, wie weit er sie modifiziert und weitergibt.

(c) Neuere Untersuchungen (vgl. Übersicht bei KUNCZIK, 1979, S. 171 ff.) weisen auf ein «Mehr-Schritt-Modell» hin, nach dem die Rezeption von Nachrichten mit einer variablen Zahl von dazwischengeschalteten Relaisstationen (z. B. Experten, Nachbarn, Kollegen) erfolgt.

(4) *Defensive Selektivität:* Sie war der zweite Faktor, der das Konzept der starken Medien im Wirkungs- und Kampagnenansatz zerstörte. Gemeint ist damit, daß Rezipienten oft nur ganz bestimmte Medieninhalte nutzen und anderen gezielt aus dem Wege gehen. Wiederum fand die Gruppe um Paul Lazarsfeld mit ihrer schon genannten Untersuchung zum amerikanischen Präsidentschaftswahlkampf heraus, daß überzeugte Anhänger einer Partei oder eines Kandidaten sich bevorzugt deren bzw. dessen Sendungen anhörten. Spätere Untersuchungen erbrachten u. a. folgende Ergebnisse:

- Von Republikanern zur Gewinnung demokratischer Wähler gemachte Wahlkampfsendungen wurden überwiegend (im Verhältnis 2:1) von republikanischen Wählern selbst angesehen.
- Fernsehsendungen, mit denen für die Ziele der Vereinten Nationen geworben wurde, hatten überwiegend solche Zuschauer, die schon Anhänger dieser Organisation waren.
- Bei der Fernsehdebatte zwischen Kennedy und Nixon schrieben Zuschauer diejenigen Argumente, mit denen sie selbst nicht übereinstimmten, häufiger dem von ihnen auch nicht unterstützten Kandidaten zu.
- Der Grad von Glaubwürdigkeit von Computervorhersagen über den Wahlausgang wird davon mitbestimmt, ob die Vorhersage für die eigene Partei günstig oder ungünstig ist, u. a. m. (vgl. Klapper, 1973).

Die bisherige Frage der Medienwirkungsforschung – «Was machen die Medien mit den Menschen?» – kehrte sich um zur Frage «Was machen die Menschen mit den Medien?» Für diese Richtung hat sich die Bezeichnung *Nutzen- und Gratifikationsansatz* («uses-and-gratification»-Ansatz) eingebürgert, der jedoch nicht als ausgearbeitete und empirisch überprüfte Theorie bezeichnet werden kann. Es handelt sich vielmehr um eine Sammelbezeichnung für die Untersuchungen der Funktionen, die die Mediennutzung für den Rezipienten hat. (Vgl. Kunczik, 1979, S. 152; in Deutschland steht die Medienpsychologin Herta Sturm [1984] mit ihrem «rezipientenorientierten Ansatz» in dieser Tradition.) Mittlerweile ist eine ganze Reihe von *Funktionen* genannt worden, die der Medienkonsum (hier v.a. Fernsehkonsum) erfüllen soll: Flucht vor Langeweile, Unterhaltung, Entspannung, Wirklichkeitsflucht, Phantasieanregung, Informationssuche, Ersatz für soziale Kontakte, Teilnahme am politischen Leben, Suche nach Gesprächsstoff usw. (vgl. ROBERTS & BACHEN, 1981), die sich zu drei großen Gruppen *Kognition* (= Wissens- und Informationserwerb), *Entspannung* und *persönliche Bedürfnisse* (= Flucht vor der Realität, Ersatz für Sozialkontakte usw.) gliedern lassen.

Wenn die Nutzung von Medien spezifische Funktionen beim Rezipienten erfüllt, dann liegt die Frage nicht weit, ob es vielleicht auch bestimmte *Persönlichkeitsmerkmale* gibt, die mit Fernsehmotiven und -konsum zusammenhängen. Diesem Problem gingen die deutschen Medienforscher KRAMPEN, VIEBIG und WALTER (1982) nach. In einer Befragung von 108 Frauen und 83 Männern fanden sie, daß vor allem zwei Persönlichkeitsmerkmale von Bedeutung waren: *Internale Kontrollüberzeugung* (d.h. die Überzeugung, daß die Welt und das Leben durch eigene Aktivitäten kontrollierbar und veränderbar sind) und *externale Kontrollüberzeugung* (d.h. die Einstellung, daß das eigene Leben vorwiegend von fremden Einflüssen - die Politiker, die Nachbarn, die Eltern - beeinflußt ist).

Zuschauer mit internalen Kontrollüberzeugungen haben Fernsehmotive, die auf selbstbestimmtes Verhalten und aktive Informationssuche schließen lassen; sie sehen vorzugsweise Nachrichtensendungen, Kommentare und politische Magazine. Externale Kontrollüberzeugungen führen zu einer stärkeren Nutzung von Kriminalfilmen, Quizsendungen und Ratgebersendungen. Ähnliche Positionen vertritt auch der Wiener Medienpsychologe PETER VITOUCH (1981).

Einen Schritt weiter gehen Versuche zur Entwicklung von *Zuschauertypologien,* bei denen es nicht mehr nur um spezifische Funktionen oder einzelne Persönlichkeitsmerkmale, sondern um ganze Bündel von demographischen und psychologischen Merkmalen geht.

So unterscheidet beispielsweise PROKOP (1979) aufgrund amerikanischer, deutscher, israelischer und schweizer Umfragen die drei Zuschauertypen *Fernsehbedürftige, Fernsehnormalverbraucher* und *Fernsehfeinde.* Zu den *Fernsehbedürftigen* werden hier vor allem ältere Menschen aller sozialen Schichten gerechnet, die im Fernsehen einen angenehmen Begleiter sehen, der die Zeit füllt, sie unterhält und informiert. Zu dieser Gruppe zählt weiterhin das einseitig unterhaltungsorientierte weibliche Publikum von zumeist mehr als vierzig Jahren und niedriger Schulbildung wie niedrigem Einkommen. Schließlich sollen auch Kinder bis zu zwölf Jahren in diese Kategorie fallen, für die das Fernsehen ein leicht verfügbarer Partner ist, der informiert, entspannt und auch das Gefühl sozialer Sicherheit vermittelt. Als *Fernsehnormalverbraucher* werden erwachsene Angehörige der unteren Mittelschicht zwischen 20 und 55 Jahren bezeichnet, die das Fernsehen als ein Stück Alltag akzeptiert haben, es aber auch als austauschbare Aktivität betrachten. Fernsehen ist für sie amüsant, entspannend, aber auch informativ. Die *Fernsehfeindlichkeit* ist in erster Linie ein Mittelschichtphänomen, da sie am häufigsten bei Personen zwischen 20 und 55 Jahren mit vielfältigen beruflichen, sozialen und kulturellen Aktivitäten anzutreffen ist. Wenn überhaupt, so sieht diese Gruppe nur Bildungs- und Kulturprogramme an. Dazu gehören allerdings auch Jugendliche aller sozialen Schichten zwischen 13 und 20 Jahren, soweit sie das Zusammensein mit der Familie beim Fernsehen vermeiden wollen.

Nachdem die beiden Einflußgrößen *interpersonale Beziehungen* und *defensive Selektivität* das aus den Anfangszeiten der Massenkommunikationsforschung stammende Konzept der starken Medien zunächst stark relativiert haben, erfuhr es Ende der sechziger Jahre - wohl auch unter dem Eindruck zunehmender gesellschaftlicher Spannungen, wie sie in den damaligen Studentenunruhen ihren Ausdruck fanden - eine Wiederbelebung in spezifischen Ansätzen. Diese lassen sich nach KATZ (1978) mit den Stichworten

- Sozialisation,
- Medium als Botschaft,
- ideologische Wirkung,
- Wissenskluft («knowledge-gap») und
- Thematisierungsfunktion («agenda setting»)

bezeichnen. Wir wollen sie hier zunächst nur knapp skizzieren und sie in den anschließenden Kapiteln unter Hinzufügung auch weiterer Forschungsthemen detailliert erörtern.

(5) *Sozialisation:* Zum Thema Sozialisation zählen alle Untersuchungen, die sich mit den Einflüssen der Medien auf die Erzie-

hung von Kindern und Jugendlichen beschäftigen. Zugehörig sind Untersuchungen zum Einfluß des Fernsehens auf aggressives, aber auch auf prosoziales Verhalten ebenso wie Studien über die Ausbildung von Geschlechterrollen und zur politischen Sozialisation. In jüngerer Zeit kommen in verstärktem Maß auch Studien zur Aufmerksamkeit und zum Verständnis von Fernsehsendungen (wie z.B. Werbung) sowie zu emotionalen Wirkungen hinzu. Insgesamt ist dieser Bereich wohl der am intensivsten bearbeitete Bereich der Medienwirkung; allein zur Frage der aggressivitätsfördernden Wirkung des Fernsehens sollen bis 1979 etwa 3300 Studien durchgeführt und über 100000 Menschen befragt worden sein (Haase, 1981). Diese Fragen werden im nächsten (3.) Kapitel behandelt.

(6) *Medium als Botschaft:* Viel Furore hat in den sechziger Jahren ein kanadischer Medienforscher gemacht, dessen zentrale These heute fast ein Gassenhauer der Fernseh-Literatur ist: Marshall McLuhan und «Das Medium ist die Botschaft». McLuhan (1962, 1965) vertrat die (schon zu seiner Zeit nicht mehr ganz neue) Idee, daß bei der Nutzung eines Mediums nicht so sehr der Inhalt, sondern vielmehr die *Form,* in der die Inhalte präsentiert sind, das eigentlich Bedeutsame ist. Was Generationen von Lateinlehrern ihren unlustigen Schülern mitgegeben haben, daß nämlich beim Lateinunterricht das Wesentliche die Schulung des logischen Denkvermögens sei, hat McLuhan für das Fernsehen (im Vergleich mit den Druckmedien) untersucht. Er behauptet, daß Gedrucktes die Disziplin der Rationalität fordere; der Geist muß Informationen sukzessiv aufnehmen. Dabei werden Kategorien des Vorher-Nachher oder von Ursache und Wirkung gelernt. Bilder - wie beim Fernsehen - sind hingegen ganzheitlich, ihre Ordnung ist weit weniger wichtig. So interessant diese Auffassung auch ist, sie hat bis heute überraschend wenig empirische Forschung produziert (vgl. dazu Kapitel 4).

(7) *Ideologische Wirkungen:* Dieser Spekulation ähnlich, aber auf spezifischere Effekte bezogen, sind Überlegungen zur ideologischen Wirkung des Fernsehens. Hier geht es nicht so sehr um grundlegende Kategorien und Prozesse des Denkens, sondern um spezifische Einschätzungen der gesellschaftlichen und politischen Realität, die als «versteckte Botschaften» bei der Betrachtung von Fernsehsendungen - gewissermaßen aus Versehen - mitgelernt

werden. In diesem Kontext sind vor allem die Arbeiten von George Gerbner und Larry Gross (1976) zu nennen, die eine überraschende Idee hatten. Ihnen war u.a. aufgefallen, daß in den amerikanischen Fernsehsendungen sehr viel Kriminalität zu sehen ist, mehr jedenfalls, als in der Realität nach der Statistik tatsächlich vorkommt. Sie fragten sich nun - und haben das auch untersucht -, ob Menschen mit überdurchschnittlich hohem Fernsehkonsum möglicherweise ein pessimistischeres Bild von der realen Welt bekommen als es den statistischen Gegebenheiten entspricht. Ebenfalls zu diesem Stichwort ist die Theorie von Elisabeth Noelle-Neumann über die Schweigespirale (1980) zu zählen, mit der erklärt werden soll, wie es zu der sog. «öffentlichen Meinung» kommt, wie sie verändert und manipuliert werden kann. Soviel sei schon vorweggenommen: Die Kameraleute beim Fernsehen spielen dabei eine entscheidende Rolle! Die ideologischen Fernsehwirkungen werden im 5. Kapitel dieses Buches ausführlicher behandelt.

(8) *Thematisierungsfunktion:* Die Theorie der Thematisierungsfunktion («agenda-setting»-Hypothese) gibt die Suche nach Wissens-, Einstellungs- oder Verhaltensänderungen der Rezipienten auf und fragt, ob die Medien vielleicht nicht nur deshalb besonders einflußreich sind, weil sie die Aufmerksamkeit des Publikums auf bestimmte Themen lenken. Kurz gefaßt, bestimmen das Fernsehen und andere Medien danach nicht mehr *wie,* sondern *worüber* wir denken. Was diese Hypothese beispielsweise der amerikanischen Kleinstadt Chapel Hill verdankt und was man heute von ihr hält, wird das Thema des sechsten Kapitels sein.

(9) *Wissenskluft:* Etwas weniger ehrgeizig bezüglich des Geltungsbereichs ist die Wissenskluft- oder «knowledge-gap»-Hypothese, bei der es nicht mehr um ganz grundlegende Denkmuster oder Einstellungen geht, sondern um Informations- und Wissensvermittlung auf spezifischen Gebieten. Lange Zeit hatten Medienwissenschaftler geglaubt, daß das Fernsehen, wenn es nur genügend Informations- und Bildungssendungen verbreite, zum Abbau von Bildungsunterschieden in der Bevölkerung beitragen könne und so auch die unterprivilegierten Schichten zu größerer Beteiligung am politischen und gesellschaftlichen Leben führen könne. Im Jahr 1970 aber erschien in der Zeitschrift «Public Opinion Quarterly» ein Aufsatz von P.J. Tichenor und Kolle-

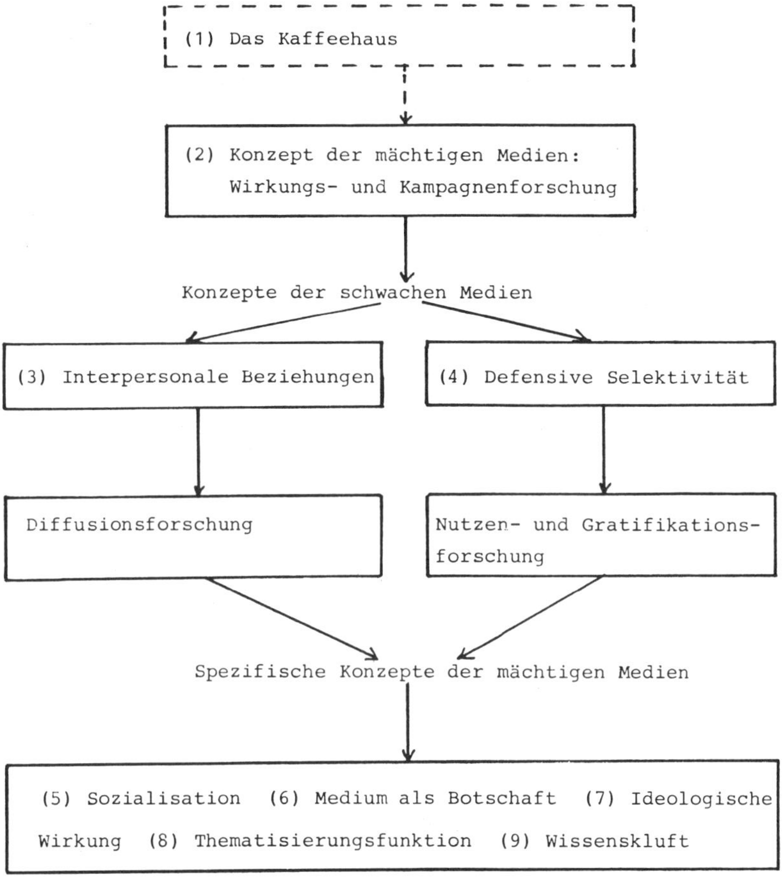

Abb. 1: Entwicklung der Massenkommunikationsforschung

gen, der diese Vermutung gründlich zerstörte: Nach ihren Untersuchungen werden durch das Fernsehen nicht nur keine Wissensunterschiede abgebaut, sondern bestehende vielmehr noch zementiert oder gar vergrößert. Was fünfzehn Jahre nach dieser Veröffentlichung dazu noch zusätzlich bekannt ist, wird in Kapitel 7 genauer untersucht; allgemeine Untersuchungen und Befunde zur Frage der Informationsvermittlung durch das Fernsehen gehen dem voraus.

Ein Wort noch zu den hier vernachlässigten Fragen: Nur am Rande behandelt wird die (eher soziologische) *Kommunikatorfor-*

schung (vgl. dazu Kunczik, 1979, Kap. 3). Zu ihr zählt u.a. die *«gate-keeper»-Forschung,* die sich dafür interessiert, auf welche Weise Informationen überhaupt in die Medien gelangen und zur Nachricht werden. Eine Rolle spielen dabei:

- die *Größe* einer Medien-Organisation (Je größer z.B. eine Zeitung ist, umso weniger ist sie auf Agenturmeldungen angewiesen und umso eher werden Meldungen der eigenen Redaktion gedruckt.),
- *Zeitdruck und Platzmangel* (Je früher eine Information eingeht, umso größer ist ihre Chance auf aktuelle Veröffentlichung.),
- *Eigenarten des Ereignisses,* über das informiert werden soll. (Kurze, unerwartete, emotionale, aggressive Ereignisse mit glücklichem Ausgang - wie z.B. das Attentat auf Reagan in seiner ersten Amtszeit - sind sog. «ideale Medienereignisse».)

Ob eine Information als Nachricht veröffentlicht wird, hängt auch vom «Gefühl» des Redakteurs ab: Redakteure einer Mannheimer Tageszeitung gaben uns an, sie hätten - auch ohne jegliche Leserforschung - ein Gefühl dafür, was der Leser will.

Dieses «Gefühl» wird zum nicht geringen Teil die Folge der Berufsauffassung (z.B. Nachrichtenübermittler vs. Konfliktjournalist) und sozialer Kontrollprozesse in der Redaktion sein. Neulinge werden in Lokalredaktionen beispielsweise dahingehend beeinflußt, daß sie mehr über die positiven Ereignisse der eigenen Gemeinde berichten und die örtlichen Honoratioren besonders in den Vordergrund stellen, auch die politische Orientierung des Herausgebers und/oder Eigentümers ist ihnen bekannt und wird nicht ohne Einfluß auf ihre Tätigkeit sein. Hinzu kommt, daß sich Journalisten meist aus derselben sozialen Schicht rekrutieren, über die sie später in erster Linie zu berichten haben. In den USA ist der durchschnittliche Journalist männlich, weiß, um die dreißig Jahre alt, Angehöriger der Mittel- oder Oberschicht und an der Ostküste aufgewachsen. (Wer denkt da nicht sofort an Dustin Hoffman und Robert Redford in dem Film über die Watergate-Affäre?)

Eher ein Werkzeug als ein eigenes Thema der Mediensoziologie ist die *Inhaltsforschung,* bei der es um die Erfassung von Nachrichteninhalten bestimmter Medien in bestimmten Zeiträumen geht. Dabei werden verwendet:

- *Häufigkeitsanalysen* (Auszählung spezifischer Wörter, Themen oder Motive wie z. B. die Verwendung der Bezeichnung Baader-Meinhof-*Gruppe* oder *-Bande*),
- *Kontingenzanalysen* (Untersuchung von Zusammenhängen zwischen Wörtern, Themen oder Motiven),
- *Valenzanalysen* (Untersuchungen der Zusammenhänge von politischen Einstellungen und der Verwendung spezifischer Wörter, Themen oder Motive),
- *Intensitätsanalysen* (Untersuchung der Valenzen nach unterschiedlicher Intensität).

Mit Hilfe dieser Methoden, die heute zumeist den Einsatz von Computern erfordern, können folgende Fragen beantwortet werden: Beschreibung von Themen-Karrieren (z. B. wann taucht der erste Bericht über eine Häuser-Besetzung in welchem Medium auf und wann der letzte?), Stilanalysen, Beschreibung von Techniken zur Meinungsbildung, Analysen zum Wertwandel in der Gesellschaft (z. B. die Verwendung von Begriffen aus der feministischen Bewegung wie «frau» anstelle von «man») und Lesbarkeitsforschung.

Ebenso eher ein Werkzeug innerhalb der Medienforschung ist die *Publikumsforschung*. Hier geht es nicht so sehr um die Wirkung als um die Nutzung einzelner Sendungen und Sender (s. oben). Sie ist zum einen für die Berechnung von Werbegebühren relevant, zum anderen stellt sie eine (nicht selten die einzige) Form der Rückmeldung für den Erfolg einer Sendung dar. Im Bereich des Fernsehens ist in den letzten Jahren die elektronische Medienanalyse üblich geworden. Bei dieser wird das gesamte Fernsehverhalten (einschließlich der Nutzung von Videogeräten, Telespielen, Video- und Bildschirmtext) einer repräsentativen Stichprobe der Gesamtbevölkerung mit einem elektronischen Meßgerät erfaßt, nachts per Telefonleitung abgerufen und im Computer analysiert. Wenige Stunden nach einer Sendung sind so schon die Reichweiten bekannt. Auch Wochen-, Monats- und Jahresberichte mit Durchschnittswerten über das Sehverhalten der Zuschauer sind schnell erstellbar. (Zu den eher soziologischen oder publizistischen Problemen der Kommunikator-, Inhalts- und Publikumsforschung vgl. die ausgezeichnete Übersicht bei Kunczik, 1979.)

Eine Frage aber muß sicherlich noch vor der detaillierteren Erörterung der fünf Themenkreise Sozialisation, Medium als Botschaft, ideologische Medienwirkungen, Wissenskluft und Thematisierungsfunktion beantwortet werden: Wieviel *Zeit* verbringt der Zuschauer gegenwärtig durchschnittlich vor dem Fernsehapparat, wie werden sich diese Nutzungszeiten in Zukunft entwickeln, und was tut der Zuschauer noch dabei?

2.3 Fernsehmuffel, Normalverbraucher und Vielseher - Wieviel TV sieht der Mensch?

Nach den bisherigen Ausführungen ist die Feststellung nicht mehr überraschend, daß die Fernsehwirkungsforschung vor allem in den USA entstanden ist und dort auch heute noch mit großem Aufwand betrieben wird. Viele Untersuchungen und Ergebnisse sind daher nur richtig einzuschätzen, wenn die Nutzungsgewohnheiten in den USA bekannt sind und - anschließend - mit den deutschen verglichen werden können.

Nach einem Übersichtsartikel von HORN aus dem Jahr 1982 nimmt die Fernsehnutzungszeit pro amerikanischem Haushalt kontinuierlich zu: 1975/76 beispielsweise lief in einem amerikanischen Haushalt das Fernsehgerät 6 Stunden und 11 Minuten täglich, 1980/81 waren es schon 6 Stunden und 44 Minuten. In einer 1978 durchgeführten Befragung mußten 35 % der befragten kalifornischen Familien als «constant television households» klassifiziert werden - also als Haushalte, in denen der Fernseher ununterbrochen von morgens bis abends lief (vgl. ROBERTS & BACHEN, 1981). Der einzelne Zuschauer sieht davon allerdings nur durchschnittlich 4¼ Stunden. Hinter diesen Haushalts-und Einzelseher-Durchschnittswerten verbergen sich gruppenspezifische Differenzen: Regelmäßiges Fernsehen setzt in den USA etwa im Alter von zwei bis drei Jahren ein und umfaßt bei Vorschulkindern knapp 4 Stunden täglich. Bei Schuleintritt jedoch nimmt die Sehdauer ab - Kinder von 6-12 Jahren sehen rund 3½ Stunden, Mädchen von 12-17 Jahren 2½ Stunden und gleichaltrige Jungen 3¼ Stunden täglich. Bei Frauen von 18-54 Jahren liegt die Zeit etwa um 4½ Stunden, ältere Frauen (ab 55 Jahren) sehen 5½ Stunden pro Tag. Männer von 18-54 Jahren sehen zwischen 3¾ und 4 Stunden, die älteren knapp 5 Stunden täglich.

In der Bundesrepublik Deutschland ist die Lage in zweifacher Hinsicht anders: Die Daten zur Nutzungsdauer sind aktueller und präziser, und die Zeiten liegen deutlich unter den amerikanischen Werten.

Nach den Daten des vierten Quartals 1984 wird das Fernsehen in der Bundesrepublik folgendermaßen genutzt:

Tab. 1: Durchschnittliche Sehdauer in Minuten im Jahr 1984
(Quelle: Media Perspektiven 1/1985, S. 77)

	Montag–Freitag	Samstag	Sonntag
Kinder von 3–7 Jahren	69	112	102
Kinder von 8–13 Jahren	41	55	70
Erwachsene ab 14 Jahre	117	160	167

Bezogen auf die Erwachsenen (ab 14 Jahren) hat sich im längerfristigen Trend von 1980 bis 1984 kaum eine nennenswerte Veränderung ergeben:

Tab. 2: Entwicklung des täglichen Fernsehkonsums in Minuten der Erwachsenen ab 14 Jahren von 1980–1984
(Quelle: Darschin & Frank, 1985 sowie Südfunknachrichten 8/1985)

1980	1981	1982	1983	1984
119	115	115	111	116

Eine Erklärung für den Anstieg um fünf Minuten von 1983 auf 1984 liefern die sportlichen Großereignisse des Jahres 1984: Vom 12. bis 27. Juni 1984 fanden in Frankreich Fußball-Europameisterschaften statt und im Juli und August 1984 die Olympischen Spiele in Los Angeles. In einer Hinsicht drücken diese Werte allerdings noch einen Zustand der medialen Unschuld aus, da sie teilweise noch vor der Einführung des *Kabelfernsehens* erhoben wurden. Wie werden sich danach aber die Nutzungsgewohnheiten mutmaßlich verändern?

Ob ein umfangreicheres Angebot zu höheren Werten führt, läßt sich beispielsweise anhand der TV-Nutzung in Grenzregionen abschätzen, in denen Programme aus benachbarten Ländern zu empfangen sind: Nach Untersuchungen von KELLNER (1981) haben deutsche Zuschauer an der österreichischen Grenze fast identische Werte wie die gesamten deutschen Zuschauer, österreichische Seher an der deutschen Grenze sehen durchschnittlich täglich 16 Minuten länger fern als ihre grenzfernen Landsleute.

Im Saarland, wo durch Radio Luxemburg (RTL) im Jahr 1984 ein weiterer Sender zur Verfügung stand, gingen die durchschnittlichen Zeiten lediglich um zwei Minuten herauf. Sie waren hier allerdings gegenüber dem Durchschnitt der BRD auch schon 1983 relativ hoch (= 200 Minuten im Jahr 1983). In Berlin/West haben die Zuschauer einen ausgezeichneten Empfang des Fernsehens der DDR: Hier sind die Nutzungszeiten von 1983 (= 158 Minuten) bis 1984 (= 166 Minuten) um sechs Minuten gewachsen (vgl. DARSCHIN & FRANK, 1985). Eine zweite Möglichkeit zur Beantwortung der Frage nach der zukünftigen Entwicklung bieten die bereits verkabelten Länder mit ihren Nutzungszeiten vor und nach der Einführung des Kabels: In Belgien zeigt sich eine im Mittel 15 Minuten höhere Nutzungszeit der verkabelten gegenüber den nicht verkabelten Haushalten (2½ Stunden gegenüber 2¼ Stunden). In Italien stieg die Nutzungszeit nach Aufhebung des Sendemonopols des staatlichen Rundfunks (RAI) um ca. 30 Minuten täglich (von 3 Stunden und 40 Minuten auf 4 Stunden und 8 Minuten), wobei hier zu berücksichtigen ist, daß die Privatsender oft sehr exotische Sendungen (wie den berühmten Hausfrauen-Striptease) im Programm hatten. Im Pilotprojekt Ludwigshafen werden durchschnittlich täglich 18 Minuten mehr gesehen (vgl. HAAS, 1986).

Faßt man diese Daten zusammen und überträgt sie auf die zukünftige Situation der BRD, so wäre durch die Einführung des Kabelfernsehens mit einer längerfristigen Erhöhung der durchschnittlichen Nutzungszeit von 15–30 Minuten zu rechnen. Der erwachsene Zuschauer würde dann vermutlich im Schnitt 2¼ bis 2½ Stunden täglich fernsehen. Hinter diesen Durchschnittswerten stecken allerdings wiederum bemerkenswerte Veränderungen im Detail, die mit den beiden Stichworten *selektive Nutzung* und *Vielseher-Problematik* beschrieben werden können. In den meisten der oben angeführten Untersuchungen (vgl. etwa DARSCHIN & FRANK, 1985) zeigte sich auch, daß die TV-Zeit zugunsten der zusätzlich angebotenen *Unterhaltungssendungen* umgeschichtet wird (=«Unterhaltungsslalom»). Da zugleich der Anteil der Informations- und Kultursendungen der privaten Anbieter meist unter dem der öffentlich-rechtlichen Anstalten liegt, führt die Ausweitung des Programmangebots - insbesondere bei Kindern, aber auch bei Hausfrauen, Alten und niedrigen Einkommens- und Bildungsgruppen - zu einer verstärkten Nutzung von Unterhaltungssendungen.

Gravierender aber ist vermutlich, daß sich schon heute Zuschauergruppen identifizieren lassen, die bis zu sechs Stunden täglich (Grabowski, 1984) mit Fern- und Videosehen verbringen. Zuschauer mit solchen überdurchschnittlichen Nutzungszeiten werden in der medienwissenschaftlichen Literatur als *Vielseher* bezeichnet, wobei die Grenzwerte, nach denen ein Zuschauer zu den Kategorien Wenig-, Durchschnitts- oder Vielseher gezählt wird, von Autor zu Autor variieren. (Gelegentlich variieren sie sogar bei ein und demselben Autor; vgl. Hirsch, 1981.) Zu diesem Problem hat der beim Süddeutschen Rundfunk arbeitende Medienforscher Michael Buss (1985) die Nutzungszeiten von 1250 Haushalten (mit insgesamt 3000 Erwachsenen und 550 Kindern von drei bis 13 Jahren) mit Hilfe des oben genannten elektronischen Meßverfahrens (allerdings ohne die Erfassung von Videogeräten, Telespielen usw.) untersucht. Er legt die Grenzen für erwachsene und kindliche Zuschauer bei den folgenden Nutzungszeiten fest:

Tab. 3: Sehdauer in Minuten nach Sehergruppen
(Quelle: Media Perspektiven 5/1985)

	Sehdauer pro Tag in Minuten	Durchschnitt in Minuten	Anteil in % der TV-Zuschauer
Erwachsene:			
Wenigseher	1- 60	32	27
Durchschnittsseher	61-180	117	46
Vielseher	mehr als 180	247	27
Kinder (3-13 Jahre):			
Wenigseher	1- 40	20	30
Durchschnittsseher	41-110	74	42
Vielseher	mehr als 110	164	28

Darüber hinaus sehen 12% der Erwachsenen und 14% der Kinder gar nicht fern (=Nichtseher).

Nach den Ergebnissen von Buß unterscheiden sich Vielseher von den Durchschnitts- und Wenigsehern u.a. dadurch, daß sie eher in einem kleinen Haushalt leben, zu den älteren und weiblichen Bürgern mit geringer Schulbildung zählen und Kinder im Haushalt haben. Kindliche Vielseher leben eher in einem (kleinen) Vielseher-Haushalt, gehören zu den älteren Kindern und haben vielsehende Eltern.

Nutzungszeiten von durchschnittlich täglich vier Stunden bei den Erwachsenen oder 2¾ Stunden bei Kindern sind beeindruckend hoch. Zu fragen ist allerdings, ob während dieser Zeit der Bildschirm auch unverwandt und konzentriert («Zombielike») betrachtet wird. Wie bei den amerikanischen Nutzungszeiten deutlich wurde, gibt es durchaus Haushalte, in denen das Gerät läuft, während die Zuschauer noch etwas anderes tun - z.B. Hausarbeiten ausführen oder essen. Fernsehen wird hier von der ausschließlichen *Primär-* zur nebenbei laufenden *Sekundärtätigkeit.*

In zahlreichen Anekdoten berichten die im ersten Kapitel angeführten Autoren WINN, MANDER und POSTMAN von der geradezu magnetischen Anziehungskraft des Bildschirms. MANDER (1979, S. 147 f.) führt eine Liste von Aussagen an, mit denen Menschen beschrieben, was sie über das Fernsehen dachten: «Wenn ich fernsehe, komme ich mir vor wie hypnotisiert», «Ich fühle mich wie eine Pflanze - ich hocke vor der Glotze und komme einfach nicht los davon», «Meine Kinder sehen wie Wesen von einem anderen Stern aus, wenn sie vor der Kiste sitzen», und «Wie kann ich meine Kinder von der Glotze loskriegen, damit sie wieder normal leben?» usf. Wissenschaftliche Beobachtungen von Kindern im Labor und in ihrer natürlichen Wohnumgebung konnten diese Beobachtungen allerdings so nicht bestätigen (vgl. Übersicht von ANDERSON & FIELD, 1984): Bei Beobachtungen des Fernsehverhaltens in der häuslichen Umgebung der Zuschauer (zumeist mit Videokameras aufgezeichnet) zeigte sich zunächst einmal, daß der Fernseher zwischen 10 und 20% der Zeit auch dann lief, wenn sich niemand im Zimmer aufhielt. Darüber hinaus konnte ermittelt werden, daß kleine Kinder sehr viel weniger aufmerksam sind als Erwachsene. Bezogen auf alle Programmsparten sehen sie nur etwa 50% der Zeit auf den Bildschirm - mit Variationen von 8% (bei melodramatischen Erwachsenenprogrammen) bis 87% (bei

Kindersendungen). Vorschulkinder kommen und gehen selbst dann noch, wenn ihre Lieblingssendungen laufen. Ältere Kinder (ab 11 Jahren) und Erwachsene sehen im Mittel etwa ⅔ der Sendezeit auch auf den Bildschirm; ähnliche Daten liegen auch aus deutschen Untersuchungen vor (vgl. KELLNER, 1978). Genauere Laboruntersuchungen ergaben, daß Kinder im Vorschulalter durchschnittlich 150- bis 200mal in der Stunde zum Fernsehgerät hin- und wieder wegblickten, wobei fast ⅔ aller Blickkontakte kürzer als 5 Sekunden sind. Sobald zusätzliches Spielzeug im Untersuchungszimmer ausgelegt wurde, sank die Zuwendung zum Fernsehgerät auch hier auf etwa die Hälfte der Sendezeit.

Aber selbst die Zeit, in der die Zuschauer auf den Bildschirm blicken, ist nicht unbedingt und ausschließlich der jeweiligen Sendung gewidmet. Sind etwa noch weitere Personen im Raum, so wird mit diesen sehr häufig gleichzeitig die laufende Sendung, aber auch andere Themen - wenngleich nur kurz - besprochen (vgl. BRENNE, 1977).

Fassen wir dieses Kapitel zusammen:

(1) Unter Medien wollen wir nach allem im folgenden explizit die Druck-Medien, Rundfunk sowie Film und Fernsehen verstehen, wobei wir uns hier weitgehend auf das Fernsehen konzentrieren werden.

(2) Unter *Massenkommunikation* verstehen wir die öffentliche, indirekte, einseitige (also nicht wechselseitige), periodisch wiederkehrende und technische Verbreitung von Informationen durch strukturell und funktional ausdifferenzierte Organisationen.

(3) Die *Massenkommunikationsforschung* begann mit der Wirkungs- oder Kampagnenforschung, wurde durch die Entdeckung der beiden Faktoren «Defensive Selektivität» und «Interpersonale Beziehungen» zur Nutzen- und Gratifikationsforschung sowie zur Diffusionsforschung weiterentwickelt. Sie läßt sich heute zu den fünf Themengebieten Sozialisation, Medium als Botschaft, ideologische Medienwirkung, Thematisierungsfunktion und Wissenskluft-Hypothese gruppieren.

(4) Die durchschnittliche *Nutzungszeit* für das Fernsehen liegt in den USA, von wo die meisten Untersuchungen zur Fernsehwirkung stammen, bei 4¼ Stunden pro Zuschauer mit leicht steigen-

der Tendenz. In der Bundesrepublik Deutschland liegt sie im Mittel bei etwa 2 Stunden und scheint sich auch durch die Einführung des Kabelfernsehens nicht gravierend zu verändern.

(5) Als Problem können jedoch die *Vielseher* betrachtet werden, d.h. diejenigen erwachsenen Zuschauer, die täglich länger als 3 Stunden fernsehen (Kinder: mehr als 1 Stunde 50 Minuten). Jedoch kann auch hier davon ausgegangen werden, daß sie nicht ständig voll konzentriert auf den Bildschirm sehen, sondern zugleich andere Tätigkeiten beim Fernsehen ausführen.

3. Kapitel

Kinder, Kinder - Fernsehen als elektronischer Erzieher?

3.1 *Kinder vor der Kiste - Nutzungszeit, Aufmerksamkeit und Verständnis*

Einen besseren Lehrer kann sich ein Kind doch kaum vorstellen: Er ist zuverlässig, klug, fast immer verfügbar, weiß interessante, lustige und manchmal gruselige Geschichten zu erzählen und stellt seinerseits kaum Forderungen. Ist es verwunderlich, daß manche Kinder bis zu sechs Stunden täglich mit ihm beschäftigt sein wollen (vgl. LESSER, 1977; GRABOWSKI, 1984)? Die Rede ist - natürlich - vom Fernsehen, dem die Erwachsenen oft so mißtrauisch begegnen. Sie halten es nicht für einen klugen, geduldigen und interessanten Hauslehrer, sondern eher für einen geheimen Verführer, einen Rattenfänger, der die Kinder aggressiv und dumm, ängstlich, faul und ungesellig macht.

Welche Funktion das Fernsehen nun wirklich hat - Hauslehrer oder Verführer - soll nachfolgend behandelt werden. Dazu sind zunächst die *allgemeinen Voraussetzungen* der Fernsehnutzung durch Kinder zu klären: Von welchem Alter an verstehen Kinder den Inhalt von TV-Sendungen und wovon hängt es ab, ob sie sich diesem fremden Gast in der Familie aufmerksam zuwenden? Im Anschluß daran wird diskutiert, ob und wie das Fernsehen die *Funktion eines Hauslehrers* haben kann: Wie entwickeln sich die intellektuellen und sozialen Fähigkeiten des Kindes unter seinem Einfluß? Die noch intensiver diskutierte Frage der *schädlichen Fernsehwirkungen* (z.B. bezüglich des aggressiven oder auch ängstlichen Verhaltens) beschließt dieses Kapitel.

Um wirken zu können, muß das Fernsehen zunächst einmal bemerkt werden: Schon mit etwa sechs Monaten reagieren Kinder auf Variationen des ihnen gezeigten Ton- und Bildmaterials; gerichtetes und absichtsvolles Zuschauen setzt allerdings erst im Alter von etwa 2½ Jahren ein (vgl. ROBERTS & BACHEN, 1981). Nachdem das Kind gelernt hat, daß der Fernsehapparat eine Vielzahl interessanter Dinge zeigen kann, wendet es sich ihm auch gern zu: *Amerikanische Kinder* im Alter von zwei bis fünf Jahren sehen, wie schon vermerkt, täglich durchschnittlich knapp vier Stunden fern. Mit dem Schuleintritt im sechsten Lebensjahr verringert sich diese Zeit auf etwa dreieinhalb Stunden pro Tag. Jugendliche zwischen 12 und 17 Jahren verbringen zweieinhalb (= Mädchen) bzw. dreieinviertel (= Jungen) Stunden täglich vor dem Gerät (Daten aus dem Jahr 1981, vgl. HORN, 1982).

In der *Bundesrepublik Deutschland* hingegen sehen Kinder zwischen drei und sieben Jahren deutlich weniger, nämlich nur etwa eine dreiviertel bis eine Stunde täglich fern; diese Zeit steigt bei den acht- bis 13jährigen auf etwas weniger als 1½ Stunden an (Daten aus den Jahren 1977 bis 1979; vgl. MALETZKE, 1979 und BUSS, 1985). Unter Berücksichtigung auch anderer Untersuchungen (COMPTON, 1983; SINGER, 1982) läßt sich somit als grobe *Faustregel* für amerikanische Kinder von zwei bis 12 Jahren eine durchschnittliche tägliche Nutzung von dreieinhalb Stunden festhalten, der bei deutschen Kindern eine Zeit von etwa einer bis anderthalb Stunden täglich gegenübersteht.

In zweiten Kapitel hatten wir ebenfalls schon erwähnt, daß die genannten Zeiten nicht ausschließlich für voll konzentrierten und aufmerksamen Fernsehkonsum genutzt werden. Zunächst sind sowohl nach amerikanischen (vgl. LYLE & HOFFMAN, 1979) wie nach deutschen Untersuchungen (vgl. Übersichten bei MALETZKE [1979], ANGST et al. [1980] und HAASE [1981]) die Kinder beim Fernsehen nur selten ganz allein. Sie sehen Sendungen des Nachmittags meist mit gleichaltrigen Geschwistern oder Freunden, Abendsendungen werden überwiegend in Gesellschaft der Erwachsenen rezipiert. Insbesondere die Eltern aus der sozialen Mittel- und Oberschicht achten darauf, daß ihre Kinder nicht allein vor dem Gerät sitzen.

Wenn aber in Gesellschaft ferngesehen wird, so liegt es auch nahe, daß man zumindest gelegentlich einmal miteinander spricht. Zwar zeigen entsprechende Untersuchungen, daß während des Fernsehens insgesamt mehr (= 60% der Zeit) geschwiegen als geredet (= 40%) wird, aber fast 90% der befragten Vorschulkinder geben an, über das Geschehen auf dem Bildschirm mit den Eltern auch zu sprechen. Auch noch nach den Sendungen werden häufig darauf bezogene Gespräche geführt (bei Vorschulkindern etwa in 60% der Fälle), wobei in der Oberschicht die Beantwortung von Fragen, das Erläutern von Inhalten usw., bei der Mittel- und Unterschicht das Nachspielen überwiegt. Es zeigt sich auch, daß die Mehrheit der Kinder während der Fernsehsendungen *Nebenbeschäftigungen* wie Spielen (ca. 50%) oder Essen (ca. 10%) nachgeht (vgl. MALETZKE, 1979). Insgesamt muß man also für

Deutschland festhalten, daß konzentrierte Aufmerksamkeit gegenüber dem Fernsehen bei im Durchschnitt einer bis anderthalb Stunden täglicher Nutzung eher selten ist: Weder ein geduldiger Hauslehrer noch ein geheimer Verführer könnten damit völlig zufrieden sein. Bei soviel Ablenkung kann es nicht wundern, daß sich in den letzten Jahren eine Forschungsrichtung - die sogenannte *formative Forschung* - etabliert hat. Sie untersucht, von welchen *formalen* Merkmalen von Fernsehsendungen es abhängt, ob ein Zuschauer hin- oder wegguckt. Nur wenige Sendungen bestehen aus unveränderten Abfilmungen der Realität, die meisten TV-Produktionen stellen eine Veränderung der abgebildeten Realität durch formal-fernsehspezifische Mittel wie Schnitte, Zoom-Bewegungen, Zeitlupen, Überblendungen, Musikeinspielungen, Texteinblendungen, elektronisch-visuelle Spezialeffekte usw. dar. In einer großen Zahl von Untersuchungen (vgl. BRYANT & ANDERSON, 1983; MEYER, 1984) zeigt sich, daß diese formalen Merkmale von Fernsehsendungen einen erheblichen Einfluß auf die kindliche Zuwendung zum Gerät haben. So wecken besonders akustische Darstellungsmittel wie *lebhafte Musik, Toneffekte, Kinderstimmen* (nicht aber Dialoge von Erwachsenen), *ungewöhnliche Stimmen* und *häufiger Sprecherwechsel* die Aufmerksamkeit von Kindern; gleiches gilt für ein hohes Maß von *physischen Aktivitäten und Aktionen,* häufige *Szenenwechsel* und *visuelle Spezialeffekte.* Geringe Wirkungen oder gar ein Nachlassen der Aufmerksamkeit zeigen sich hingegen bei konventionellen Darstellungsmitteln wie Schnitten, Zoom-Fahrten, Kamera-Schwenks, aber auch bei langen Reden besonders von Männern und lebenden Tieren. Allerdings scheinen sich auch die ungewohnten, komplexen und überraschenden Stilmittel einmal zu erschöpfen: Je älter das Kind wird, umso mehr hat es dieses Zeichensystem erlernt und umso schneller ist es wieder gelangweilt und blickt vom Bildschirm weg, wenn es nicht durch interessante Inhalte - z.B. unterhaltende, humorvolle Programmteile (vgl. MEYER, 1984) - festgehalten wird.

Ein weiteres, die Zuwendung zum Gerät beeinflussendes Merkmal liegt schließlich beim Zuschauer selbst: seine *Trägheit.* Je länger er seine Aufmerksamkeit einer Sendung ohne Unterbrechung gewidmet hat, desto größer ist die Wahrscheinlichkeit, daß er ihr auch weiterhin folgt. Nach 15 Sekunden ununterbrochener Sehdauer liegt sie bei Kindern und Erwachsenen bereits bei über 90 Prozent. Diese *Aufmerksamkeitsträgheit* gilt allerdings auch umgekehrt, denn je länger sich ein Zuschauer von einer Sendung abgewandt hat, umso schwieriger wird es danach, seine Aufmerksamkeit wieder zurückzugewinnen. Aber auch eine noch so interessante und abwechslungsreiche Sendung wird die Aufmerksamkeit des kindlichen Zuschauers auf Dauer nicht zu fesseln vermögen, wenn dieser sie nicht hinreichend versteht. Um eine Fernsehsendung vollständig verstehen zu können, muß ein Kind zumindest drei kognitive Fähigkeiten beherrschen: Es muß die Segmentierung des Ereignisablaufes in einzelne Einstellungen verstehen, es muß sich auf die wesentlichen Aspekte *konzentrieren* und es muß nicht explizit ausgeführte Handlungsteile *rekonstruieren* können (vgl. PINGREE & HAWKINS, 1982). Die Segmentierung von Handlungsabläufen in Fernsehsendungen etwa durch Schnitte, Wechsel des Ortes oder der Kameraperspektive bereitet Erwachsenen keine Schwierigkeiten, während Kinder bis zu acht Jahren in amerikanischen Untersuchungen das Ende einer Episode oft auch mitten in eine Szene verlegen. Ebenfalls bis zu diesem Alter haben Kinder große Schwierigkeiten, sich auf die zentralen Handlungsteile einer Fernsehsendung zu konzentrieren. Sie können komplizierte Handlungsabläufe nicht zusammenhängend erfassen und zerlegen sie in viele, oft unverbundene Episoden (vgl. RYDIN, 1984). Auch das indirekte Erschließen von Zusammenhängen (wenn beispielsweise ein älterer Mann von einem Verbrecher niedergeschossen wird, weil er Zeuge bei einem zuvor gezeigten Überfall war) gelingt Kindern vollständig erst nach dem elften bis zwölften Lebensjahr.

Neben den Faktoren der Segmentation, Konzentration und Rekonstruktion beeinflußt auch die Unterscheidung *«realer» und «fiktiver» Fernsehprogramme* den Verstehensprozeß. Wenn beispielsweise Vier- bis Fünfjährige danach gefragt werden, wie denn die auf dem Bildschirm sichtbaren Figuren dort hingekommen sind, so antworten sie nicht selten, daß Gott diese Leute kleiner als normale Menschen gemacht habe und daß sie – sobald das Gerät eingeschaltet worden ist – mit einem Seil hinabgelassen werden, um auf dem Bildschirm zu agieren (vgl. QUARFOTH, 1979). In diesem Alter wird auch noch nicht klar zwischen Zeichentrickfiguren und realen Menschen unterschieden; ein vollständiges

Verstehen setzt auch hier erst um das elfte Lebensjahr herum ein.

Es zeigt sich nach allem, daß das Fernsehen einen harten Kampf um die Aufmerksamkeit und das Verstehen seiner kindlichen Zuschauer führen muß. Zunächst einmal muß die Hürde des Einschaltens des Geräts überwunden werden, schon hier zeigen sich Zusammenhänge des Verhaltens der Eltern mit der Fernsehnutzung. Vor allem bei Eltern, die selber viel und ungezielt fernsehen (vgl. Kapitel 2 zum Vielseher), ist diese Hürde auch für Kinder nicht zu hoch. Sobald die Eltern den *Zugang zum Gerät* aber restriktiv handhaben, sinkt der kindliche Fernsehkonsum deutlich ab (vgl. SAXER et al. [1980] sowie SCHNEEWIND et al. [1983]). Ist das Gerät aber eingeschaltet, so muß das Fernsehen nicht nur mit den *anwesenden Eltern und/oder Gleichaltrigen,* sondern auch mit den anderen *kindlichen Aktivitäten* wie Spielen oder Essen konkurrieren. Hinzu kommt, daß spezifische Gestaltungsmerkmale von Sendungen selbst (z.B. lange Redebeiträge von Männern oder Tierdarstellungen) für Kinder bald langweilig werden; selbst an zunächst attraktive Effekte gewöhnen sie sich schnell. Ein weiteres Hindernis für die Beeinflussung des kindlichen Verhaltens stellen die genannten *Verständnisbarrieren* dar. Berücksichtigen wir nun noch die genannte *durchschnittliche tägliche Nutzungsdauer* von etwa einer bis anderthalb Stunden für deutsche Kinder, so kann man beide - den Hauslehrer wie den Verführer - eigentlich nur bedauern: Bei dermaßen überwachten, abgelenkten und nur relativ kurzzeitig verfügbaren Schülern kann beim durchschnittlichen deutschen Kind wohl nur so etwas wie Nachhilfe-Unterricht stattfinden.

3.2 Der Hauslehrer - Gute Fernsehwirkungen

Dieser Abschnitt wird kurz, denn die Liste der vermuteten positiven TV-Wirkungen ist schnell abgearbeitet. Stark vereinfacht, läßt sie sich sogar mit zwei Sendungen identifizieren: «Sesamstraße» und «Die Waltons», die für die *Förderung schulischer Leistungen* bzw. des *prosozialen Verhaltens* schlechthin stehen.

Im Jahre 1968 wurde in den USA die TV-Produktionsgesellschaft «Children's Television Workshop (CTW)» mit einem

Startkapital von acht Millionen Dollar gegründet, die sich zum Ziel gesetzt hatte, das Medium Fernsehen bei der Lösung von Bildungsproblemen in den USA (v.a. bei der Förderung benachteiligter Sozialschichten) einzusetzen. Die erste und bis heute wichtigste Produktion dieser (je zur Hälfte von privaten Stiftungen und Regierungsgeldern finanzierten) Gesellschaft ist die Kindersendung «Sesam-Straße». Sie wurde am 10.11.1969 erstmals in den USA gesendet und ist mittlerweile in über 60 Ländern der Welt zu empfangen (vgl. MALETZKE, 1979). Nach einer vorbereitenden Konferenz im Sommer 1968 mit über 100 Psychologen, Psychiatern, Lehrern, Soziologen, Filmemachern, Fernsehproduzenten, Kinderbuchautoren und Werbefachleuten sind für diese Sendung folgende Lernziele formuliert worden:

1. Verwendung symbolischer Zeichen (Buchstaben, Zahlen, geometrische Figuren),
2. Kognitive Bezüge (Unterscheidung und Gliederung von Wahrnehmungsinhalten, begriffliche Zusammenhänge, Klassifizierungen),
3. Logisches Denken und Problemlösen (Problemerfassung, Schlußfolgerungen und Kausalzusammenhänge, Problemlösungen und -bewertungen),
4. Kindliches Sozialverhalten (Soziale Einheiten, soziale Interaktionen, soziale und natürliche Umwelt) (vgl. MEYER, 1984).

Zugleich mit der Produktion wurden vom «Educational Testing Service (ETS)» wissenschaftliche Begleituntersuchungen durchgeführt, deren Resultate ständig in die weitere Planung und Ausführung der Sendungen eingingen. Zu diesem Zweck wurden spezielle Tests entwickelt (u.a. Tests zur Erfassung des Körperteile-, Buchstaben- und Zahlenwissens, Sortier- und Klassifikationsaufgaben, Tests mit versteckten Figuren), die vor der ersten Sendung und nach dem Ende des ersten Jahres rund 1000 Vorschulkindern im Alter von drei bis fünf Jahren zur Bearbeitung vorgegeben wurden. Nach dem ersten Jahr wurden damit folgende Ergebnisse gefunden:

- Diejenigen Kinder, die die meisten Sendungen gesehen hatten, wiesen auch die größten Lernfortschritte bei den genannten Tests auf. Am meisten profitierten die Dreijährigen von dem Programm.
- Diejenigen Fertigkeiten, die im Programm am ausführlichsten

behandelt wurden, waren auch am stärksten verbessert worden.
- Das Programm erzielte seine Wirkungen auch ohne den begleitenden Eingriff von Erwachsenen.

Das Programm wie die Begleituntersuchungen zogen nachfolgend große Aufmerksamkeit und Kritik auf sich. Insbesondere wurde kritisiert, daß eine Zielgruppe der Sendung - die Kinder aus benachteiligten Sozialschichten - nicht genügend davon profitiere. Zwar seien bei ihr durchaus Lernfortschritte festzustellen, diese blieben aber deutlich hinter denen von Kindern aus der Mittel- und Oberschicht zurück. Insofern trage Sesam-Straße ganz im Unterschied zu seinen Absichten sogar noch zu einer *Vergrößerung der Leistungsunterschiede* zwischen den Kindern unterschiedlicher Sozialschichten bei (vgl. Cook et al., 1975). Untersuchungen bei der Einführung dieser Sendung in Israel bestätigen diese Kritik (vgl. Salomon, 1976).

Unter anderem mit diesem Argument wurde beispielsweise die Übernahme der Sendung für die British Broadcasting Corporation (BBC) verhindert. Die Leiterin des Kinderprogramms der BBC lehnte Sesam-Straße deswegen ab, weil hier die Kinder zu einem passiven, wenig engagierten Lernstil erzogen würden, ihnen lediglich schulbezogene Fakten und vor allem die Wertvorstellungen der amerikanischen Mittelschicht vermittelt würden (vgl. Lesser, 1977, S. 44).

Auch bei der Übernahme der Sendung für die Bundesrepublik Deutschland durch die ARD schloß sich der Bayerische Rundfunk aus, weil - wie der Fernsehdirektor dieser Rundfunkanstalt feststellte - «... hier ein Programm vorgegeben wurde, das Gesetze der Pädagogik, der Physiologie und der Psychologie außer acht läßt.» (zit. nach Maletzke, 1979, S. 69). Mag sein, daß eine Ursache für diese Ablehnung auch ein veränderter Lernzielkatalog war, da bei der deutschen Fassung der Schwerpunkt von den kognitiven auf die sozialen Fähigkeiten verlagert wurde. Bei uns sollten Kinder befähigt werden:

«... - eigene Interessen zu erkennen, zu verbalisieren und zu verfolgen,
- selbsttätig zu sein und Vergnügen an Aktivitäten sowie Produktivität zu gewinnen,
- neugierig zu sein und Zusammenhänge durch gedanklich- und praktisch-experimentierendes Verhalten zu begreifen,

- problembewußt, kritik- und urteilsfähig zu werden,
- zu kooperieren und übernommene sowie selbstaufgestellte Regeln im Zusammenleben einzuhalten,
- mit Konflikten zu leben bzw. sie altergemäß und angemessen zu lösen,
- sich verbaler wie nicht-verbaler Kommunikationsformen zu bedienen» (ARBEITSGRUPPE SESAM-STRASSE, 1972).

Auch in Deutschland wurde von Beginn an versucht, die Wirkungen der Sendung durch wissenschaftliche Begleituntersuchungen zu erfassen, die vom Hans-Bredow-Institut für Rundfunk und Fernsehen im Auftrag des Bundesministers für Bildung und Wissenschaft an der Universität Hamburg durchgeführt wurden. Ein Ergebnis war, daß Kinder, die regelmäßig Sesam-Straße sehen, tatsächlich besser abstrakt denken und verallgemeinern können - soweit es sich um Gegenstände und Ereignisse aus ihrer konkreten Umwelt handelt. Auch den Ablauf von Handlungen können sie eher durchschauen bzw. rekonstruieren. In dieser Studie zeigte sich aber auch, daß die (erwünschten) Wirkungen vor allem da auftraten, wo die Mütter der fernsehenden Kinder die Sendungsinhalte anschließend mit ihnen besprachen.

«Sesam-Straße» blieb nicht die einzige Produktion des «Children's Television Workshop (CTW)»: Die Sendung «The Electric Company» beispielsweise sollte die Lesefähigkeiten von Schülern der ersten bis vierten Klasse verbessern; entsprechende Begleituntersuchungen belegten den Erfolg dieser Sendung insbesondere bei den Erstkläßlern. Die 1980 erstmals ausgestrahlte Sendung «3-2-1 Contact» wendet sich vor allem an die Acht- bis Zwölfjährigen und versucht, ihnen naturwissenschaftliches und technologisches Wissen und Interesse zu vermitteln. Dieses Programm hat 23 Millionen Zuschauer im ersten Jahr erreicht (vgl. BRYANT et al., 1983). «Feeling Good» schließlich war eine weitere CTW-Produktion, deren Ziel in der Verbreitung medizinischen Wissens in der Bevölkerung (und hier insbesondere bei den benachteiligten Schichten) bestand. Diese Sendereihe (wie auch eine große Zahl anderer, nicht von der CTW produzierter Sendungen; vgl. Übersicht bei BRYANT et al., 1983) zeigte ebenso wie die anderen, genannten Sendungen, daß zwar nicht das Fernsehprogramm im allgemeinen, wohl aber spezifische, kindgemäß gestaltete Sendungen durchaus eine Funktion als elektronischer Hauslehrer haben können. Sie erfüllen diese dann besonders gut, wenn die zuschauenden Kinder die Sendungsinhalte anschließend noch einmal mit ihren Eltern besprechen können.

Gefragt war auch nach den Fernsehwirkungen auf *prosoziales Verhalten* von Kindern; dies vor allem sollte die deutsche Sesam-Straße - wie erwähnt - an ihre kindlichen Zuschauer vermitteln. Das Hans-Bredow-Institut versuchte in den Bereichen «Verhalten gegenüber Gleichaltrigen», «Verhalten gegenüber fremden Erwachsenen» und «Verhalten gegenüber Eltern» entsprechende Effekte zu erfassen (vgl. dazu die Übersicht von BERGHAUS et al., 1978).

Es zeigte sich, daß Kinder, die ein Jahr lang die Sesam-Straße in ihrer deutschen Version gesehen hatten, sich stärker an den Wünschen, Verhaltensweisen und Zielen ihrer (gleichaltrigen wie älteren) Interaktionspartner orientieren. Sie lernen früher als andere Kinder, sich auch in Konflikten in die Position anderer hineinzuversetzen oder aber sich anzupassen. Auch hier sind die Auswirkungen der Sendungen bei denjenigen Kindern am stärksten, deren Mütter mit ihnen anschließend über die Sendung sprechen. Bei eher abweisenden Müttern führt die Sendung hingegen zu einer größeren Distanzierung der Kinder von den Müttern bei gleichzeitig stärkerer Hinwendung zu Gleichaltrigen. Auch zeigt sich erneut, daß Kinder der Mittelschicht stärker von der Sendung profitieren als Unterschichtkinder. Insgesamt scheint der größte Effekt bei den prosozialen Wirkungen darin zu bestehen, daß den Kindern soziale Regeln früher bewußt waren, als dies ohne die Sendung geschehen wäre (vgl. BERGHAUS et al., 1976, S. 155).

Zu Beginn dieses Abschnitts hatten wir neben der «Sesam-Straße» noch die amerikanische Familienserie «Die Waltons» erwähnt: Sie sollte dort beispielhaft für allgemeine, nicht an spezielle Sendungstypen gebundene Fernsehwirkungen auf das prosoziale Verhalten von Kindern stehen. «Die Waltons» und zahlreiche andere Fernsehsendungen wie «Lassie», «Fury», «Bonanza» u. a. m. können ja durchaus auch als Lehrfilme für Hilfsbereitschaft, Verläßlichkeit und Zusammenarbeit interpretiert werden. Selbst in den (möglicherweise die Aggressivität fördernden) Kriminalserien gibt es nicht nur aggressives, sondern auch prosoziales Verhalten zu beobachten. Insofern liegt die Frage nahe, ob häufiger, unspezifischer Fernsehkonsum möglicherweise auch zu einer Verstärkung des *prosozialen Verhaltens* der Zuschauer führen kann.

In einer Reihe von Befragungen und Verhaltensbeobachtungen vor allem mit Kindern ließen sich entsprechende Effekte nachweisen: Beispielsweise zeigten sieben- und achtjährige amerikanische Kinder mehr kooperatives und hilfsbereites Verhalten, nachdem sie eine Sendung der genannten Familienserie «The Waltons» gesehen hatten. Allerdings waren diese Effekte zumeist nur kurzfristig und hingen auch von anderen Einflüssen wie der sozialen Schicht, dem Lebensalter der untersuchten Zuschauer, ihrem normalen Niveau an Hilfsbereitschaft und der jeweils interessierenden prosozialen Verhaltensweise ab (vgl. ROBERTS & BACHEN, 1981). Die Wirkungen konnten übrigens auch durch nachfolgendes Training im Kindergarten oder durch Schulunterricht nachhaltig erhöht werden. Daß zu diesem Thema nicht sehr viele Ergebnisse vorliegen, ist zum einen sicherlich auch dadurch bedingt, daß das Gebiet erst relativ spät - etwa seit den siebziger Jahren - bearbeitet wird. Zum anderen besteht aber auch ein gravierendes Problem darin, daß die Bezeichnung «prosoziales Verhalten» noch immer eine Sammelkategorie für Hilfeleistung, Freundlichkeit, Altruismus, Kreativität, Kooperation, Selbstbeherrschung usw. darstellt. Angesichts einer derart heterogenen Bezeichnung ist es sehr verwunderlich, daß hier überhaupt Zusammenhänge gefunden wurden.

Kann das Fernsehen nach allem wirklich als elektronischer Hauslehrer gelten, der spezifisches Faktenwissen ebenso vermittelt wie prosoziales Verhalten? Wir glauben: Ja, wenn das Kind längerfristig spezifische Sendungen sieht, die mit diesen Zielen und in einer kindgemäßen Form gemacht und überprüft worden sind. In Deutschland läßt sich dies in erster Linie für die Sendung «Sesam-Straße» sagen. Wie die angeführten Begleituntersuchungen aber auch gezeigt haben, sind die gewünschten Effekte dann besonders ausgeprägt, wenn die Kinder die Fernsehsendungen anschließend mit ihren Eltern besprechen. (Zu hohe elterliche Erwartungen können hier aber auch zu ausgeprägter Angst vor Mißerfolgen bei den Kindern führen; vgl. dazu JENESSEN, 1980). Der elektronische Hauslehrer kann die Eltern und Erzieher freilich nicht ersetzen; er ist tatsächlich nur wenig mehr als ein Nachhilfe-Lehrer.

Es sind vor allem die Erzieher, die - wohl auch kraft ihres Amtes - dem Fernsehen mißtrauen: Nach einer vom Hans-Bredow-Institut 1973/1974 durchgeführten Befragung von Kindergärtnern, Vorschulerziehern und Grundschullehrern (vgl. BERGHAUS et al., 1978) besitzen 8–10% von ihnen überhaupt kein Fernsehgerät (gegenüber drei Prozent in der Gesamtbevölkerung). Nach den Wirkungen auf Kinder befragt, äußern sie vor allem Befürchtungen zur Minderung der kindlichen Konzentrationsfähigkeit, zum Nachlassen der schulischen Leistungen und zur Zunahme von Passivität. Über diese, eher schulbezogenen Vermutungen hinaus wird in der Öffentlichkeit eine große Zahl weiterer Fernsehschäden befürchtet und in populärwissenschaftlichen Büchern diskutiert (vgl. dazu MANDER, 1979; WINN, 1979; LANG, 1980; POSTMAN, 1983, 1985 u.a.m. sowie das erste Kapitel dieses Buches). Entsprechend überwiegen in der Medien- und Fernsehwirkungsforschung Untersuchungen zu *negativen Fernsehwirkungen* diejenigen zu möglichen positiven bei weitem. Genannt werden Einflüsse des Fernsehens auf das aggressive und/oder ängstliche Verhalten, sprachliche und schulische Leistungen, politisches und wirtschaftliches Verhalten u.a.m. Die nachfolgende Übersicht versucht, eine möglichst umfassende Behandlung dieser *negativen Fernsehwirkungen* in den drei Abschnitten (1) *emotionale Beeinflussung* (mit den Themen Aggressivität und Angst), (2) *kognitive Beeinflussung* (mit den Themen Sprachentwicklung, Schulleistungen und Phantasie) sowie (3) *soziales Verhalten und Einstellungen* (mit den Themen Werbung, Geschlechterrollen, politische Erziehung und Vorurteile).

(1) *Emotionale Beeinflussung:* Aufs Ganze gesehen, sind wissenschaftliche Befunde zu Fernsehwirkungen auf die Gefühle von Kindern eher selten (vgl. Übersichten bei HUTH, 1978; HAASE, 1981). Dies liegt nicht zuletzt an der auch heute noch vorhandenen Vernachlässigung dieses Themas in der psychologischen Grundlagenforschung (zumindest im Vergleich zur Erforschung der kognitiven Prozesse): Emotionen sind theoretisch schwer zu fassen und - vor allem - schwierig empirisch zu messen (vgl. dazu den Sammelband von EULER & MANDL, 1983). Sprachliche Verfahren zur Emotionsmessung mögen noch hinreichend einfach sein,

(z. B. Selbstbeschreibungen, Fragebogenverfahren, Checklisten usw.). Erheblichen apparativen Aufwand aber erfordern die nicht-sprachlichen Methoden etwa der Erfassung der Atmung, des Herzschlags, der elektrischen Hautleitfähigkeit, der Pulsfrequenz, der Pupillenweite oder gar der hormonellen Veränderungen. Bei den Theorien konkurrieren psychophysiologische, -biologische und -analytische Ansätze mit Lern-, Kognitions- und Attributionstheorien (vgl. Übersicht bei EULER & MANDL, 1983). Hinzu kommt bei der Erforschung der Emotionen von Kindern und Jugendlichen noch die Schwierigkeit, daß diese auf Fernsehinhalte oft gar nicht in der vom Erwachsenen erwarteten (weil selbst erlebten) Weise, sondern völlig unberechenbar reagieren. Sie lachen bei Gewalttätigkeiten und sind traurig bei anscheinend lustigen Szenen. Symbolisch ausgedrückte Emotionen verstehen sie oft gar nicht: In einer Literaturübersicht zu diesem Thema erwähnt HUTH (1978) eine Anekdote, nach der Gott Amor - in einem Film seine Liebespfeile verschießend - von einem kleinen Mädchen als «der Typ, der den Neger erschossen hat» gekennzeichnet wurde. In ähnlicher Weise wurde eine von Erwachsenen als besonders gefährlich eingestufte Filmszene (eine Hinrichtung in einem Gespensterfilm) von über 2000 jugendlichen Zuschauern nicht ein einziges Mal als besonders unangenehm oder erschreckend erwähnt (vgl. auch DORR et al., 1984). Man hat auch untersucht, welche Gegenstände oder Sachverhalte auf dem Bildschirm in aller Regel zu welchen Emotionen führen. Vor allem Klamaukszenen (wie die Torte im Gesicht oder der Tritt in den Hintern), gelungene Gaunereien, Nonsens-Wortspiele, aber auch Gaunereien und Irrtümer von Erwachsenen lösen Freude und Gelächter aus (zur Angst, s. unten). Dabei spielen Gewöhnung, der eigene emotionale Zustand und die Fähigkeit, sich von dem Gesehenen erlebnismäßig zu distanzieren, eine Rolle (vgl. DORR et al., 1984).

HERTHA STURM hatte im Jahr 1971 eine Untersuchung mit Studenten durchgeführt, bei der Wissenszuwachs und Behaltensleistungen nach einer im Rundfunk oder im Fernsehen präsentierten Diskussion geprüft wurden. Zusätzlich wurden auch emotionale Eindrücke mit einem sprachlichen Verfahren (Fragebogen) zu verschiedenen Zeitpunkten (direkt nach der Sendung bis zu drei Wochen später) erhoben. Das eigentlich Überraschende an dieser Untersuchung war, daß der nach der Sendung festgestellte Wissenszuwachs mit der Zeit wieder nachließ, während die emotionalen Eindrücke über lange Zeit fast unverändert erhalten blieben. Diese Befunde konnten in nachfolgenden Untersuchungen (hier auch mit physiologischen Messungen) auch bei Kindern und Jugendlichen bestätigt werden. Trotz dieser bedeutsamen Ergebnisse (und weniger anderer; vgl. Übersichten bei HUTH [1978], HAASE [1981] und DORR et al. [1984]) läßt sich zur Frage der allgemeinen emotionalen Wirkung des Fernsehens auf Kinder feststellen, daß die Erforschung dieses Themas bis heute noch in den Kinderschuhen steckt.

Die Frage der Förderung von *Aggressivität* und *Kriminalität* hat - wie wir im ersten Kapitel dargelegt haben - hingegen eine lange Tradition, die bis heute nicht abbricht. Im Gegenteil, angesichts der ins Haus stehenden Ausweitung des Fernsehangebots durch Kabel, Video und Satellit scheint die Frage dringlicher als je zuvor: Macht das Fernsehen die Kinder aggressiv?

Der amerikanische Medienforscher GEORGE GERBNER untersucht seit 1976 die Häufigkeit von Gewaltdarstellungen im amerikanischen Fernsehen. Im Jahr 1979 beispielsweise fand er in der «prime-time» (= der Zeit mit den höchsten Einschaltquoten von 20.00 bis 23.00 Uhr) bei 70 % aller Sendungen Gewaltdarstellungen mit einem Schnitt von 5,7 gewalttätigen Akten pro Stunde. Anders ausgedrückt: Alle 10 Minuten wird im amerikanischen Fernsehen physische Gewalt - mit und ohne Waffen, gegen den Handelnden selbst oder gegenüber anderen - gezeigt. Noch höher liegt diese Rate in den Kindersendungen des Wochenendes: Hier enthalten 92 % aller Sendungen Gewaltakte mit einem Schnitt von 17 pro Stunde (vgl. GERBNER et al., 1980). Im November 1981 sahen amerikanische Kinder im Alter von zwei bis fünf Jahren täglich - wie erwähnt - fast vier Stunden fern; diese Zeit sinkt bei den Sechs- bis Zwölfjährigen auf dreieinhalb Stunden. Geht man von den niedrigeren Werten aus, so sieht ein amerikanisches Kind pro Tag 20, pro Jahr 7282 oder bis zum zwölften Lebensjahr insgesamt 80099 Gewaltdarstellungen im Fernsehen. Sieht dieses Kind ausschließlich die Kindersendungen, so kommt es auf 244185 entsprechende Szenen. Nach Schätzungen eines amerikanischen Kinderarztes hat es somit bis zum Alter von zwölf Jahren ca. 14000 Fernseh-Tote gesehen; die Frage nach den Folgen drängt sich auf.

Auslöser für einen langjährigen Forschungs-Evergreen waren jedoch nicht Zahlen wie diese, sondern vor allem die sozialen Erschütterungen in den USA während der sechziger Jahre. John F. Kennedy wurde ermordet, ebenso sein Bruder Robert, Martin Luther King und Malcolm X. Im Sommer 1967 kam es in über zwanzig amerikanischen Städten zu Gewalttätigkeiten und Plünderungen. Der Protest gegen den Vietnamkrieg fand seinen Höhepunkt in den Demonstrationen und Ausschreitungen beim Parteitag der Demokraten im August 1968 (vgl. MILAVSKY et al., 1982).

Diese Ereignisse erforderten Aufklärung: Die «National Commission on Civil Disorders» im Juli 1967, die «National Commission on the Causes and Prevention of Violence» im Juni 1968 und schließlich 1969 der «Surgeon General» (der höchste beamtete Arzt der USA) versuchten, die Ursachen aufzuklären. Vor allem die letztgenannte Institution, die mit einem Etat von einer Million Dollar ausgestattet war, wies 1972 mit dem «Surgeon General's Report on Television and Social Behavior» auf mögliche Zusammenhänge von Fernsehen und aggressivem Verhalten bei Kindern hin. Danach wurde ein positiver Zusammenhang von Gewaltdarstellungen im Fernsehen und nachfolgendem aggressivem Verhalten bei Kindern und Jugendlichen angenommen. Allerdings wurde dieser Zusammenhang durch zahlreiche andere Einflußgrößen eingeschränkt. Um die Befundlage zusammenzufassen: Das sporadische Sehen aggressiver Medienhalte allein hat so gut wie keinen Effekt auf das Verhalten. Wenn Effekte auftreten, dann eher durch kontinuierlichen, häufigen Konsum und im Zusammenhang mit Umweltfaktoren (z. B. bei Konflikten mit den Eltern und bei aggressiven Konfliktlösungsmustern oder häufigem delinquenten Verhalten in der Lebensumwelt des Kindes), beim Vorliegen individueller Faktoren (z. B. aggressive Grundeinstellung) und medieninternen Kontextfaktoren (z. B. fehlende Bestrafung aggressiven Verhaltens im Medium, besonders realistische Gewaltdarstellung oder gerechtfertigt erscheinende Gewaltakte). Sind jedoch bei der Betrachtung aggressiver Fernsehsendungen auch die Eltern oder andere Erwachsene mit anwesend, die das aggressive Verhalten negativ kommentieren, so nehmen die beobachteten Effekte deutlich ab.

Trotz dieser Einschränkung überschreibt ein amerikanischer Kollege mit dem schönen Namen BOGART (1972) seinen zusammenfassenden Forschungsbericht zu dieser Frage mit dem von Zigarettenschachteln bekannten Hinweis: «Warning: the Surgeon General has determined that TV violence is moderatly dangerous to your child's mental health.» (= «Warnung! Der ‹Surgeon General› hat festgestellt, daß von TV-Gewalt mäßig schädlicher Einfluß auf die seelische Gesundheit Ihres Kindes ausgeht.»)

Die hier angeführten Untersuchungen hatten vor allem zwei Mängel: die Befunde erlaubten keine klaren Interpretationen zur Verursachungsrichtung (es handelte sich oft um korrelative Zusammenhänge) und die Ergebnisse stammten überwiegend aus Fragebogen-Untersuchungen oder aus Experimenten im Forschungslabor. Experimente aber werden ja gerade so angelegt, daß diejenigen Einflüsse, die aggressives Verhalten normalerweise hemmen, minimiert und der Einfluß der experimentellen Variablen, die das aggressive Verhalten auslösen sollen, maximiert werden. Der deutsche Medienforscher MICHAEL KUNCZIK (1979) fragt dazu folgerichtig, wie die Kinder in den Experimenten das aggressive Verhalten *nicht* hätten zeigen sollen: Sie befinden sich in einer ihnen völlig fremden Situation, in der sie sich nicht zu benehmen wissen. In dieser unsicheren Situation bietet möglicherweise das aggressive Verhalten einer Modellperson im Fernsehen eine gewisse Orientierung. Dies besonders dann, wenn der erwachsene Versuchsleiter keinerlei negative Bemerkungen über das (aggressive) Verhalten der Modellperson gemacht hat. Vielleicht aber haben die Kinder einfach nur Spaß daran, beispielsweise mit einer Puppe herumzutoben, während die erwachsenen Versuchsleiter hinter einem Einwegspiegel jeden Schlag des Kindes auf die Puppe als Manifestation aggressiven Verhaltens interpretieren.

So bleibt es nicht aus, daß auch nach 1972 weiterhin zahlreiche Untersuchungen dieser Art durchgeführt werden, wenngleich nicht mehr im vorangehenden Verhältnis von 4:1 gegenüber allen anderen Untersuchungen zu Wirkungen des Fernsehens auf Kinder (HAASE, 1981).

Die wichtigsten *Theorien* zur *aggressionsfördernden* Wirkung von Gewaltdarstellungen im Fernsehen sind die *Stimulationsthese* und die *lerntheoretische Position.* Demgegenüber ist der *Katharsisthese,* der *Erregungsthese,* der *Habitualisierungsthese* und der *Theorie der Wirkungslosigkeit* gemeinsam, daß angenommen wird, der Konsum entsprechender Sendungen müsse *nicht zu real aggressivem Verhalten* führen.

Die *Stimulationsthese* behauptet, daß das Ansehen von Gewaltdarstellungen kurzfristig die Aggressionsbereitschaft stimuliert. Die lerntheoretische Position behauptet, daß aggressives Verhalten von Modellpersonen im Fernsehen unter bestimmten Bedingungen vom Rezipienten übernommen (gelernt) wird. Die *Katharsisthese* besagt demgegenüber, daß ein in der Phantasie vollzogenes aggressives Verhalten das reale Auftreten dieses Verhaltens überflüssig mache. In letzter Zeit (vgl. HAASE, 1981) wird verstärkt die *Erregungsthese* diskutiert, nach der Fernsehkonsum generell zu erhöhter Erregung führt, die sich allenfalls *auch* in Aggression ausdrücken kann. Die *Habitualisierungsthese* besagt, daß häufige Gewaltdarstellungen im Fernsehen zur Abstumpfung gegenüber Gewalt im Fernsehen wie im sozialen Leben führt. Die Vertreter der *Theorie der Wirkungslosigkeit* schließlich behaupten, daß alle experimentellen Nachweise der beiden zuerst genannten Thesen nicht befriedigend seien und somit kein Zusammenhang von Gewaltdarstellungen im Fernsehen und realaggressivem Verhalten vorliege.

Bei diesen widersprüchlichen Positionen kann es nicht verwundern, daß der «Surgeon General» im Jahr 1979 erneut zu einem zusammenfassenden Bericht aufgefordert wurde, der drei Jahre später unter dem Titel «Television and Behavior: Ten Years of Scientific Progress and Implications for the Eighties» (National Institute of Mental Health) erschien. Zur Frage der aggressionsfördernden Wirkung des Fernsehens ist dieser Bericht noch eindeutiger: Aufgrund der verschiedenartigen Untersuchungstechniken (Labor- und Felduntersuchungen, Quer- und Längsschnittstudien) nimmt er als gesichert an, daß Gewaltdarstellungen im Fernsehen einen fördernden Effekt auf aggressives Verhalten von Kindern - unter den zuvor genannten Umständen - haben.

Die Hoffnung, daß nun aber das Thema vom Tisch sei, trügt leider. Mittlerweile gibt es weitere Veröffentlichungen (z. B. COOK et al., 1983), die den Bericht kritisieren. Er habe zwar besonderes Gewicht auf langjährige Untersuchungen in der Lebenswelt der Kinder gelegt, diese seien aber nicht eindeutig genug für ein abschließendes Urteil. Von den sechs dort referierten (langjährigen)

Felduntersuchungen haben zwei keinerlei Zusammenhänge zwischen Fernsehen und aggressivem Verhalten zeigen können; eine weitere ergab nur ganz geringe Effekte, die sich zudem in einer Kontrollstudie nicht haben bestätigen lassen. Was als kleinster gemeinsamer Nenner vorläufig bleibt: Es gibt eine schwache Beziehung zwischen Gewaltdarstellungen im Fernsehen und aggressivem Verhalten von Kindern, die aber nicht für Cartoons, Slapstick- und Science-fiction-Filme sowie (mit Ausnahme von Boxen und Ringen) für Sportsendungen gilt. Sendungen jedoch, in denen Gewalt um ihrer selbst willen und/oder in besonders realistischer Weise und/oder im Dienst einer guten Sache gezeigt wird (wie etwa in realistischen Dramen und Western), haben vergleichsweise stärkere Einflüsse. (Zur Wirkung von Pornographie vgl. Selg, 1986.)

Auf ein wichtiges Problem in diesem Zusammenhang macht der deutsche Medienpsychologe Jo Groebel mit dem Hinweis aufmerksam, daß die meisten dieser Befunde in den USA erhoben wurden, wo aggressive Fernsehinhalte weitaus häufiger anzutreffen sind als - trotz zahlreicher Importe - beispielsweise in der Bundesrepublik Deutschland (Groebel, im Druck). Auch mag es kulturspezifische Unterschiede in der Darstellung von Aggressivität geben; eine amerikanische Kriminalserie ohne eine Prügelei ist wohl eher selten, während es beispielsweise im deutschen «Kommissar» meist ruhiger zugeht. Hinzu kommt sicherlich auch ein Einfluß des sozialen Kontextes: In einem internationalen Vergleich zwischen Australien, Finnland, den Niederlanden, Polen, den USA und der Bundesrepublik Deutschland zeigen sich Zusammenhänge zwischen dem kulturell gebilligten Ausmaß von Aggression, der Häufigkeit aggressiver Fernsehinhalte und dem aggressiven Verhaltn seiner kindlichen und jugendlichen Zuschauer (vgl. Huesman & Eron, im Druck). Sie sind beispielsweise in den USA hoch, in Polen und Finnland eher niedrig, während die Bundesrepublik hier (noch) im Mittelfeld liegt. Von daher läge es sicherlich nahe, auch in Deutschland entsprechend umfangreiche Untersuchungen zu beginnen, die stärker auf die spezifischen Bedingungen der deutschen Zuschauer eingehen. In der nun schon mehrfach herangezogenen Übersicht von Maletzke (1979) werden zu diesem Thema aber nur fünf empirische Studien genannt; auch unter Berücksichtigung seitdem noch entstandener Arbeiten

(z. B. KREBS, 1981; GROEBEL, 1983) bleibt es bisher dennoch bei einer relativen Häufigkeit von drei bis fünf Promille deutscher Studien im Vergleich zu den (etwa 3 500) amerikanischen Studien. Insofern kann von einem eigenständigen Beitrag der Bundesrepublik zu diesem Thema kaum die Rede sein, und die Bewertung der Ergebnisse zur Aggressionsforschung für den deutschen Zuschauer wird dies berücksichtigen müssen.

Zurück an den Bildschirm: Ein liebenswerter Opa wird im Beisein seiner kleinen Enkel von zwei Ganoven brutal zusammengeschlagen und beraubt. Es leuchtet nicht unmittelbar ein, daß eine solche Szene in einem Fernsehfilm beim kindlichen Betrachter nur (oder auch überwiegend) Aggressivität auslöst. Angst erscheint vielmehr mindestens ebenso wahrscheinlich. Die wissenschaftliche Untersuchung der *angstauslösenden* Wirkungen von Gewaltdarstellungen im Fernsehen ist - verglichen mit der Frage der Aggressionsauslösung - ein erst neuerdings wieder interessantes Thema (obwohl es in den dreißiger und vierziger Jahren schon aufgeworfen wurde, vgl. CANTOR & SPORKS, 1984). In den USA wurde es zunächst vor allem von der Forschergruppe um GEORGE GERBNER untersucht. Gerbner und seine Kollegen gingen davon aus, daß die große Zahl von Gewaltdarstellungen im amerikanischen Fernsehen beim Zuschauer dazu führen kann, die Welt insgesamt als gewalttätig, böse und gefährlich zu betrachten. Diese Sicht der Welt sollte besonders bei Zuschauern vorhanden sein, die überdurchschnittlich viel fernsehen. Zwar wurde diese Idee von der «angsterregenden Welt des Vielsehers» (GERBNER & GROSS, 1976) auch heftig kritisiert (vgl. HIRSCH [1980, 1981] sowie Übersicht bei BURDACH [1981]), die Frage der angsterregenden Wirkungen von Gewaltdarstellungen im Fernsehen aber war und blieb gestellt: Den oben genannten Theorien zur Auswirkung von Gewalt wurde die *Emotionalisierungsthese* hinzugefügt, nach der infolge von Gewaltdarstellungen im Fernsehen die gesamte soziale Umwelt als angstauslösend betrachtet wird (vgl. dazu Kapitel 4). Ganz neu war die Vermutung eines Zusammenhangs von Gewaltdarstellungen und Angst in der Fernsehwirkungsforschung allerdings nicht: Die sogenannte *Inhibitionsthese,* nach der Gewaltdarstellungen zur Angst vor eigener Aggressivität führen soll, war zuvor schon in der Diskussion als Alternative für die (oben angeführte) Katharsis-Hypothese, nach der das Anschauen aggressiver

Szenen als Ventil für eigene aggressive Impulse des Zuschauers dienen kann. Daß nach der Betrachtung aggressiver Fernsehinhalte kein entsprechendes Verhalten beim Rezipienten auftritt, muß (nach der Inhibitionsthese) nicht daran liegen, daß der Zuschauer eigene Impulse - gewissermaßen stellvertretend - ausgelebt hat. Es kann auch die Folge der Angst vor der eigenen Aggression sein (vgl. KNIVETON, 1979). Einige empirische Untersuchungen bestätigen diese Hypothese.

Auch hat im deutschsprachigen Raum GROEBEL (1982) in den Jahren 1975 bis 1977 eine Fragebogenuntersuchung mit rund 2500 11–15jährigen Schülern durchgeführt, in der er unter anderem nach den Fernsehgewohnheiten sowie nach dem Ausmaß physischer und sozialer Angst fragte. Er kommt zu dem Schluß, daß generell zwar die persönliche Lebensgeschichte und bestimmte Persönlichkeitsmerkmale (wie etwa die emotionale Labilität) einen vergleichsweise stärkeren Einfluß auf die Antworten in dem Angstfragebogen haben. Dennoch ist der Fernsehkonsum nicht ohne Wirkung: Kinder, die sich sehr in die gezeigten Sendungen hineinversetzen (= hohe Ich-Beteiligung) und die annehmen, daß die im Fernsehen gezeigten Szenen so auch in Wirklichkeit vorkommen können, zeigen höhere Angstwerte. Aufgrund weiterer Analysen seiner Daten vermutet GROEBEL, daß hohe Angstwerte ihrerseits zu häufigem Fernsehkonsum und damit zum Verlust an realen Erfahrungen führen (das gilt auch für Videospiele, vgl. SELNOW, 1984), wodurch physische und soziale Ängste nicht abgebaut, sondern gewissermaßen zum chronischen Problem werden. Neben der Darstellung von Aggressivität und Gewalt lösen auch Puppenmonster, Bedrohung oder Leiden von Tieren sowie lange, scharfe Waffen Angst bei Kindern aus (vgl. DORR, et al., 1984).

Fassen wir zusammen: Obwohl es Hinweise dafür gibt, daß das Fernsehen starke emotionale Wirkungen bei Kindern hat, sind diese bisher - mit Ausnahme der Aggressivität und (in Grenzen) der Angst - kaum untersucht worden. Trotz der außerordentlich großen Zahl von Untersuchungen zur Aggressivität gibt es noch keine einheitliche Meinung darüber, ob das Betrachten von Gewalt im Fernsehen Kinder aggressiv macht. Die Mehrzahl der beteiligten Forscher neigt zu der Meinung, daß spezifische Fernsehsendungen eine aggressivitätsfördernde Wirkung haben können, die allerdings stark von anderen Einflüssen abhängt: Genannt werden der kulturelle Hintergrund, das soziale und familiäre Umfeld, Persönlichkeitseigenschaften des Zuschauers und die Situation während des Betrachtens der Sendung. Ganz allgemein muß man wohl sagen, daß bestimmte Formen von Gewaltdarstellungen im Fernsehen aggressives Verhalten beim Zuschauer dann fördern, wenn seine Aggressivitätshemmungen durch die oben angeführten Faktoren von sich aus nicht sehr hoch sind. Es kann der Tropfen sein, der den Krug zum Überlaufen bringt. Es ist wahrscheinlich, daß außer aggressivem Verhalten bestimmte Fernsehsendungen auch Angst beim kindlichen und jugendlichen Zuschauer auslösen können; auch hier aber sind weitere Untersuchungen nötig.

Allerdings gelten diese Befunde ausschließlich für die - sozusagen - «normale» Darstellung von Gewalt. Welche Folgen die neuerdings in Mode gekommenen, außerordentlich brutalen «Gewaltvideos» haben, ist gegenwärtig noch nicht abzuschätzen. Wenige amerikanische (vgl. das Journal of Communication, Vol. 34 [4], 1984 zu «Sex and violence» sowie NIAS, 1983) und deutsche (MELCHERS & SEIFERT, 1984; BREITKOPF & PONISCHOWSKI, 1985) Untersuchungen zeigen zwar starke kurzfristige Effekte: Erwachsene Versuchspersonen zeigen starke emotionale Reaktionen, die - je nach Filmgenre - aus Ekel, Angst, Spannung, aber auch aus sexueller Erregtheit und Neugier bestehen können. Bei häufigerer Nutzung zeigen sich hingegen Abstumpfungs- und Gewöhnungseffekte, von denen befürchtet wird, daß sie auch für gewalttätige Handlungen im realen Leben auftreten werden. Diese Befunde lassen sich aber nicht unbesehen auf Kinder übertragen, insofern sind wir hier vorläufig noch auf Spekulation angewiesen. Nach allen bisherigen Ergebnissen aus der Fernsehwirkungsforschung ist es relativ unwahrscheinlich, daß Gewaltvideos die einzige Ursache besonders grausamer Verbrechen oder abnormen Sozialverhaltens sind. Die aggressivitätsfördernde Wirkung solcher Filme auf Kinder und Jugendliche wird - wie bei den «normalen» Gewaltdarstellungen auch - von den genannten Einflußgrößen (kultureller, sozialer und familiärer Kontext, Persönlichkeitsmerkmale und Einfluß der Situation) abhängen. Sehr viel wahrscheinlicher aber sind die angstauslösenden Wirkungen dieser Filme, da man aus den wenigen bisher vorliegenden Kommentaren von Kindern und

Jugendlichen entnehmen kann, daß sie derartige Filme häufig als eine Art «Mutprobe» betrachten: «Alle haben gekotzt, nur ich nicht» äußert sich ein 18jähriger Lehrling in einem Interview des *Spiegel* (Nr. 11, 1984, S. 42). Ein Horrorfilm «... muß spannend sein, unrealistisch und mit viel Effekten drin, ohne viel Story, volle 90 Minuten. Man weiß nachher, daß es ein Quatsch-Film war, aber ein Spitzenfilm wegen der guten Effekte» fügt ein 19jähriger hinzu. Kinderärzte, Lehrer und Erzieher berichten in dem genannten Artikel des *Spiegel* davon, daß sich Kinder und Jugendliche hier nicht selten überfordern. Angst, Bettnässen, Schlafstörungen und Depressionen seien die Folgen.

Was ist also zu tun? Reichen die angeführten (vor allem: amerikanischen) Untersuchungen aus, um einen gewalt- und aggressionsfördernden Effekt des Fernsehens auch bei uns festzustellen? Wir glauben: Für die durchschnittliche deutsche Familie ist das Fernsehen in dieser Hinsicht (bisher) kein Giftschrank, den sie nur selten öffnen und dessen Inhalt sie nur in kleinsten Dosierungen genießen sollte. Nicht auszuschließen ist zwar, daß besonders gefährdete Kinder durch exzessiven Konsum besonders von Sendungen mit realistischen Gewaltdarstellungen oder Western in stärkerem Ausmaß beeinflußt werden. Wollte man aber allein deswegen ordnungspolitische Maßnahmen gegen Gewaltdarstellungen im Fernsehen ergreifen, so dürfte man auch vor Magazinen und Nachrichtensendungen kaum haltmachen, da hier oft genug Gewaltakte gezeigt werden, die sicherlich nicht selten zu Nachahmungen führen. Ist aber die Darstellung im Fernsehen die Ursache, wenn beispielsweise ein Mord, eine Flugzeugentführung oder ein Bombenanschlag von anderen kopiert wird? Die Vehemenz, mit der Pädagogen und Psychologen gelegentlich ein Verbot von Gewaltdarstellungen im Fernsehen fordern, ist immer auch in der Gefahr, vor lauter Symptomen die sozialen Ursachen aggressiven Verhaltens aus den Augen zu verlieren. Ein auf das jeweilige Kind abgestimmtes Maß von Fernsehzeit in einer offenen und liebevollen Familienatmosphäre, in der die Eltern auch Zeit für Gespräche über die Fernsehinhalte haben, erscheint somit auch bei der bevorstehenden Ausweitung des TV-Angebots durch Kabel und Satellit als der sicherste Weg, die angeführten Zusammenhänge von Gewaltdarstellungen im Fernsehen und aggressivem Verhalten von Kindern zu minimieren. (Dies wird besonders dann erleichtert, wenn europäische Produzenten und Sender sich nicht übermäßig an amerikanischen Formen orientieren.)

Dies alles gilt - wie erwähnt - nur für die «normale» Gewaltdarstellung im Fernsehen; Aussagen über Gewalt-Videofilme sind auf der Basis der bisherigen Befunde nur schwer möglich. Zwar kann man vermuten, daß durch die hier anzutreffenden realistischen Darstellungen der Gewalt um ihrer selbst willen und die scheinbar gerechtfertigte Gewaltanwendung aggressionsfördernde Effekte stärker ausgeprägt sind, zumal die Eltern oft diese Cassetten nicht kennen und als Gesprächspartner nicht zur Verfügung stehen. Untersuchungen dazu liegen bisher aber nicht vor. Im Entsetzen des Erwachsenen über derartige Filme sollte aber auch nicht untergehen, daß als Betrachtungsmotiv bei den Jugendlichen sicherlich auch der Wunsch nach «Mutproben» eine Rolle spielt. (Auch die heutigen Karusselle und Fahrgeschäfte auf Jahrmärkten jagen dem Erwachsenen oft genug das blanke Entsetzen ein.) So bleibt als vorläufige Antwort auf die Frage «Was tun?» die Empfehlung, auf moralisch-emotionale Überreaktionen zu verzichten und stattdessen in gelassener pädagogischer Aufklärungsarbeit in der Schule und im Elternhaus die Motive der Kinder und Jugendlichen zu erkunden und ihnen eine sozial angemessene Wertung des Gesehenen zu vermitteln.

(2) *Kognitive Beeinflussung:* Daß einzelne Fernsehsendungen wie «Sesam-Straße» oder «3-2-1 Contact» einen positiven Einfluß auf spezifische kognitive Fähigkeiten von Kindern haben können, ist hinreichend empirisch nachgewiesen (vgl. Abschnitt 3.2). Den mißtrauischen Pädagogen wird dies nicht beruhigen können, da bei diesen Wirkungen oft die Fernsehsendung nur wenig mehr als der Anlaß für Gespräche mit den Eltern und Erziehern zu bestimmten Themen gewesen sein mag. Diese Gespräche sind dann eigentlich verantwortlich für eventuelle Leistungssteigerungen; im allgemeinen aber gelte weiterhin: Kinder, die viel fernsehen, bleiben sprachlich, kognitiv und hinsichtlich der sonstigen schulischen und außerschulischen Aktivitäten unterentwickelt.

Überprüfen wir diese Meinung anhand der empirischen Fakten und fangen wir klein - bei der Sprache - an: Wie im Verlaufe dieses Buches schon oft, müssen wir auch hier feststellen, daß die Zusammenhänge zwischen Sprachentwicklung, Sprachverhalten und Medienkonsum bisher nur wenig untersucht worden sind.

Zwar hatten die amerikanischen Begleituntersuchungen zur «Sesam-Straße» gezeigt, daß einzelne sprachliche Fertigkeiten (wie das Erkennen und Benennen von Buchstaben und Körperteilen usw.) durch die Sendung gefördert werden konnten; Untersuchungen zu allgemeinen Zusammenhängen von Sprachentwicklung und Fernsehnutzung gibt es jedoch kaum. Zu den wenigen Ausnahmen zählt eine Untersuchung von Katherine Nelson, die in einer 1973 veröffentlichten Studie danach gefragt hat, von welchen Faktoren die kindliche Sprachentwicklung abhängt, und in diesem Zusammenhang auch die kindliche Fernsehnutzung (= Zeitschätzungen durch die Mütter) untersuchte. Es zeigte sich ein sehr deutlicher Zusammenhang: Je länger ein Kind vor dem Fernsehgerät zubringt, umso schlechter ist der Spracherwerb; insofern scheinen die Befürchtungen von Pädagogen nur allzu berechtigt. Nelson (1973) hat sich aber mit diesem Ergebnis nicht zufriedengegeben, da sie nicht ausschließen konnte, daß beides - Spracherwerb und kindliche Fernsehnutzung - auch von einer dritten Größe abhängen können. Sie hat diese dritte Größe vermutlich gefunden: Es ist die Art des Umgangs der Mutter mit dem Kind. Analysiert man nämlich einmal das sprachlich-kommunikative Verhalten der Mutter im Detail, so findet sich ein ausgeprägter positiver Zusammenhang zwischen hohen kindlichen Fernsehzeiten einerseits und der Zurückweisung des Kindes durch die Mutter sowie längeren Gesprächen unter Erwachsenen ohne Einbeziehung des Kindes andererseits. Mit anderen Worten: Das Kind zieht sich vermutlich vor den Fernsehapparat zurück, weil niemand mit ihm spricht; dies führt dann zur verzögerten Sprachentwicklung.

Wenn selbst die engagierte Kritikerin des Fernsehens Elisabeth Lang (1981) erwähnt, daß in einigen Untersuchungen sogar ein größerer Wortschatz der fernsehenden Kinder gegenüber den nichtfernsehenden Kindern gefunden wurde, muß zur Frage der *Sprachentwicklung* wohl (vorläufig) festgestellt werden: Für den Fernseh-Normalverbraucher kann das Fernsehen - gezielt eingesetzt - spezifische sprachliche Fertigkeiten bei Kindern verbessern; es führt darüber hinaus auch zu einer Vergrößerung des Wortschatzes. Verzögerte allgemeine Sprachentwicklung hingegen ist oft das Resultat von zurückweisender und seltener Kommunikation mit dem Kind, das sich dann bevorzugt dem Fernsehen zuwendet.

Gehen wir einen Schritt weiter zum oft diskutierten Zusammenhang von Fernsehen und Lesefertigkeit: Je mehr die Kinder fernsehen, so lautet die gängige Meinung, umso schlechter steht es mit ihren Lesefertigkeiten. Auch hier zeigen entsprechende Untersuchungen, daß sich keine allgemeinen Zusammenhänge dieser Art nachweisen lassen (vgl. Übersicht bei SINGER & SINGER, 1983). Die Lesefertigkeit hängt vor allem von der Intelligenz des Kindes und der sozialen Schicht der Eltern ab. Die amerikanischen Medienforscher SINGER & SINGER (1983) stellen nach einer eigenen Untersuchung ausdrücklich fest: «Die Daten beweisen *nicht,* daß Fernsehen die Lesegewohnheiten beeinflußt ...» (a. a. O., S. 210) - und das bei durchschnittlich zwei Stunden täglicher Fernsehnutzung der von ihnen befragten Kinder. Zudem lassen sich die Lesefertigkeiten von Kindern durch spezifische Sendungen (in den USA ist es die Sendung «The Electric Company», vgl. BRYANT et al. [1983] sowie Abschnitt 3.2 dieses Buches) auch gezielt fördern. Auch die These, daß Kinder durch das Fernsehen - bei durchaus vorhandener Lesefähigkeit - einfach keine Zeit mehr zum Lesen aufwendeten (= «displacement»-Theorie) läßt sich nach zahlreichen Untersuchungen in Amerika, England, Japan und auch Deutschland (vgl. Übersichten bei CRAMOND [1979] und HAASE [1981]) so nicht halten: Zwar kommt es bei Einführung des Fernsehens oft zu einem «Neuheits-Effekt», der zu einer Reduzierung auch der Lesehäufigkeiten führt; fernsehgewohnte Kinder aber lesen nicht selten sogar mehr als vorher. Was vor allem reduziert wird, ist die Zeit für Kinobesuche, Radiohören und das Lesen von Comics.

Gehen wir über die sprachlichen Leistungen hinaus und fragen wir nunmehr nach dem Einfluß des Fernsehens auf die *schulischen Leistungen* im allgemeinen. Zu diesem Thema gibt es einen Übersichtsartikel von WILLIAMS et al. (1982), in welchem die Ergebnisse von 23 psychologischen und erziehungswissenschaftlichen Untersuchungen, Doktorarbeiten, nationalen Befragungen, Einzelveröffentlichungen, Büchern, technischen Reports und unveröffentlichten Untersuchungen aus den USA, Canada, Japan und England über einen Zeitraum von 26 Jahren zusammengetragen worden sind. Als allgemeiner Trend läßt sich dort über alle 87025 Versuchspersonen nur ein kaum nennenswerter negativer Zusammenhang von Schulleistungen und Fernsehkonsum nachweisen. Weniger als ein halbes Prozent der Schulleistungen ist durch den Fernsehkonsum bestimmt. Hinter diesen Durchschnittswerten stecken allerdings interessante Detailergebnisse. So sind bei bis zu etwa 1½ Stunden täglichem Fernsehkonsum leicht positive Zusammenhänge mit der Schulleistung festzustellen, während diese bei mehr als sechs Stunden täglich deutlich negativ ausfallen. Speziell für Mädchen und generell für Kinder mit hoher Intelligenz sind die berichteten negativen Zusammenhänge ebenfalls stärker ausgeprägt, auch hier aber sind nur zwei Prozent der schulischen Leistungen durch den Fernsehkonsum bestimmt. Neuere Untersuchungen an über 10000 kalifornischen Schülern (FETLER, 1984) zeigen darüber hinaus, daß möglicherweise auch die Schichtzugehörigkeit eine Rolle spielt: Bei den Kindern höherer und mittlerer Angestellter sind die genannten negativen Zusammenhänge ausgeprägter, während sie bei Arbeiterkindern kaum aufzufinden sind. Bei den Kindern ungelernter Arbeiter finden sich sogar bis zu einer täglichen Fernsehzeit von vier Stunden positive Zusammenhänge zur Schulleistung.

Auch unter den Stichworten «*Kreativität*» und «*Phantasie*» finden wir keine einheitlichen Ergebnisse: Zwar zeigen kindliche Vielseher insbesondere von Aktions- und Abenteuerfilmen häufiger auch entsprechende Phantasievorstellungen im Spiel (besonders bei Kindern mit niedriger Intelligenz und aus niedriger Sozialschicht), dem stehen aber Untersuchungen gegenüber, daß beispielsweise das häufige Ansehen humorvoller Sendungen, besonders aber von spezifischen Kindersendungen (hier: «Mister Rogers' Neighbourhood» und «Sesam-Straße») einen positiven Einfluß auf das kindliche Spiel und die Phantasie haben (vgl. SINGER & SINGER, 1983). Auch dies läßt sich durch den Eingriff von Erwachsenen noch fördern.

Was in diesem Zusammenhang vorläufig übrigbleibt, ist die Vermutung, daß Fernsehkonsum zu einer allgemeinen *Aktivitätsverminderung* bei den kindlichen und jugendlichen Zuschauern führt. In dem schon genannten Übersichtsartikel von CRAMOND (1979) zeigt sich in den untersuchten Ländern USA, England, Norwegen und Japan, daß bei Einführung des Fernsehens die Zeit vor dem Fernsehapparat vor allem auf Kosten der anderen Medien Radio, Kino und Comics geht; Schlafenszeiten, Zeitunglesen und Zeiten für Hausaufgaben waren nur wenig betroffen. Für die letzteren werden acht bis 15 Minuten Verlust für Haupt- und Primarschulen genannt, während sich bei den Gymnasiasten keine Unterschiede fanden. Allerdings verbringen fernsehende Kinder mehr Zeit im Haus als außerhalb; Spazierengehen, Wandern oder ungerichtete Tätigkeiten werden weniger. Auch in diesem Zusammenhang aber ist noch einmal auf die «Sesam-Straße» zurückzukommen, weil in der deutschen Begleituntersuchung auch nach der Wirkung dieser Sendung auf die allgemeinen Aktivitäten des Kindes gefragt wurde. Es wird berichtet: «Zusammenfassend kann man feststellen, daß ‹Sesamstraße› auf die Kinder im Alter von vier bis sieben Jahren nicht ‹passiv machend› wirkt. ... In der aktuellen Empfangssituation läßt sich beobachten, daß Sendungselemente sofort in Kinderaktivität umgesetzt werden, die auf eine engagierte Beteiligung und auf ein selbstbewußtes Verfügen über die Sendungsinhalte hinweisen. ... Auf das Verhalten der Kinder in ihrer Freizeit hat ‹Sesamstraße› nach Angaben der Eltern bereichernd und aktivierend gewirkt. Viele Kinder entnehmen der Sendung sowohl konkrete Vorschläge zum Basteln, Malen und ähnlichen kreativen Beschäftigungen wie auch allgemein Anregungen zum symbolischen Spiel (Nachspielen von Personen und Situationen) und zum Fragen nach Zusammenhängen» (Berghaus, 1978, S. 190).

Fassen wir die Befunde zu *sprachlichen, schulischen* und *außerschulischen Leistungen* und Aktivitäten kindlicher Fernsehzuschauer zusammen: Es zeigt sich, daß im Durchschnitt kaum bemerkenswerte negative Effekte des Fernsehens feststellbar sind. Wenn diese in der Literatur berichtet werden, so hängen sie oft genug von einer dritten Einflußgröße ab: Zurückweisung durch die Eltern oder auch geringe Intelligenz führen das Kind vor den Fernsehapparat statt vor seine Schulbücher. Auf den Wortschatz und die Lesehäufigkeit bezogen, scheint es im Gegenteil eher leicht förderliche Effekte zu geben, die durch spezifische Sendungen wie «Sesam-Straße» oder «The Electric Company» noch verstärkt werden können.

(3) *Soziales Verhalten und Einstellungen:* Das zweite große Thema der amerikanischen Fernsehforschung ist die Untersuchung der Wirkung von *Werbung* auf Kinder. In einer 1980 erschienenen Bibliographie zu diesem Thema (Meringoff, 1980) werden schon über 500 Arbeiten angeführt; ein Vielfaches davon

dürfte unveröffentlicht in den Schubladen der Werbewirtschaft liegen. Dieses Interesse ist nur allzu verständlich, denn amerikanische Kinder verbringen bei ihrer durchschnittlichen Fernsehzeit von drei bis vier Stunden täglich pro Woche etwa drei Stunden mit dem Anschauen von Werbespots. Auf das Jahr hochgerechnet sehen sie damit etwa 20000 «commercials» (ADLER et al., 1977). Eine ganze Reihe von Befürchtungen werden in diesem Zusammenhang geäußert: Werbung verführe die Kinder, unnütze oder gar schädliche Dinge zu kaufen, nehme Einfluß auf die Eltern-Kind-Beziehungen, suggeriere über die Werbebotschaft hinausgehende Ideologie und erziehe sie zu unkritischen Konsumenten (vgl. Übersicht bei HAASE, 1981). In Amerika lösten diese Streitfragen zahlreiche politische Diskussionen, Hearings und Kommissionsgründungen aus (vgl. ROBERTS & BACHEN, 1981), die unter anderem zu einem Auftrag an die National Science Foundation an (vgl. ADLER et al., 1977) führten, zunächst einmal ein Sammelreferat über alle bisher vorliegenden Erkenntnisse zur Werbewirkung bei Kindern zu schreiben. Nach den dort zusammengetragenen Untersuchungen können Kinder bis zum Alter von sechs bis sieben Jahren Werbe-Sendungen von sonstigen Sendungen nicht unterscheiden. Auch bei der Verwendung von Trennelementen zwischen Programm und Werbung verstehen sie den eigentlichen Zweck – die Anregung zum Kauf von Produkten – nicht. Mit zunehmendem Lebensalter wachsen zwar die Behaltensleistungen von Werbespots und das Verständnis der Absichten von Werbung, zugleich aber wachsen die Kritik und das Desinteresse an Werbung auf dem Bildschirm (vgl. WARTELLA & HUNTER, 1984). COMSTOCK et al. (1978) führen an, daß auch die Versuche von Kindern, die Eltern zum Kauf des beworbenen Produkts zu bewegen, mit zunehmendem Alter der Kinder abnehmen. Die vorliegenden Ergebnisse sind jedoch nicht so einheitlich, daß man den Schluß ziehen könnte, Vorschulkinder verstünden und behielten Werbung nicht sonderlich gut und könnten somit auch nur wenig verführbar sein, jüngere Kinder seien relativ stärker manipulierbar und ältere Kinder hätten schließlich ein kritisches Verhältnis zur Werbung. Zahlreiche andere Einflüsse – die Art der Werbung, das Verhalten von Freunden und Erwachsenen, die Motivation des Kindes u.a.m. – beeinflussen die Kette von der Rezeption der Werbung bis zum Kauf des Produkts. Relativ gesichert scheint in diesem Gefüge der große *Einfluß der Mutter* zu sein: Eine kritische Konsumhaltung von Müttern, die vor allem in der Mittel- und Oberschicht zu finden ist, wird von den Kindern übernommen. Durch gezielte Informationen etwa im Unterricht oder auch im Fernsehen kann diese Haltung noch gefördert werden (vgl. ROBERTS & BACHEN, 1981).

Nach Sichtung aller Befunde zu diesem Thema würde man erwarten, daß die beteiligten Forscher (ADLER et al., 1977) nunmehr so etwas wie Empfehlungen für Eltern, Regierung, Fernsehanstalten und Wirtschaft ausspprächen. Dies war leider nicht der Fall: Ohne weitere Forschungen seien viele der gestellten Fragen einfach noch nicht mit hinreichender Sicherheit zu beantworten, so daß der Zeitpunkt zur Formulierung verbindlicher Richtlinien noch immer nicht gekommen sei. Wie ist nun dieser Stand der amerikanischen Forschung, an dem sich auch gegenwärtig nicht viel geändert hat (vgl. WARTELLA & HUNTER, 1984), für die Bundesrepublik Deutschland zu beurteilen? Zunächst einmal ist hier (zumindest: vorläufig) ein grundlegender Unterschied zwischen dem amerikanischen und dem deutschen Fernsehen festzustellen. Im Gegensatz zu der ständigen Präsenz amerikanischer Werbeeinblendungen ist in den öffentlich-rechtlichen deutschen Sendeanstalten die Werbung auf die Zeit zwischen 17.00 und 20.00 Uhr begrenzt; zudem muß sie in Blöcken ausgestrahlt werden, wobei die Gesamtzeit der reinen Werbung nicht mehr als 20 Minuten betragen darf (vgl. INGENKAMP, 1983). Ein deutsches Kind sieht jährlich etwa 3000 Werbespots, also 17000 weniger als ein amerikanisches (vgl. Kinder, Medien, Werbung, 1981). Wenngleich Kinder auch bei uns sehr gern Werbung ansehen, so sind sie ihr doch (zumindest bisher) nicht im gleichen Maße ausgesetzt wie in den USA, und insofern werden die Wirkungen eher geringer sein.

Auch bei der empirischen Untersuchung dieser Fragen bei uns ist wiederum ein deutliches Defizit gegenüber den amerikanischen Bemühungen festzustellen. Wir haben gegenüber den USA gewiß keinen Mangel an kritischen Stimmen zur Werbewirkung. FUHRMANN et al. (1975, S. 118) schreiben: «Was die Fernsehwerbung mit den Kindern treibt, ist die schlimmste Art der Manipulation – Manipulation nämlich in jenem ganz strengen und engen Sinn, wie es ein renommierter Soziologe definiert hat: ‹Manipulieren› heiße, jemanden zu einem bestimmten Zweck zu benutzen, den er nicht kennt. Präziser läßt sich kaum beschreiben, was das Werbefernsehen mit seinen kindlichen Zuschauern tut. ... Die gesetzlich verordnete Halbierung des Fernsehprogramms in eine schmutzige Hälfte mit Werbung, freigegeben für Kinder ab ihrer Fernsehtauglichkeit, und andererseits in eine für Erwachsene reservierte saubere Hälfte ohne Werbung zeugt von einer bemerkenswert verlogenen Doppelmoral.» Ein anderer Kritiker wirft dem Werbefernsehen vor, es nähme « ... das kindliche Verlangen nach Realitätserklärung, Dissonanzreduktion, Identitätsfindung und Spieltätigkeit ...» (HOLZER, 1974) auf und mische dies in ein « ... unentwirrbares, suggestiv-attraktives Amalgam aus Pseudorealität, Warenfetischismus, Prestigeideologie und ewiger Gaudi.» ESCHER (1977, zit. nach HAASE, 1981) kommt aufgrund einer Inhaltsanalyse von deutschen und österreichischen Werbespots zu der Ansicht, daß Werbung den Eindruck vermittele, es gäbe keine sozialen Gegensätze in der Welt, als sei die Familie ein Hort der Sicherheit und Geborgenheit, als können Respektspersonen alle Probleme lösen, als garantiere Sauberkeit soziales Ansehen u.a.m. Schließlich stellt KÜBLER (1980) fest: «So scheint es zumindest unstrittig, daß Werbung - auch in ihrer vorgeblich sachlichen, informativen Variante - bei Kindern und Jugendlichen nicht die Fähigkeit zur adäquaten Realitätserkenntnis, Reflexivität und Selbstfindung fördert, sondern - zusammen mit anderen massenkulturellen Phänomenen - zur Verzerrung, Kaschierung und Ideologisierung gesellschaftlicher Wirklichkeit beiträgt und den Kindern die Suche nach ihrer eigenen persönlichen und sozialen Identität verstellt, wenn nicht blockiert» (a.a.O., S. 81).

Empirische Überprüfungen dieser doch sehr starken Annahmen sind indes eher selten; die wenigen veröffentlichten Studien (vgl. Übersichten bei MALETZKE, 1979; und HAASE, 1981) zeigen zudem gegenüber den amerikanischen Ergebnistrends kaum abweichende Befunde. Kinder werden zwar von Werbesendungen zu Kaufwünschen animiert, für die in den angeführten Kritiken dominante These, sie seien nicht in der Lage, zwischen dem schönen Schein der Werbewelt und der harten Realität zu unterscheiden, ließen sich aber keine Hinweise finden (vgl. NEUBAUER, 1975; HILSE, 1976; BÖCKELMANN et al., 1979; Infratest, 1981). Auch hier zeigt sich, daß Kaufentscheidungen zugunsten eines bestimmten Produkts von zahlreichen anderen Einflüssen abhängen, an denen das Verhalten der Mutter den größten Anteil hat (vgl. WENDLAND, 1981).

Bei den Werbewirkungen ist es schon angeklungen: Frauen und Männer werden dort in sehr stereotyper Weise gezeigt, was bei vielsehenden Kindern zur Ausbildung entsprechend *stereotyper Geschlechterrollen* führen kann. Über das Werbefernsehen hinaus kann man auch für das normale Programm den Eindruck gewinnen, es zeichne sich nicht eben durch große Variabilität des Verhaltensrepertoires von Männern und Frauen aus.

Bei der Untersuchung dieser Frage muß die Beschreibung der fernsehtypischen Darbietung von Geschlechterrollen am Anfang stehen, bevor ihre möglichen Wirkungen auf die Zuschauer untersucht werden. Dies ist in den USA schon seit 1954 (vgl. den Übersichtsartikel von TUCHMAN, 1980) geschehen und führte zu frappierenden Ergebnissen: Auf die Frage «Wo sind die Frauen im amerikanischen Fernsehen?» muß nach einer Inhaltsanalyse von kommerziellen wie öffentlichen Programmen geantwortet werden: «*Vor* den Fernsehschirmen.» Mit Ausnahme der «soap-operas» (also der amerikanischen Familienserien), in denen männliche Darsteller nur die einfache Mehrheit stellen, haben die Männer in allen anderen Sendungstypen bis zum Jahre 1975 mindestens eine Zweidrittelmehrheit. Wenn Frauen vorkommen, so treten die in anderen Berufen und Rollen auf als Männer: Männer sind Ärzte, Frauen sind Krankenschwestern, Männer sind Anwälte, Frauen Sekretärinnen, Männer arbeiten in Firmen, Frauen in Boutiquen, Männer sind Angreifer, Frauen sind Opfer. Speziell für das Werbefernsehen zeigen Inhaltsanalysen, daß etwa drei von vier Spots ausschließlich mit Männern besetzt sind; bei den sog. «Off»-Kommentaren (d.h. den Stimmen, die das Bildmaterial kommentieren, ohne daß ein Sprecher zu sehen ist) sind männliche Stimmen mit 87 %, weibliche mit 6 % und Kombinationen mit 7 % vertreten. Wenn Frauen in Werbesendungen auftauchen, so werden sie (vgl. Inhaltsanalyse von BUSHBY, 1975) als Haushaltsführende (= 43 %), als häusliche Helferinnen der Männer (= 38 %), als von den Männern abhängig (= 34 %), als unterwürfig (= 24 %), als unintelligent (= 17 %) oder als Sexualobjekte (= 17 %) gezeigt. Auf die Frage, was kindliche und jugendliche Fernsehzuschauer über die Rolle der Frau im amerikanischen

Fernsehen erfahren können, antwortet TUCHMAN (1980, S. 21): «Frauen sind in der amerikanischen Gesellschaft nicht wichtig, außer *vielleicht* im Hause. Und selbst im Hause wissen Männer es besser ... Eine Frau zu sein bedeutet, ein eingeschränktes Leben zu führen, abseits der wirtschaftlichen Produktivität der arbeitenden Bevölkerung.» Welche Folgen hat diese einseitige Welt bei den Zuschauern? In einer Reihe von Befragungen (vgl. Übersichten bei ROBERTS & BACHEN, 1981; CHRISTENSEN & ROBERTS, 1983) zeigte sich, daß Kinder mit hohem Fernsehkonsum (mehr als 3½ Stunden täglich) tatsächlich in oben beschriebener Weise antworteten. Auch in einer Längsschnittstudie (in der dieselben Personen über einen längeren Zeitraum untersucht werden) zeigten sich ähnliche Effekte, hier allerdings nur bei vielsehenden weiblichen Zuschauern: Sie waren stärker als ihre wenigsehenden Kolleginnen der Meinung, daß Männer mehr Ehrgeiz als Frauen haben und daß Frauen dann am glücklichsten sind, wenn sie Kinder aufziehen können usw. Interessanterweise zeigte sich aber auch, daß die weiblichen Vielseher nach zwei Jahren ihre beruflichen Ziele höher ansetzten als zu Beginn der Untersuchung.

So überzeugend diese Befunde zunächst sind, so bleiben dennoch Fragen möglich: Zum einen taucht hier wieder die schon oben genannte Frage auf, ob Vielsehen und traditionelles Rollenverständnis nicht gemeinsam von einem dritten Merkmal abhängig sein können. DORR et al. (1984) referieren beispielsweise Ergebnisse, nach denen die Nutzung des Fernsehprogramms bei Kindern mit spärlichen Sozialkontakten besonders ausgeprägt ist. Möglicherweise sind dies besonders ängstliche oder wenig intelligente Kinder, die eher dazu neigen, die Welt in engen, wenig flexiblen Mustern zu interpretieren, und deswegen oft vor dem Fernsehgerät sitzen, weil ihnen hier eine solche reduzierte und dadurch wenig angsterregende Welt geboten wird.

Bevor man zur Frage der Geschlechterrollen eine vorläufige Bilanz zieht, wird man ferner untersuchen müssen, ob das Bild der Frau im amerikanischen Fernsehen auch heute noch unverändert der Vorstellung aus den Jahren 1975 und früher entspricht. Untersuchungen von ROBINSON (1980) für Zeitschriften in den USA und Kanada sowie von WARTELLA (1980) für das Werbefernsehen zeigen hier allmähliche Veränderungen: Bei einer Analyse von 6000 Werbespots aus dem Jahre 1976 beispielsweise waren berufstätige

Frauen fast ebenso zahlreich (= 19% von 10000 Darstellern) vertreten wie Hausfrauen (= 21%). Auch wurden Frauen häufiger als zuvor als Expertinnen (26% im Jahr 1972 gegenüber 45% im Jahr 1974) auf dem Bildschirm gezeigt. Die traditionelle Rolle der Frau als Hausfrau ist vor allem zu den Zeiten in den Werbespots zu sehen, in denen die Hausfrauen selbst mit größter Wahrscheinlichkeit vor dem Fernseher sitzen; ihnen gefallen unkonventionelle Frauen in der Werbung nicht (vgl. WARTELLA, 1980, S. 107).

Ein dritter Einwand leitet sich einmal mehr aus dem amerikanischen Pragmatismus angesichts solcher Probleme ab: Nachdem in der öffentlichen Diskussion das Problem der «Verbannung der Frau in die symbolische Nichtexistenz» (TUCHMAN, 1980) erkannt war, wurde sogleich (im Jahr 1978) vom «Television Career Awareness Project» eine Fernsehserie mit dem Namen «Freestyle» produziert, mit der vor allem neun- bis zwölfjährige Kinder zu möglichst flexibleren Geschlechterrollen erzogen werden sollten. Es zeigte sich bei der Begleitforschung, daß Kinder (und vor allem Mädchen) auch noch neun Monate nach dem Betrachten des Programms deutliche Einstellungsveränderungen gegenüber ihren vorherigen eher traditionellen und stereotypen Meinungen aufweisen. Die Effekte waren dann besonders deutlich, wenn die Kinder nach den Sendungen in ihren Schulklassen mit den anderen Schülern darüber diskutierten; aber auch bei Zuschauern, die nur daheim zugesehen hatten, zeigten sich leichte Veränderungen (vgl. Übersicht bei BRYANT et al., 1983). Inhaltsanalytische Untersuchungen in der Bundesrepublik Deutschland (vgl. KÜCHENHOFF [1975] sowie NEVERLA [1982]) zeigen ähnliche Befunde bei uns, wenngleich auch hier neben die klassische Hausfrau zunehmend ein neues Leitbild tritt: Die junge, schöne, ledige, oft berufstätige Frau, deren Hauptproblem die Beziehung zu Männern ist. Auch hierzulande scheint sich jedoch langsam eine ähnliche Entwicklung wie in den USA anzubahnen (vgl. etwa die Zeitschrift «Fernsehen und Bildung» 14[1/2], 1980 mit dem Thema «Frau und Fernsehen – International»). Daß dies auch gezielter geschehen könnte, zeigt einmal mehr die Sendung «Sesam-Straße». Zur Überraschung wohl auch der Produzenten zeigte sich hier zwar nach einjährigem Ansehen eher eine Verstärkung der Geschlechterrollen-Stereotypien, die auf eine entsprechende Darstellung in der Sendung selbst zurückgehen. Auch hier sind die männlichen

Akteure aktiver, dominierender und eher in außerhäuslichen Berufen tätig als die weiblichen. Zumindest aber für die zukünftige Berufswahl zeigt sich: «Sowohl Jungen als auch Mädchen haben aus ‹Sesam-Straße› Informationen über die Berufs- und Arbeitswelt gewonnen, die sie viel stärker als vorher befähigen, anstelle von nicht-berufsbezogenen, eher emotionalen Beweggründen mehr sachliche Argumente für ihre hypothetische Berufswahl anzugeben» (BERGHAUS, 1979, S. 132).

Von den Einstellungen zu Geschlechterrollen ist der Schritt zur Frage nach den *politischen Einstellungen und Vorurteilen* nicht weit. Diese Frage läßt sich relativ schnell beantworten: « ... es gibt Hinweise auf Zusammenhänge zwischen fernsehen und politischen Einstellungen in bestimmten Umständen für bestimmte Kinder», schreiben CHRISTENSON & ROBERTS (1983, S. 82) mit der Präzision des Orakels von Delphi. Der größere Teil der zu diesem Thema vorliegenden Untersuchungen sagt wieder einmal nur etwas über Zusammenhänge, nicht aber über Verursachungsrichtungen aus. So nehmen im Verlaufe der politischen Sozialisation der Einfluß und das Gewicht der Medien ständig zu, wobei das Fernsehen zumeist bevorzugt wird. Auch finden sich Zusammenhänge zwischen politischem Interesse und der Häufigkeit des Zuschauens bei entsprechenden Sendungen; die Frage bleibt aber unbeantwortet, ob hier das politische Interesse die Sehgewohnheiten beeinflußt - oder umgekehrt, Nach allem kann es kaum noch überraschend sein, daß aber auch hier spezifische Effekte bei spezifischen Programmen - allen voran wieder einmal die «Sesam-Straße» (oder auch andere, vgl. BRYANT et al., 1983) - anzutreffen sind: Treten hier auch Angehörige von nationalen Minderheiten (Indianer, Schwarze usw.) auf, dann führt dies zu positiveren Urteilen bei den zuschauenden Kindern.

In der Bundesrepublik Deutschland hat die Psychologin ULRIKE SIX (1984) eine Untersuchung mit ca. 2000 Jugendlichen verschiedener Schultypen im Raum Köln durchgeführt, bei der sie unter anderem an den längerfristigen Effekten eines Films zur Reduzierung von Vorurteilen gegen Türken interessiert war. Insgesamt zeigten sich hier allerdings keine großen, allein durch den Film ausgelösten Veränderungen. Vielmehr interagieren diese mit zahlreichen anderen Einflüssen: Wer vor dem Film bereits ausgeprägte negative Vorurteile gegen Türken hatte, zeigte diese anschließend noch deutlicher. Sowieso schon niedrige negative Vorurteile wurden weiter reduziert. Bei Kindern unter 11 Jahren traten zunächst kaum Einstellungsänderungen auf, später waren sie dafür stabiler als bei älteren Kindern. In Kombination mit Schulunterricht ist der Film - auf alle Versuchspersonen bezogen - effektiver als ohne.

Fassen wir die Ergebnisse zum *sozialen Verhalten* und zu den *sozialen Einstellungen* zusammen, so zeigt sich zumindest für die *Werbung* ein erhebliches *Forschungsdefizit*. Viele vermutete Werbewirkungen sind bisher noch nicht untersucht oder aber nicht nachgewiesen worden. Werbung hat zwar einen Einfluß auf die Kaufwünsche von Kindern, dieser wird jedoch von zahlreichen anderen Einflüssen entweder gefördert oder gebremst. An erster Stelle ist hier das Verhalten der Mutter gegenüber dem Werbefernsehen und der Kaufentscheidung des Kindes zu nennen. Das Problem des Lernens von *traditionellen Geschlechterrollen* durch Werbefernsehen und sonstige Programme scheint langsam an Bedeutung zu verlieren, da sich zum einen das Bild der Frau auch in den Medien langsam wandelt und zum anderen spezifische Kindersendungen zu diesem Problem verändernde Wirkungen haben. Dies gilt gleichermaßen im Rahmen der politischen Erziehung für die Veränderung von Vorurteilen gegenüber Minderheiten. Was ist abschließend nun vom Fernsehen in seiner möglichen Funktion als elektronischer Erzieher zu halten?

Zunächst einmal fällt auf, wie ungleich die Forschungsbemühungen zu diesem Problem auf die verschiedenen Themen verteilt sind. Da ist allen voran die Frage der aggressionsfördernden Wirkungen des Fernsehens bearbeitet worden, gefolgt von den Wirkungen des Werbefernsehens. Frühestens an dritter Stelle sind Arbeiten zu positiven Wirkungen des Fernsehens als Folge spezifischer Programme wie «Sesam-Straße» und andere zu nennen. Zahlreiche andere und wichtige Themen wie etwa emotionale Wirkungen, prosoziales Verhalten, politische Erziehung sind demgegenüber bisher vernachlässigt worden.

Man kann diese ungleiche Verteilung als Ausdruck einer größeren Furcht vor negativen Wirkungen gegenüber der Hoffnung auf positive Einflüsse interpretieren. Eine solche Forschungsstrategie erscheint durchaus als sinnvoll, denn erst wenn sichergestellt ist, daß keine oder nur geringfügige negative Wirkungen vom Fernsehen ausgehen, lassen sich die möglichen Vorzüge voll nutzen. Das besondere Problem beim Fernsehen (gegenüber dem Kino beispielsweise) ist aber, daß der Zugang für Kinder nur schwer zu kontrollieren ist, und daß Eltern und Erzieher hier schon immer eine besondere Verantwortung haben, auch wenn die Wissenschaft noch kein auch nur halbwegs abgeschlossenes Bild aller möglichen Wirkungen hat. Für die Bundesrepublik Deutschland kompliziert sich dieses Problem noch dadurch, daß die organisierte und systematische Erforschung von Fernsehwirkungen gegenüber den USA in kaum noch nachvollziehbarer Weise unterentwickelt ist. Wissenschaftler und Eltern sind hier auch an der Schwelle einer qualitativen Veränderung durch Kabel- und Satellitenfernsehen weitgehend auf die fragwürdige Übertragung amerikanischer Untersuchungsergebnisse auf unsere Verhältnisse angewiesen, die wegen zahlreicher Unterschiede z.B. bei den Sehgewohnheiten von Eltern und Kindern, den Erziehungsstilen, der Struktur des Fernsehens und der Sendungsinhalte usw. nicht ohne Einschränkungen möglich ist. Es wäre zu wünschen, daß auch hier, wenn sich der Pulverdampf der politischen Auseinandersetzungen um das Fernsehen verzogen hat, sich der Pragmatismus der Amerikaner ein wenig stärker durchsetzen würde: Wenn in der Bundesrepublik Deutschland Erkenntnisse über die Wirkungen des Fernsehens politisch gewünscht werden, so kann dies nicht ohne die Bereitstellung zusätzlicher Ressourcen für die Wissenschaft erreicht werden. Will man nun trotz aller vorgebrachten Einschränkungen Bilanz ziehen, so erscheint das deutsche Fernsehen in seiner bisherigen Form (also vor der flächendeckenden Einführung des Kabelfernsehens mit privaten Anbietern) für die durchschnittliche Fernsehfamilie weder als Hauslehrer noch als Verführer sonderlich effektiv. Die kindlichen Nutzungszeiten von einer bis eineinhalb Stunden täglich sind nicht durch voll konzentrierte Zuwendung zum Gerät gekennzeichnet, vielmehr spielt das Kind und/oder es ist mit anderen Kommunikationspartnern in Kontakt. Wenn es nicht gerade kinderspezifische Sendungen sieht, so lernt es vermutlich auch nicht eben viel durch das Fernsehen; aber auch die befürchteten negativen Effekte, wie Abfall der schulischen Leistungen und der Lesefähigkeiten, Ausbildung aggressiver Verhaltensweisen u.a.m., werden in der Regel nicht zu befürchten sein. Fernsehen kann jedoch dann zur Erweiterung des Wissens und des Wortschatzes, zur Förderung der sozialen Intelligenz, zum Abbau von Vorurteilen, zur Anregung außerhäuslicher Aktivitäten, zur Anregung der Lesetätigkeit usw. beitragen, wenn Kinder sich die für sie gemachten Sendungen zusammen mit den Eltern ansehen und mit diesen anschließend darüber sprechen können. Überläßt man das Kind jedoch sich selbst vor dem Gerät, nimmt man keinen Einfluß auf die Dauer der Sehzeit und die Auswahl von Sendungen, bespricht man das Gesehene nicht mit dem Kind, so kann es bei einem entsprechenden sozialen und/oder familiären Kontext auch zu den genannten negativen Effekten einer verzögerten sprachlichen und kognitiven Entwicklung, zur Auslösung von Angst und Aggressivität, zur unkritischen Konsumhaltung u.a.m. kommen.

Wie das Fernsehen wirkt, liegt also zum nicht geringen Teil daran, wie man mit ihm umgeht. Es scheint so, als hätten Mittel- und Oberschichten dies eher erkannt, da sich bei ihnen das oben beschriebene Nutzungsverhalten häufiger als in der Unterschicht findet. Als Alternative zu einer unspezifischen Fernsehkritik, wie sie sich in Titeln wie «Schafft das Fernsehen ab!» oder «Die Droge im Wohnzimmer» ausdrückt, ließe sich daher insbesondere für Pädagogen die Aufgabe formulieren, zukünftig verstärkt zum Abbau dieser Fernsehbildungsschranken beizutragen.

4. Kapitel

Das Medium ist die Botschaft – Verändert Fernsehen das Denken?

4.1 Die Idee – Marshall McLucan und die anderen
4.2 Veränderte Denkoperationen – Gavriel Salomon und die formative Forschung
4.3 Veränderte Denkinhalte – George Gerbner und die angsterregende Welt des Vielsehers

«The medium is the message.» Mit diesem Satz ist der kanadische Literatur- und Medienwissenschaftler Marshall McLuhan berühmt geworden. Vor allem in den beiden Büchern «The Gutenberg Galaxy» (1962, deutsch: 1968) und «Understanding Media» (1965, deutsch: 1968) entwickelte er die Idee, daß die wesentliche Wirkung von Medien nicht in der Übermittlung bestimmter Inhalte bestehe, sondern daß die Art und Weise der Informationsübermittlung selbst das Denken der Mediennutzer verändere. Das Medium selbst - und nicht der Inhalt - ist die Botschaft.

Ausgangspunkt der Überlegungen McLuhans ist der Gedanke, daß jedes Medium eine Ausweitung spezifischer Organfunktionen des Menschen darstellt. So ist nach seiner Ansicht die Erfindung des Rades - ein Medium zur Fortbewegung - als eine Ausweitung des Bewegungsapparates zu verstehen, die zugleich aber zu Funktionsverlusten beim natürlichen Bewegungsapparat führt, da dieser zunehmend entbehrlich wird. Ähnlich soll es sich mit den Kommunikationsmedien verhalten, die als Ausweitung von Sinnesorganen gedeutet werden. Beispielsweise würde durch die Erfindung der Schrift die Bedeutung des Gehörs und des Tastsinnes in der Kommunikation zurückgedrängt und der Schwerpunkt auf den visuellen Sinn verlagert.

Kommunikationsmedien unterscheiden sich weiterhin durch die Vollständigkeit der Informationen, die sie über einen Sachverhalt vermitteln. Als «heiß» bezeichnet McLuhan ein Medium, das über seinen Kanal sehr detailreiche Informationen mitteilt, die keinerlei ergänzender Arbeit durch den Empfänger bedürfen. *«Heiße» Medien* beziehen den Nutzer kaum in die Informationsvermittlung und -verarbeitung ein, da ihre Informationsstruktur so dicht ist, daß der Benutzer sie nicht mehr selbst ergänzen oder aufbereiten muß, um sie zu verstehen. *«Kühle» Medien* hingegen haben Lücken in ihrer Informationsstruktur; die Information kann nur dann richtig verstanden werden, wenn der Rezipient die Lücken auch durch die Hilfe anderer Sinnesorgane ausfüllt. Hier ist der Empfänger stärker in den Prozeß der Informationsübertragung involviert als bei «heißen» Medien. Diese medienspezifisch unterschiedlichen Vorgänge bei der Informationsverarbeitung sind es, die nach McLuhan die eigentliche Medienwirkung darstellen. Je nach dem gesellschaftlichen und historisch dominanten Medium wird die Denkweise ganzer Epochen entscheidend geprägt.

Die Geschichte der medienspezifischen kulturellen Entwicklung beginnt mit dem analphabetischen Zeitalter der Stämme und Horden: In dieser Zeit lebt der Mensch in kleinen sozialen Einheiten, Kommunikation erfolgt ausschließlich mit Hilfe der gesprochenen Sprache und unter Verwendung aller Sinnesmodalitäten. Die Kommunikation erfordert zugleich kleine Siedlungseinheiten, bei denen die Möglichkeit unmittelbarer Sozialkontakte nicht durch überlange Wege erschwert ist. Die spezifischen Wirkungen des Mediums *Sprache* bestehen darin, daß sie komplexe Denkstrukturen, die Speicherung von Erfahrungen (z. B. in Begriffen) sowie deren Austausch und Diskussion ermöglicht. Die Rezeption von Sprache verlangt eine starke Beteiligung des Rezipienten, insofern ist sie als ein kühles Medium zu betrachten.

Die Erfindung der *Schrift* führt – gegenüber dem voralphabetischen Zeitalter – zu einer Dominanz des visuellen Sinnes, da nunmehr Informationen vorwiegend durch das Auge aufgenommen werden. Die Schrift macht zudem geringe Entfernungen zwischen den Kommunikationspartnern entbehrlich, da sie fixiert und über weite Entfernungen hin transportiert werden kann. Insbesondere das Alphabet erzwingt und fördert spezifische kognitive Leistungen. Informationen werden jetzt nicht mehr ganzheitlich und umfassend mitgeteilt und verstanden, sondern sie müssen in geordnete Serien von Elementen (Buchstaben) übersetzt werden, die für sich genommen zumeist bedeutungslos sind. Diese von der Schrift geförderte Abstraktionsleistung sei die Ursache für die rationale, analytisch-zergliedernde Denkweise bzw. für die «Linearisierung des Denkens» in den westlichen Kulturen.

Mit der Erfindung des Buchdrucks erreicht dieser Vorgang einen vorläufigen Höhepunkt, McLuhan nennt daher diese Epoche auch das *Gutenberg-Zeitalter.* Der Druck mit beweglichen Lettern begründe die Merkmale der Stetigkeit, Gleichförmigkeit und Wiederholbarkeit, die die Voraussetzungen für die Industrialisierung der westlichen Welt seien. Das Buch als erstes Massenprodukt der Geschichte fördere durch die Fixierung von Sprachen und Sprachgrenzen das Entstehen des Nationalismus, durch eine allgemeine Alphabetisierung werden Wissensmonopole (z. B. der

Priester) gebrochen und es führe (da Lesen und Schreiben überwiegend als Handlungen einzelner Individuen geschehen) zur Ausbildung des Individualismus. Bücher sind außerordentlich detailreich und informativ, sie erfordern nur wenig Aktivitäten beim Leser; insofern ist das Buch ein «heißes» Medium.

Die Nutzung der Elektrizität für kommunikative Zwecke stellt in dieser Theorie die vorläufig letzte Stufe, das *elektronische Zeitalter,* dar. Schon das *Radio* erlaubt es, jede Information über jede Entfernung zu transportieren. Ereignisse, die sich an jedem beliebigen Ort der Welt zutragen, können dem Hörer ohne Zeitverzug mitgeteilt werden. Die Geschwindigkeit der elektronischen Medien läßt die Welt wieder zu einem Dorf, dem globalen Dorf, schrumpfen. Hinzu kommt, daß das Radio sich vor allem des auditiven Kanals bedient, der auch im voralphabetischen Zeitalter schon der dominante Kanal war. Die gegenwärtig letzte Stufe in dieser Entwicklung stellt das *Fernsehen* dar. Seine Allgegenwart sowie die Ergänzung des auditiven durch den visuellen Kanal verstärke die Entwicklung zum globalen Dorf und hebe die «Linearisierung des Denkens» auf.

Die Welt aus dem Farbfernseher zu erfahren, bedeute, eine ähnliche Weltsicht zu gewinnen wie in der vorschriftlichen Kultur: unmittelbar, ganzheitlich, über Auge und Ohr vermittelt. Fernsehen sei zudem ein «kühles» Medium, da das Fernsehbild nie vollständig sichtbar sei, sondern sich in jedem Moment aus tausenden von Bildpunkten zusammensetze, die der Zuschauer erst zu einem Bild zu verknüpfen habe. Ein in diesem Sinne informationsarmes Fernsehbild erfordere es, die Lücken jeden Augenblick durch angestrengte Beteiligung aller Sinne zu füllen.

Es überrascht wohl nur wenig, daß eine solche Geschichtsauffassung starke Kritik provoziert, und vielleicht liegt gerade darin das Geheimnis des Erfolgs von McLuhan, denn kaum ein Buch über Medienwirkung (einschließlich des vorliegenden) kommt ohne seine Erwähnung aus.

Beispielsweise kommentiert Kunczik (1979, S. 70) die Ansicht vom Fernsehen als eines kühlen Mediums, bei dem viel Eigenbeteiligung nötig sei: «Die zentrale Bedeutung des «verschwommenen» Fernsehbildes läßt den Schluß zu, daß McLuhan womöglich nur Geräte mit schlechtem Empfang gekannt hat und ständig rätseln mußte, was das Bild nun eigentlich darstellt.» Andere Kritiker meinen: «Mr. McLuhan springt nur von Dorf zu Dorf und wühlt das Badewasser auf» (Stearn, 1969, S. 256). Oder: «Wenn der Effekt der Medien vom Inhalt unabhängig ist, dann ist es gleichgültig, wer die Medien kontrolliert und welche Inhalte sie haben; alle üblichen kulturellen und politischen Argumente könnten vergessen werden, denn die Technologie wäre allein entscheidend» (Williams, 1974, S. 128). Selbst ein nach seinem Tode im Jahr 1980 erschienenes Heft des «Journal of Communication» mit einem Sonderteil «The Living McLuhan» läßt noch die eher reservierte Haltung von Medienwissenschaftlern spüren: Hier wird er als «rhetorischer Theoretiker», «anregender Lehrer», «Poet», «Ästhet» und «Ideologe» bezeichnet, während die nichtwissenschaftliche Öffentlichkeit insbesondere in den USA ihn als «Propheten» oder «Kanadas intellektuellen Kometen» bezeichnete.

Diese ausgeprägt ambivalente Haltung - in der Wissenschaft eher reserviert bis kritisch, in der Öffentlichkeit eher enthusiastisch - ist überraschend, da McLuhan weder der einzige noch der erste war, der diese oder ähnliche Gedanken vertrat. So schreibt der ungarische Filmtheoretiker und Filmemacher Bela Balazs bereits 1924: «Die Erfindung der Buchdruckerkunst hat mit der Zeit das Gesicht der Menschen unleserlich gemacht. Sie haben so viel vom Papier lesen können, daß sie die anderen Mitteilungsformen vernachlässigt haben. Victor Hugo schreibt irgendwo, das gedruckte Buch habe die Rolle der mittelalterlichen Kathedrale übernommen und wurde zum Träger des Volksgeistes. Doch die tausend Bücher haben den einen Geist der Kathedrale zu tausend Meinungen zerrissen. ... So wurde aus dem sichtbaren Geist ein lesbarer Geist und aus der visuellen Kultur eine begriffliche. ... Nun ist eine andere Maschine an der Arbeit, der Kultur eine neue Wendung zum Visuellen und dem Menschen ein neues Gesicht zu geben. Sie heißt Kinematograph» (S. 23). Hier wie bei Walter Benjamin in den dreißiger Jahren steht der Film für die formalen Medienwirkungen: «Innerhalb großer geschichtlicher Zeiträume verändert sich mit der gesamten Daseinsweise der menschlichen Kollektiva auch die Art und Weise ihrer Sinneswahrnehmung. Die Art und Weise, in der die menschliche Sinneswahrnehmung sich organisiert - das Medium, in dem sie erfolgt - ist nicht nur natürlich, sondern auch geschichtlich bedingt», bemerkt Walter Benjamin in seinem Aufsatz «Das Kunstwerk im Zeitalter seiner technischen Reproduzierbarkeit» (1966, S. 14).

Auch auf das Fernsehen bezogen gibt es entsprechende Ansätze. GÜNTHER ANDERS formuliert dazu bereits 1961: «Was uns prägt und entprägt, was uns formt und entformt, sind eben nicht nur die durch die ‹Mittel› vermittelten Gegenstände, sondern die Mittel selbst, die Geräte selbst: die nicht nur Objekte möglicher Verwendung sind, sondern durch ihre festliegende Struktur und Funktion ihre Verwendung bereits festlegen und damit auch den Stil unserer Beschäftigung und unseres Lebens, kurz: uns» (S. 100). Im Gegensatz zu den eher optimistischen Vorstellungen McLUHANS kommt ANDERS (a. a. O., S. 111 f.) zu pessimistischen Schlußfolgerungen einer fernsehvermittelten Welt:

«1. Wenn die Welt zu uns kommt, statt wir zu ihr, so sind wir nicht mehr ‹in der Welt›, sondern ausschließlich deren schlaraffenlandartige Konsumenten.

2. Wenn sie zu uns kommt, aber doch nur als Bild, ist sie halb an- und halb abwesend, also phantomhaft.

3. Wenn wir sie jederzeit zitieren (zwar nicht verwalten, aber an- und ausschalten können), sind wir die Inhaber göttlicher Macht.

4. Wenn sie uns vernehmbar ist, aber nur das, also nicht behandelbar, sind wir in Lauscher und Voyeurs verwandelt.

5. Wenn ein an einem bestimmten Orte stattfindendes Ereignis versandt und als ‹Sendung› zum Auftreten an jedem anderen Orte veranlaßt werden kann, dann ist es ein mobiles, ja in ein fast omnipräsentes Gut verwandelt, und hat seine Raumstelle als principium individuationis eingebüßt.

6. Wenn es mobil ist und in virtuell zahllosen Exemplaren auftritt, dann gehört es, seiner Gegenstandsart nach, zu Serienprodukten; wenn für die Zusendung des Serienproduktes gezahlt wird, ist das Ereignis eine Ware.

7. Wenn es erst in seiner Reproduktionsform, also als Bild sozial wichtig wird, ist der Unterschied zwischen Sein und Schein, zwischen Wirklichkeit und Bild aufgehoben.

8. Wenn das Ereignis in seiner Reproduktionsform sozial wichtiger wird als in seiner Originalform, dann muß das Original sich nach seiner Reproduktion richten, das Ereignis also zur bloßen Matrize ihrer Reproduktion werden.

9. Wenn die dominierende Welterfahrung sich von solchen Serienprodukten nährt, dann ist (sofern man unter ‹Welt› noch dasjenige versteht, worin wir sind) der Begriff ‹Welt› abgeschafft, die Welt verspielt, und die durch die Sendung hergestellte Haltung des Menschen ‹idealistisch› gemacht.»

Auch ADORNO (1964) vertritt in einem «Prolog zum Fernsehen» ähnliche Positionen: «Schwerlich ist es zu weit hergeholt, daß ... die Realität durch die Fernsehbrille angeschaut, daß der untergeschobene Sinn des Alltags auf diesen zurückgespiegelt wird» (S. 74). Ganz im Gegensatz zu MCLUHAN hält auch er die Bildhaftigkeit des Fernsehens eher für eine Gefahr: «Während fraglos das Gehör in vieler Hinsicht ‹archaischer› ist als der alert auf die Dingwelt eingeschworene Gesichtssinn, ist doch die Bildersprache, die der Vermittlung des Begriffs enträt, primitiver als die der Worte. Der Sprache aber werden die Menschen durchs Fernsehen noch mehr entwöhnt, als sie es auf der ganzen Erde heute schon sind. Wohl reden die Schatten auf dem Fernsehschirm, aber ihre Rede ist womöglich noch mehr Rückübersetzung als die im Film, bloßes Anhängsel an die Bilder» (S. 75). Und: «Die Vokabeln der Bildschrift sind Stereotypien» (S. 78).

Im englischsprachigen Bereich werden ebenfalls zahlreiche Vorgänger MCLUHANS genannt; GRONBECK (1981) führt dazu u. a. den ebenfalls kanadischen Wirtschaftshistoriker INNIS, den Philologen HAVELOCK, den Mittelalter-Experten WALTER ONG, ja sogar den russischen Neurophysiologen LURIA und den Philosophen HEGEL an. MCLUHAN hat von allen profitiert und nicht selten ihre Erwähnung vergessen. Auch neuere Veröffentlichungen (vgl. beispielsweise SCHWARTZ [1973], ONG [1977], ESSLIN [1982]) verfolgen die Idee vom Medium als der Botschaft unabhängig von MCLUHAN weiter. Sogar die zunehmende Gewalt in westlichen Gesellschaften wird so durch eine vom Fernsehen stammende Art der Informationsaufnahme und Reaktionsweise erklärt (SCHWARTZ, 1973, S. 17).

Wenn also für die bemerkenswerte Sonderstellung MCLUHANS als Solist in diesem Chor von Sängern derselben Melodie (wenn nicht gar als Komponist) eine Erklärung zu suchen wäre, dann sollte sie sicherlich auch in der Anwendung dieser Idee auf ihn selbst bestehen: MCLUHAN hat es wie kein zweiter verstanden, seine Botschaft mediengerecht zu vermitteln. Insofern war hier auch

McLuhan die Botschaft – und zumindest die publizistische Öffentlichkeit hat sie vernommen und behalten.

Jedoch sollte die Tatsache, daß es (vielleicht sogar bessere) Vorgänger, Zeitgenossen und Nachfolger von McLuhan gab, nicht dazu verführen, die von ihm und anderen aufgeworfene Fragestellung nicht weiter zu verfolgen. Es mag ja durchaus sein, daß die bedeutsamere Medienwirkung nicht von den Inhalten, sondern von den Formen des jeweiligen Mediums ausgeht. Ausschließlich historische, philosophische oder kulturkritische Anmerkungen oder Beobachtungen reichen allerdings nicht aus. Insofern sind auch hier die Dienste der empirischen Sozialwissenschaften gefragt, die wir in den nächsten beiden Abschnitten zu den Stichworten «formative Forschung» und «Kultivierungshypothese» darstellen wollen.

4.2 Veränderte Denkoperationen – Gavriel Salomon und die formative Forschung

Von der Fragestellung her ist sie sicherlich der McLuhan-Tradition zuzurechnen, aber ebenso wahrscheinlich ist die «formative Forschung» nicht direkt von ihr ausgelöst worden: Die Produktion spezifischer Kinder- und Jugendprogramme des «Childrens' Television Workshop (CTW)» war der Anlaß, bei dem zu klären war, welche formalen Merkmale von Fernsehsendungen die Zuwendung und Aufmerksamkeit von Kindern zum Fernsehgerät beeinflussen. Ein Problem solcher Sendungen ist es, daß sie – im Gegensatz zu einem real anwesenden Lehrer – die Aufmerksamkeit ihres Publikums nicht kontrollieren und korrigieren können. Insbesondere bei den Kindern der unterprivilegierten Sozialschichten kann auch nicht davon ausgegangen werden, daß die Eltern während der Sendung anwesend sind und ihre Kinder zur Aufmerksamkeit anhalten. So bleibt hier als einzige Möglichkeit, die Sendungen zu einem Feuerwerk mediendidaktischer Gags zu machen, um über ein attraktives Angebot die kindlichen Zuschauer bei der Stange zu halten. Verständlicherweise bleiben die Ergebnisse dieses Ansatzes nicht auf Bildungssendungen beschränkt; vor allem die Fernsehwerbung hat – wenngleich aus anderen Motiven – ein ähnliches Ziel.

Im dritten Kapitel hatten wir bereits erwähnt, welche formalen Merkmale beispielsweise die Aufmerksamkeit von Vorschulkindern zu fesseln vermögen: Es sind dies vor allem *akustische Darstellungsmittel* (wie lebhafte Musik, Kinderstimmen, Toneffekte, ungewöhnliche Stimmen und häufiger Sprecherwechsel) sowie bei den *visuellen Darstellungsmitteln* die schnelle Abfolge physischer Aktivitäten, häufiger Szenenwechsel und visuelle Spezialeffekte.

Der israelische Medienforscher GAVRIEL SALOMON (1976, 1979) ging über diese Fragestellung hinaus. Er behauptete, daß bestimmte formale Gestaltungsmerkmale von Fernsehsendungen – wie z. B. Zoom-Fahrten oder Schnitte – nicht zufällig verwendet würden, sondern ganz spezifische Denkoperationen abbildeten. So bildet beispielsweise eine Zoom-Fahrt von oder zu einem Objekt die kognitive Operation des Einfügens von Teilen in ein Ganzes ab. Kamerafahrten um ein Objekt herum stehen für die kognitive Integration von Eindrücken aus verschiedenen Perspektiven, gleiches gilt für Schnitte bei Aufnahmen desselben Objektes. In Experimenten mit acht- bis vierzehnjährigen Kindern konnte er nun zeigen, daß die genannten formalen filmischen Mittel tatsächlich auch zu einer Verbesserung der entsprechenden kognitiven Fähigkeiten führten. Der eingangs vorgestellten These zufolge, daß das Medium auch zugleich die Botschaft sei, müßte sich nun ein solcher Effekt bei vielsehenden Fernsehzuschauern besonders ausgeprägt zeigen. Durch den häufigen Fernsehkonsum und das damit einhergehende, ständige «Training» der genannten Denkoperationen müßte bei ihnen ein vergleichsweise größerer Lerneffekt für diese Operationen auch in anderen Tests als bei Wenigsehern eintreten. SALOMON nutzte die einmalige Gelegenheit für eine solche Untersuchung bei der Einführung der Sendung «Sesam-Straße» in Israel. Am Ende einer Untersuchungsreihe mit 300 israelischen Vorschul- und Schulkindern zeigten sich ausgeprägtere Zusammenhänge von Testleistungen (z. B. bei der Erfassung von Teil-Ganzes-Relationen) und Fernsehkonsum bei Viel- als bei Wenigsehern. Sie waren bei den älteren Kindern und Kindern aus der Mittelschicht am ausgeprägtesten. In einer weiteren Vergleichsstudie zwischen amerikanischen und israelischen Kindern zeigte sich auch, daß die Effekte bei den fernsehgewöhnten amerikanischen Kindern erheblich geringer waren als bei den interessierteren und motivierteren Israelis.

SALOMON nimmt seine Ergebnisse als Beleg für die Annahme, daß Fernsehen kein Prozeß ist, bei dem Kinder lediglich Informationen aufnehmen und entsprechend der bei ihnen bereits vorhandenen kognitiven Strukturen auch verarbeiten. Stattdessen schaffe und kultiviere Fernsehen auch bestimmte kognitive Fertigkeiten beim Kind, die dann auch über das Fernsehen hinaus für andere Sachverhalte genutzt werden können. Erst wegen dieses Transfereffekts können die Arbeiten von Salomon als eine empirische *Anwendung* der zu Beginn angeführten Idee «Das Medium ist die Botschaft» betrachtet werden. Will man sie darüber hinaus auch einmal als eine empirische *Überprüfung* der McLuhanschen Idee betrachten, so zeigt sich hier ganz im Gegenteil zu der vermuteten Rückkehr zum ganzheitlichen Denken eher eine (partielle) Förderung der linearen, analytisch-zergliedernden Denkweise durch fernsehspezifische Mittel. Unabhängig davon aber bleibt die Frage, ob spezifische formale Darstellungsmittel des Fernsehens in der genannten Weise zum Erwerb oder zur Förderung spezifischer kognitiver Fertigkeiten beitragen, auch weiterhin ein ebenso interessantes wie unerforschtes Problem.

4.3 Veränderte Denkinhalte – George Gerbner und die angsterregende Welt des Vielsehers

Einen Schritt weg von der (auf grundlegende Denkoperationen bezogenen) Idee MCLUHANS, aber noch nicht auf die spezifischen Inhalte einzelner Sendungen bezogen sind Ansätze, in denen die Auswirkungen der «heimlichen Lehrpläne», «verdeckten Botschaften» oder «latenten Strukturen» des gesamten Fernsehangebots auf den Zuschauer untersucht werden. Die Welt des Fernsehens, wie sie sich in den Familienserien, Kriminalfilmen, Nachrichtensendungen, Shows und Sportübertragungen zeigt, ist ja nicht als eine unveränderte Abfilmung der realen Welt zu betrachten, vielmehr stellt sie zumeist eine Veränderung, Überformung oder auch Verzerrung der Realität dar. Die Alltagswelt des Zuschauers und die Welt auf dem Bildschirm weisen ersichtlich Unterschiede auf. (Bei der Untersuchung des Werbefernsehens etwa hatte sich gezeigt [vgl. Abschnitt 3.3], daß die Frau überhaupt nur in einem Viertel der Werbespots vorkommt und zumeist als abhängige, unintelligente Hausfrau.)

Der Grundgedanke der hier zu berichtenden Konzepte ist nun, daß besonders diejenigen Menschen, die sich dem Fersehen sehr häufig aussetzen, ihre Beurteilung der realen Welt nicht mehr aus ihrer eigenen Alltagserfahrung, sondern aus der Fernsehwelt gewinnen. Wirkungen des Fernsehens bestehen danach ebenfalls nicht mehr zur Hauptsache in der Vermittlung spezifischer Sendungsinhalte (obwohl dies nicht ausgeschlossen ist), sondern in der Vermittlung dieser «heimlichen Lehrpläne». Zu diesem Thema, das in der Medienwirkungsforschung unter der Bezeichnung *«cultivation of beliefs»* («Kultivierung von Überzeugungen») oder «Kultivierungshypothese» geführt wird, liegt eine große Zahl von Vermutungen vor (vgl. ROBERTS & BACHEN, 1981): Das westliche Fernsehen übermittle den Eindruck, alle politischen und gesellschaftlichen Konflikte in der Welt seien mit parlamentarischen Mitteln zu lösen, es verstärke und stabilisiere zudem bereits existierende Meinungen und Kräfteverhältnisse.

Forschungen dieser Art beginnen zumeist mit *Inhaltsanalysen* von Sendungen über eine längere Zeit. Für amerikanische Nachrichtensendungen beispielsweise findet SMITH (1979) folgende Eigenarten, die er als «mythische Elemente» bezeichnet: Männer sind die wichtigsten Handlungsträger; sie sind zumeist in Regierungsämtern beschäftigt. Die Regierung ist die am häufigsten genannte Gruppierung. Frauen sind dagegen inaktiv und gehören eher zum Publikum oder zu den Statisten. Die Männer sind zumeist mit Entscheidungsfindung, Ertragen unangenehmer Zustände oder dem Fangen von Übeltätern beschäftigt; die berichteten Geschichten befassen sich überwiegend mit Ungerechtigkeit, Korruption oder Auseinandersetzungen. Der prominenteste Mythos amerikanischer Fernsehnachrichten wäre demnach: Ein aktives Mitglied der US-Regierung sucht in Begleitung seiner liebenswerten, aber passiven Frau eine Entscheidung zum Abbau von Ungerechtigkeiten in der Welt zu treffen – honni soit qui mal y pense.

Andere Befunde von Inhaltsanalysen (vgl. FISKE & HARTLEY, 1978) zeigen beispielsweise, daß rund drei Viertel aller Hauptdarsteller weiße, männliche US-Amerikaner der Ober- und Mittelschicht zwischen 20 und 30 Jahren sind, daß ein Drittel aller männlichen Berufe auf dem Bildschirm in irgendeiner Weise mit der Überwachung oder Wiederherstellung des Rechts beschäftigt sind, daß Verbrecher meistens älter sind als die Helden und immer bestraft werden, daß die meisten Sendungen in der Gegenwart spielen und in die Kategorie Kriminal- oder Abenteuerfilm fallen, daß die fundamentale Aussage von TV-Dramen die Beschreibung von Macht ist, die von weißen, männlichen Angehörigen der Mittel- und Oberschicht im Rahmen vorgegebener Normen und Gesetze ausgeübt wird, u. a. m.

So einsichtig diese und ähnliche Befunde auf den ersten Blick sein mögen, der direkte Schluß vom untersuchten Material auf entsprechende Vorstellungen in den Köpfen der Zuschauer ist nach allem, was wir bisher über Fernsehwirkungen zusammengetragen haben, zumindest voreilig. Was fehlt sind (a) empirische Untersuchungen zum Zusammenhang von Inhaltsanalysen von Fernsehsendungen, (b) zu deren Repräsentation in den Köpfen von Zuschauern sowie (c) zum Transfer dieser Vorstellungen aus der Welt des Fernsehens in die reale Welt.

Einer der ersten Medienwissenschaftler, die diesen Versuch unternahmen, war George Gerbner von der Annenberg School of Communication in Philadelphia. Seine Forschungen begannen mit der Untersuchung von Gewaltdarstellungen im amerikanischen Fernsehen, deren Resultate er regelmäßig in sogenannten «violence profiles» oder «Gewaltprofilen» ab 1969 veröffentlichte. Seine Analysen umfassen den Prozentsatz von Programmen mit Gewaltdarstellungen, die Häufigkeit gewalttätiger Akte und die Auszählung der Täter- und Opferrollen, wobei er unter Gewalt jeden offenen Ausdruck physischer Gewalt (mit und ohne Waffen) gegen den Handelnden selbst oder gegen andere Mitspieler versteht. Im «Gewalt-Profil» aus dem Jahr 1979 (vgl. Gerbner & Gross, 1980) wird so u. a. ermittelt, daß 70 % aller Programme in der Zeit zwischen 20.00 Uhr und 23.00 Uhr Gewaltdarstellungen enthalten mit einem Durchschnitt von 5,7 Handlungen pro Stunde (vgl. Abschnitt 3.3). 54 % der Hauptdarsteller werden in gewalttätige Auseinandersetzungen einbezogen, von denen etwa 45 % selbst Gewalt anwenden und etwa 55 % sie erleiden. Aus der letztgenannten Zahl ergibt sich eine weitere, hier wichtige Größe: In ihr steckt die *Risikorate,* die sich aus der Relativierung der 55 % auf die 45 % ergibt. Hier werden 12 Opfer auf

10 Gewalttäter gezeigt, die allgemeine Risiko-Rate ist damit 1,2. Sie unterscheidet sich allerdings nach spezifischen Gruppen: Genannt werden 1,3 für Frauen, 1,8 für farbige Frauen, 3,3 für alte Frauen.

Wer sich nun diesen Zahlenverhältnissen durch häufigen Fernsehkonsum aussetzt, bekommt als heimlichen Lehrplan ein verzerrtes Weltbild präsentiert und vermittelt: Die *angsterregende Welt des Vielsehers* nennen es GERBNER & GROSS (1976). Und in der Tat scheint es so, daß Vielseher das Risiko, selbst in ein Gewaltverbrechen verwickelt zu werden, bei Befragungen höher einschätzen als Wenigseher. Das objektive statistische Risiko, Opfer von Gewalt zu werden, beträgt nach GERBNER & GROSS (1976) etwa 1 %, und die Zahl der Vielseher, die von Furcht beeinflußte Schätzungen abgaben (hier: 10 % bis 50 %) überstieg die Zahl der Wenigseher um 33 %. Ebenso geben 35 % mehr Viel- als Wenigseher auf die Frage «Kann man den meisten Menschen trauen?» die Antwort: «Man kann nicht vorsichtig genug sein.»

Auch die hohe Zahl von Polizeibeamten im Fernsehen schlägt sich in der Weltsicht der Vielseher nieder: Während in den USA real nur 1 % der Bevölkerung im Polizeidienst stehen, sind es in den Sendungen des Fernsehens rund 20 %. Entsprechend überschätzen 18 % mehr Viel- als Wenigseher die tatsächlich, im realen Leben vorhandene Zahl. Entsprechende Überschätzungen finden sich zu Urteilen über die Anzahl von Verbrechern, zu Akademiker- und Managementberufen, Geschiedenen, unehelichen Kindern, dem Anteil von Amerikanern an der Weltbevölkerung, während es Unterschätzungen für die im Fernsehen wenig präsenten alten Menschen gibt (GERBNER et al., 1980).

«Man kann nicht vorsichtig genug sein», das hätte sich aber auch GEORGE GERBNER sagen müssen, als er seine frappierenden Befunde veröffentlichte, denn sie riefen eine Reihe kritischer Reaktionen hervor. In einer Untersuchung von DOOD & MACDONALD (1979) beispielsweise stellte sich heraus, daß die berichteten Zusammenhänge von Fernsehkonsum und Furcht verschwanden, wenn man die Häufigkeiten von Gewaltverbrechen in der unmittelbaren Nachbarschaft mit berücksichtigte. Menschen in den gewaltträchtigeren Vierteln hatten dementsprechend mehr Angst (und nutzten möglicherweise gerade deswegen das Fernsehen als relativ sichere Beschäftigung häufiger) als andere in weniger gefährdeten Vierteln.

Eine sehr viel grundsätzlichere und zugleich schärfere Kritik stammt von Paul Hirsch (1980, 1981): Er stellt bei einer sorgfältigen Reanalyse der Untersuchungen aus der Annenberg-School u. a. fest, daß in den angeführten Untersuchungen zunächst einmal bei der Einteilung von Viel-, Normal- und Wenigsehern nicht weniger als sechs verschiedene Maße genommen werden. So werde beispielsweise eine befragte Person aus New Jersey mit drei Stunden täglichem Fernsehkonsum dort als Wenigseher eingestuft, während sie mit derselben Stundenzahl in einer New Yorker Stichprobe schon als Vielseher definiert ist. Zudem verschwinde der behauptete Zusammenhang zwischen Fernsehkonsum und Ängstlichkeit, wenn man zu den Viel-, Normal- und Wenigsehern noch die Extremseher (Personen, die mehr als vier Stunden Fernsehkonsum angeben) und die Nichtseher hinzunähme. Hier zeigt sich – anders als nach Gerbner zu erwarten –, daß die Nichtseher vergleichsweise häufiger und die Extremseher vergleichsweise weniger verängstigte Antworten geben. Berücksichtige man weitere Beschreibungsmerkmale wie Geschlecht, Alter und Bildung der befragten Personen, so werde der verbleibende Einfluß des Merkmals «Fernsehkonsum» verschwindend gering. Auch die oben beschriebene, unterschiedliche Risikowahrnehmung bei verschiedenen Sehergruppen (Frauen, farbige Frauen, alte Frauen) lasse sich kaum bestätigen. Hirsch glaubt, daß die Untersuchungen zur Kultivierungshypothese nicht auf systematischen und statistisch abgesicherten Ergebnissen, sondern auf zufälligen Befunden beruhen.

Entschieden ist diese Kontroverse allerdings bis heute nicht. So gibt es beispielsweise Untersuchungen in Australien (Pingree & Hawkins, 1981) und der Schweiz (Bonfadelli, 1983), die – wenngleich mit Einschränkungen – die Kultivierungshypothese stützen.

Zwar sind die berichteten Zusammenhänge zwischen Fernsehkonsum und zum Beispiel der Schätzung von Kriminalitätsraten, dem Ausmaß von Mißtrauen und Entfremdung (vgl. Cook et al., 1983) nicht sonderlich groß, sie bleiben aber auch bei Berücksichtigung des Geschlechts, des Lebensalters und der Bildung der Befragten erhalten. Die unterschiedlichen Befunde werden damit erklärt, daß der Fernsehkonsum zwar einen Einfluß auf die allgemeine Einschätzung der Welt, nicht aber auf die persönliche Welt hat. Deren Beurteilung ist stärker von den eigenen Sozialkontakten und Erfahrungen bestimmt als durch den Fernsehkonsum. Allerdings kann sich in den uneinheitlichen Ergebnissen auch die Wirkung einer dritten, bisher nicht systematisch kontrollierten Ursache für Angst und Fernsehkonsum zeigen. HIRSCH (1980) selbst erwähnt die Tatsache, daß besonders isolierte, vereinsamte und mißtrauische Menschen häufig starke Fernsehnutzer sind und daß möglicherweise dieser Tatbestand die eigentliche Ursache ist. Es gibt erste Untersuchungen, die zu der Annahme von HIRSCH (1980) passen: Einsame, depressive und emotional labile Menschen nehmen das Fernsehen als Ersatz für reale Sozialkontakte (DEHM, 1984). Wer häufig «soap-operas» ansieht, hat ein negatives Selbstkonzept und ist mit seinem Leben oft nicht sonderlich zufrieden (BUERKLE-ROTHFUSS & MAYES, 1981).

Trotz der ungeklärten Fragen hat GERBNER außer der Kultivierungshypothese noch eine weitere Überlegung zu den nicht unmittelbar inhaltsbezogenen Medienwirkungen in die Diskussion gebracht, die *«mainstreaming»-Hypothese.* Sie besagt, daß das Fernsehen zu einer Vereinheitlichung von Meinungen, Ansichten und Verhaltensweisen von Gruppen beiträgt, deren Standpunkte ohne Fernsehen vergleichsweise weit voneinander entfernt sind. Das Fernsehen führt demnach zur Bildung einer sogenannten «Hauptstrom»-Meinung, in der sich zuvor vielleicht unterschiedliche Standpunkte zu einer gemeinsamen Ansicht vereinigen. Er unterstützt diese zweite These mit Befunden, daß sich die Meinungen von Wenigsehern in unterschiedlichen gesellschaftlichen Gruppen (z. B. niedrige vs. hohe Einkommensgruppen, Weiße und Schwarze, Stadt- und Landbewohner usw.) stärker unterscheiden als die zwischen Vielsehern in beiden Gruppen. Beispielsweise beurteilen Vielseher mit besserer Bildung die Welt mit ähnlichem Mißtrauen wie die schlecht ausgebildeten Vielseher, während sie sich von den gut ausgebildeten Wenigsehern unterscheiden. Die Trinkgewohnheiten von Vielsehern mit guter Gesundheit ähneln stärker denen der Vielseher mit schlechter Gesundheit als denen von Wenigsehern mit guter Gesundheit. Vielsehende Mädchen haben stärker stereotypisierte Ansichten über Geschlechterrollen als ihre wenigsehenden Geschlechtsgenossinnen; sie ähneln hingegen stärker den Jungen. Auch sind sich liberale und konservative Vielseher in ihren politischen Ansichten zum Kommunismus und zum Recht der freien Rede ähnlicher, als sie es zu ihren jeweiligen wenigsehenden Bezugsgruppen sind. Es scheint demnach (vgl. Übersicht bei Cook et al., 1983), als ebne viel Fernsehkonsum Einstellungs- und Verhaltensunterschiede ein und führe in der Tat zu einer Art Meinungs-«Hauptstrom», der allerdings nie an den Rändern der Meinungsverteilung verläuft, sondern sich seinen Weg immer in der Mitte des Spektrums sucht. Vielseher bezeichnen sich auch häufiger als andere als zur politischen Mitte gehörig (44 % der befragten Vielseher gegenüber zwischen 38 % und 41 % der Gesamtbevölkerung; vgl. Gerbner et al., 1984). Doch stellen Gerbner und seine Mitarbeiter (1980) fest, daß insbesondere zu dieser Hypothese noch erhebliche Forschungsanstrengungen nötig sind.

Was bleibt nach allem von Marshall McLuhan? Wir müssen feststellen: vorläufig nicht viel. Die aufregende Frage, ob die Medien - und hier besonders das Fernsehen - unabhängig von spezifischen Sendungsinhalten *generelle* Einflüsse auf unser Denken haben, kann (vorläufig) nicht abschließend beantwortet werden. Zwar fand Salomon (1979) einige Transfereffekte spezifischer, durch das Fernsehen vermittelter kognitiver Fertigkeiten in Bereiche außerhalb des Fernsehens; diese verliefen jedoch nicht in der von McLuhan erwarteten Richtung. Bei der Suche nach «heimlichen Lehrplänen» formulierten Gerbner & Gross (1976) die «Kultivierungshypothese», ihre empirische Fundierung ist bisher jedoch nicht so eindeutig, daß man sie als gesicherte Tatsache interpretieren könnte. Damit ist selbstverständlich aber auch nicht gesagt, daß von den Medien keine umfassenden Einflüsse der genannten oder anderer Art ausgehen: Die Frage bleibt offen.

5. Kapitel

Der Bundeskanzler aus der Froschperspektive – Entscheidet Fernsehen die Wahlen?

Werden wir ein bißchen bescheidener. Wenn noch nicht eindeutig zu beantworten ist, ob und wie das Fernsehen unser *gesamtes Denken* verändert, so wollen wir nunmehr zu klären suchen, welche Einflüsse es denn möglicherweise auf *spezifische Bereiche* hat. Ein in diesem Zusammenhang von den Anfängen der Massenkommunikationsforschung bis heute prominentes Thema ist dabei die Wirkung von Medien auf das Verhalten von Wählern in Demokratien nach westlichem Muster. Wenn also möglicherweise nicht das gesamte Denken, beeinflußt das Fernsehen dann wenigstens unsere politischen Entscheidungen?

Erinnern wir uns noch einmal an die Entwicklung der Massenkommunikationsforschung: Am Anfang (vgl. Kapitel 2) stand das Konzept der starken Medien, die unmittelbar, direkt und gleichzeitig beim Rezipienten wirken sollen. Mit Hilfe gut organisierter Kampagnen sollte sich nahezu jeder Gegenstand an den Mann und an die Frau bringen lassen. Medien können danach gleichermaßen dazu beitragen, daß Persil gekauft oder die CDU gewählt wird. Es war die Gruppe um PAUL LAZARSFELD, die mit ihrer Erie-County-Studie diesen naiven Glauben zerstörte. Während des amerikanischen Präsidentenwahlkampfes 1940 zwischen Roosevelt und Wilkie wurden rund 600 Einwohner von Erie County, Ohio, sechsmal vor und einmal nach der Wahl nach ihren Wahlabsichten und ihrem Wahlverhalten sowie ihrem Medienkonsum (Radio und Zeitung) befragt. Das wohl wichtigste Ergebnis dieser Studie war, daß sich die große Mehrheit der Wähler schon vor Beginn des Wahlkampfes für eine Partei und deren Kandidaten entschieden hatte und dabei geblieben war. Es zeigten sich zwar interessante Unterschiede zwischen den beiden Wählergruppen - so wurden die Republikaner eher von protestantischen Angehörigen der sozialen Oberschichten gewählt, die ihre Informationen eher aus den Zeitungen gewannen, während die Demokraten das Radio bevorzugten - aber der Einfluß der Medien auf das Wahlverhalten war verschwindend gering (vgl. LAZARSFELD et al., 1944). Wähler mit hoher Mediennutzung hatten sich zumeist frühzeitig festgelegt; die Unentschlossenen aber gaben an, ihre Entscheidung vor allem durch Gespräche mit Freunden und Nachbarn getroffen zu haben. Mit anderen Worten: Diejenigen Wähler, die man über das Radio und die Zeitungen leichter erreichen konnte, hatten sich in ihrer Entscheidung unabhängig von den Wahlkampagnen schon vorher festgelegt, die anderen aber, die man erreichen wollte, benutzten die Medien nicht in ausreichendem Maße. Die Frage drängte sich auf, ob Wahlkämpfe in den Medien somit also weggeworfenes Geld waren. LAZARSFELD et al. (1944) waren nicht dieser Meinung: Zwar mußte man nach ihren Ergebnissen (und ähnlichen in anderen Untersuchungen; vgl. KUNCZIK, 1979) vom Konzept der mächtigen Medien vorläufig Abschied nehmen, aber Wirkungen hatte der Wahlkampf in den Medien schon, denn er konnte Interesse für spezifische Themen, Informationen und Personen wecken. Die eigentliche Wahlentscheidung der unentschlossenen Wähler wird aber nicht durch die Medien, sondern von den schon erwähnten Meinungsführern («opinion leaders») herbeigeführt.

Ein weiteres Ergebnis dieser Studie war die Einsicht, daß die Zahl der unentschiedenen Wähler während des Wahlkampfes kontinuierlich abnimmt. Der Wahlkampf führte zu einer Polarisierung von Positionen, neutrale Wähler entschieden sich, und Wähler, die sich bereits entschieden haben, wurden sich ihrer Wahl sicherer.

Diese Befunde galten bis in die sechziger Jahre als gesicherter Wissensbestand der Wahlforschung, die auch für die Bundesrepublik in Teilen bestätigt werden konnten (vgl. etwa FEIST & LIEPELT, 1982). Engagierte und festgelegte Wähler zeichnen sich auch heute noch durch intensiveren Konsum politischer Beiträge in den Medien aus als uninteressierte und unentschlossene Wähler; sie kennen bereits vorher die Kandidaten, Themen und Programme der Parteien. Hinzu kommt hier das bereits erwähnte Phänomen der *defensiven Selektivität* (vgl. Kap. 2): Festgelegte Wähler setzen sich vorzugsweise den Informationen derjenigen Partei aus, die sie sowieso schon bevorzugen. Werden sie einmal genötigt, sich auch andere Meinungen anzuhören, so rücken sie diese anschließend in ihrem Kopf schon wieder zurecht. Untersuchungen beispielsweise der vier Fernsehdebatten zwischen Nixon und Kennedy, die unter den Bezeichnungen «the great debates» oder «the 1960 TV-debates» in die Wirkungsforschung eingingen (vgl. TANNENBAUM & GREENBERG, 1968), zeigten, daß die Parteienpräferenz der Zuschauer für die Beurteilung der Sendung entscheidend war. Wer schon vorher für Kennedy eingenommen war, sah in ihm auch den Gewinner der Debatten - und umgekehrt. Auch bei deutschen Fernsehdebatten - so z. B. 1972 zwischen Brandt, Scheel, Barzel und Strauß - zeigte sich dieser Effekt (vgl. KAASE [1973] und WEISS [1976]). Sogar noch bei den viertägigen Fernsehsendungen über die Ermordung J. F. Kennedys stellte sich heraus, daß seine Anhänger diese Sendung häufiger ansahen als seine Gegner.

Auch in Befragungen von Wahlberechtigten scheint sich der relativ geringe Einfluß der Medien auf die Stimmabgabe wiederzufinden. Wahlentscheidungen werden überwiegend durch persönliche Kontakte getroffen (vgl. etwa FEIST & LIEPELT, 1982). Auch in der Bundesrepublik gaben nach der Wahl 1972 nur 4 % der Wahlberechtigten an, bei ihrer Wahlentscheidung stark von den Medien beeinflußt worden zu sein (vgl. KAASE, 1973). Ebenso gibt es bei amerikanischen Senats- und Präsidentenwahlen keinerlei statistischen Zusammenhang zwischen der Höhe des für Radio- und Fernsehwerbung ausgegebenen Geldes und den anschließenden Wahlergebnissen (vgl. WEISS, 1971).

Der amerikanische Medienwissenschaftler KLAPPER konnte daher 1967 den Stand der Massenkommunikationsforschung für den Bereich der Wahlwerbung und -entscheidung wie folgt zusammenfassen:

(a) Massenkommunikation bewirkt vor allem eine Verstärkung von Meinungen und Verhaltensabsichten, die die Zuschauer bereits vertreten,
(b) völlige Veränderungen von Einstellungen («Bekehrungen») treten nur sehr selten auf,
(c) leichtere Intensitätsänderungen von Meinungen - Verstärkungen wie Verringerungen - können mit Hilfe der Medien erreicht werden,
(d) bei Themen, zu denen sich der Rezipient noch keine Meinung gebildet hat, können die Massenmedien zur Schaffung von Einstellungen beitragen (KLAPPER, 1967; deutsch: 1973).

So gesehen, konnte und kann es eigentlich nur wundern, daß politische Parteien so viel Geld in die Wahlwerbung durch Medien stecken. Jedoch liegen die Dinge nicht ganz so einfach, wie es die angeführten Ergebnisse auf den ersten Blick erscheinen lassen. Gerade die großen Fernsehdebatten zwischen Kennedy und Nixon stellten auch eine Wende für das Konzept der relativen Wirkungslosigkeit von Wahlwerbung in den Medien - und hier vor allem im Fernsehen - dar. «Eines der umstrittensten Elemente im Präsidentschaftswahlkampf war die Serie von Konfrontationen zwischen den beiden Spitzenkandidaten, die mit der romantischen und höchst mißverständlichen Bezeichnung ‹The Great Debates› belegt wurden. Diese Auftritte von Senator Kennedy und Vize-Präsident Nixon wurden stärker besprochen, beschrieben, diskutiert, untersucht, analysiert und bearbeitet als jede andere politische Innovation im Fernseh-Zeitalter. Sie wurden in mehr als dreißig Forschungsprojekten untersucht» beschreibt MICKELSON (1972) diesen Umbruch.

Die genannten 30 Projekte zeigten zwar auch ähnliche Ergebnisse, wie sie bisher für Medienwirkungen bekannt waren; hinzu kam jedoch eine neue Qualität durch das *Bild-Medium* Fernsehen: Meinungsänderungen oder gar der Wechsel von Präferenzen wurden in erster Linie auf *Image-Veränderungen der Kandidaten* zurückgeführt.

Unter diesem Gesichtspunkt konnte sich Kennedy als Sieger der Debatten ansehen. Galt er vor der Sendung bei vielen Wählern als junger, ehrgeiziger und unerfahrener Politiker, so gelang es ihm, sich in der Diskussion mit Nixon als sachkundigen und intelligenten Staatsmann darzustellen. Das Image von Nixon hingegen verbesserte sich kaum, im Gegenteil, eine Kleinigkeit wie ein nicht ausreichend rasierter Nachmittags-Bart führte sogar zu einer leichten Verschlechterung.

Der später von Kennedy errungene knappe Sieg (er erhielt 50,1 % der abgegebenen Stimmen) wurde von Journalisten, Wahlkampfhelfern und den Kandidaten selbst hauptsächlich als Folge dieser gelungenen Fernsehauftritte interpretiert. Diese Vermutung soll auch der Grund für die Weigerung von Nixon gewesen sein, sich im Präsidentschaftswahlkampf 1972 dem in der Öffentlichkeit noch weitgehend unbekannten McGovern in einer TV-Debatte zu stellen. Auch in der Bundesrepublik vermied der damalige Bundeskanzler W. Brandt eine direkte Konfrontation mit dem Herausforderer R. Barzel, indem er anstelle einer Debatte mit Barzel eine Diskussion aller vier Parteivorsitzenden favorisierte. In einer Zeit, in der die traditionellen Parteibindungen durch Schicht- oder Konfessionszugehörigkeit nachlassen und zudem die Wahlen wie in der Bundesrepublik oft durch eine vergleichsweise geringe Stimmendifferenz zwischen den beiden großen Blöcken entschieden werden, können möglicherweise die von KAASE (1973) angeführten vier Prozent der Wähler, die sich von den Medien beeinflussen lassen, wahlentscheidend sein. Zudem geben in derselben Umfrage weitere 16 % der Befragten an, bei ihrer Wahlentscheidung hätten die Medien einen gewissen Einfluß gehabt.

Rechnet man zu diesem neuentdeckten imagebildenden Effekt des Fernsehens noch die bekannten Medienwirkungen hinzu, nach denen Wahlwerbung vor allem dazu dient, die eigenen Parteimitglieder und -anhänger zu aktivieren (die dann wiederum als Meinungsführer in direkten Gesprächen auf unentschlossene Wähler einwirken sollen), so wird klarer, warum besonders die Fernsehwerbung bei Wahlkämpfen ein besonderes Gewicht erhält. Dies gilt dann noch einmal verstärkt für die Bundesrepublik Deutschland, weil es hier nur wenige und kaum miteinander konkurrierende TV-Sender gibt. Ein ge- oder mißlungener Auftritt in einem von zwei oder drei Sendern hat hier - so wird vermutet - größere Konsequenzen, weil er entsprechend stärker beachtet wird und zu Veränderungen der «öffentlichen Meinung» beitragen kann.

Wie die «Öffentliche Meinung» und das Wahlverhalten aber mutmaßlich zusammenhängen, wollen wir im nächsten Abschnitt mit dem Begriff der «Schweigespirale» näher beleuchten. Welche Darstellungsmittel des Fernsehens im einzelnen zur Imagebildung bei Politikern beitragen und ob insofern Werbesendungen für Waschmittel und Wahlkampagnen für politische Parteien - wie in der Kampagnenforschung vielfach vermutet - doch erhebliche Gemeinsamkeiten haben, wird dann im nachfolgenden Abschnitt erörtert.

5.2 Reden ist Gold - Die Theorie der Schweigespirale

Thema dieses Kapitels ist die Frage, ob Fernsehen einen Einfluß auf die individuelle Wahlentscheidung hat. Daß Fernsehauftritte nicht ohne Wirkung auf die Ausbildung von Vorstellungen über die jeweiligen Spitzenkandidaten sind, wurde im letzten Abschnitt skizziert. Wie das Image eines Politikers mit der öffentlichen Meinung und dem individuellen Wahlverhalten zusammenhängt, versucht ELISABETH NOELLE-NEUMANN mit ihrer *Theorie der Schweigespirale* (1979, 1980) zu erklären, die nunmehr erläutert werden soll. Als Ausgangspunkt der Theorie der Schweigespirale kann ein schon klassisch zu nennendes Experiment aus der Sozialpsychologie angesehen werden, das der amerikanische Psychologe SOLOMON ASCH (1952) entwickelt hatte. Er untersuchte über mehrere Jahre hinweg mit folgender experimenteller Anordnung das Phänomen des *konformen Verhaltens:* Auf eine Tafel ist eine Linie gezeichnet, die sogenannte Standardlinie. Auf der Tafel sind drei weitere, sogenannte Vergleichslinien. Vor der Tafel sitzen mehrere Personen, deren scheinbar einfache Aufgabe darin besteht, herauszufinden und mitzuteilen, welche der drei Vergleichslinien die gleiche Länge hat wie die Standardlinie. Der Trick bei diesem Experiment besteht jedoch darin, daß bis auf eine Person alle anderen Teilnehmer eingeweihte Verbündete des Versuchsleiters (= Konfidenten) sind. Werden nun alle Anwesenden nacheinander um ihr Urteil gebeten, so geben die Konfidenten des Versuchsleiters ihr Urteil zeitlich vor der einzigen nicht eingeweihten Person ab. In den ersten Versuchsdurchgängen entspricht das Urteil der Konfidenten zudem den objektiven Verhältnissen. Dann aber geben diese absichtlich falsche Urteile ab und das hat in vielen Fällen zur Folge, daß sich die einzige echte Versuchsperson diesem objektiv falschen Urteil anschließt. NOELLE-NEUMANN (1979, S. 172) schließt aus diesem Experiment: «Wichtiger als das eigene Urteil ist dem Individuum, sich nicht zu isolieren. Dies ist anscheinend eine Konstante der menschlichen Natur, Bedingung menschlichen Zusammenlebens, es könnte sonst wohl ein hinreichender Zusammenhalt nicht erreicht werden. Speziell in unserem Zusammenhang nehmen wir an, daß diese Furcht, sich zu isolieren (nicht nur Furcht vor Absonderung, sondern auch vor dem Zweifel an der eigenen Urteilsfähigkeit), Bestandteil aller Prozesse öffentlicher Meinung ist.» Der einzelne Mensch versucht zur Vermeidung von Isolation mit einem - wie sie es nennt - «quasi-statistischen Organ» (a.a.O., S. 172), ständig seine private wie die öffentliche Umwelt auf die Verteilung von Meinungen zu beobachten. Beispiele können Fragen wie das Tempolimit auf Autobahnen, die Finanzierung von Schwangerschaftsunterbrechungen, die Rückführung von Gastarbeitern, die Veränderung des Asylrechts, der Aufstieg aus der Kern-Energie usw. sein. Außer der Abschätzung der Zahl der jeweiligen Befürworter und Gegner bestimmter Positionen wird auch versucht, die Entwicklungsrichtung und die Realisierungschance bestimmter Meinungen und Lösungsvorschläge zu analysieren. Hat sich hier schon so etwas wie eine Mehrheitsmeinung gebildet und der einzelne Mensch sieht sich mit seiner Meinung auf der Seite dieser Mehrheit, so ist er gern bereit, diese auch öffentlich zu vertreten. Glaubt er sich hingegen in der Minderheit, so wird er immer häufiger seine (Minderheits-) Meinung aus Angst vor Isolation verbergen. Das ist die Schweigespirale, denn so « ... kommt durch die Tendenz zum Reden der einen und zum Schweigen der anderen ein Spiralprozeß in Gang, der eine Meinung immer fester und fester als herrschende Meinung etabliert» (a.a.O., S. 173).

Wenn man so will, ist die Schweigespirale ein überdimensionales ASCH-Experiment, in dem Menschen sich wider besseres Wissen lediglich aufgrund der Furcht vor Isolation nicht mehr öffentlich zu ihrer Meinung bekennen.

Aus diesen Überlegungen lassen sich folgende empirisch nachprüfbare Hypothesen ableiten:

(a) Menschen bilden sich eine Meinung über die Häufigkeitsverteilungen von Meinungen in ihrer Umwelt und von der Richtung der Meinungsentwicklung,

(b) die Bereitschaft zur öffentlichen Bekanntmachung der eigenen Meinung ist dann größer, wenn das Individuum sich mit seiner Meinung auf der Seite der Mehrheit sieht oder zumindest die eigene Meinung als zukünftige Mehrheitsmeinung vermutet,

(c) wenn die individuelle Einschätzung der Verteilung von Meinungen in der Öffentlichkeit und die tatsächliche Verteilung voneinander abweichen, so liegt dies daran, daß die überschätzte Meinung in der Öffentlichkeit stärker vorgezeigt wird.

Solche und andere Hypothesen werden mit Hilfe des sogenannten *Eisenbahntests* überprüft, bei dem Menschen zuerst nach ihrer persönlichen Meinung zu politisch kontrovers diskutierten Themen befragt werden (z. B. zu Tempo 100 auf deutschen Autobahnen). Daran schließt sich die Frage nach der Einschätzung der Mehrheitsmeinung in der Bevölkerung sowie der zukünftigen Entwicklung der Meinungsverteilung an (z. B. ob in einem Jahr mehr oder weniger Menschen für Tempo 100 sein werden als heute). Schließlich folgt der Eisenbahntest mit der Frage «Angenommen, Sie hätten eine fünfstündige Eisenbahnfahrt vor sich, und in Ihrem Abteil ist eine Frau, die meint, auf deutschen Autobahnen sollte Tempo 100 auf gar keinen Fall eingeführt werden. Würden Sie sich gern mit dieser Frau unterhalten, um ihren Standpunkt näher kennenzulernen, oder würden Sie da keinen großen Wert drauf legen?» - wobei der Mitreisende immer eine zu der Meinung des Befragten gegensätzliche Position vertritt. In zahlreichen Befragungen aus den Jahren 1972 bis 1974 zu unterschiedlichen Themen zeigte sich tatsächlich, daß die siegessichere Fraktion eher redebereit ist, während die Verlierer eher zum Schweigen tendieren. Allerdings stößt man bei diesen Umfragen auch immer auf ein Problem: Es gibt einen harten Kern, der sich selbst dann nicht zum Schweigen bringen läßt, wenn die eigene Position deutlich zur Minderheit zu zählen ist. Für diese Gruppe gilt die Theorie der Schweigespirale nicht. Für die anderen aber müssen neben den bisher üblichen Fragen zur Verteilung von Meinungen in der Bevölkerung auch deren Ansichten über die zukünftige Verteilung dieser Meinung und ihre Bereitschaft zum öffentlichen Engagement erfragt werden, wenn Aussagen über die Entwicklung der öffentlichen Meinung und den damit eventuell verbundenen politischen Druck gemacht werden sollen.

Wenn diese Überlegungen bis hierhin plausibel erscheinen und mit Hilfe empirischer Daten gestützt werden können, so stellt sich nunmehr die Frage, wodurch denn *Veränderungen* in der öffentlichen Meinung zustandekommen. Die Beantwortung dieser Frage führt zu den Massenmedien: «Die Massenmedien gehören zu dem System, das der einzelne beobachtet, um sich über die Umwelt, die um ihn herum vorherrschenden Meinungen zu informieren; in Fragen außerhalb der eigenen Erlebnissphäre ist er sogar ganz überwiegend auf die Massenmedien angewiesen, um das Meinungsklima abzuschätzen. Wenn in diesen Zonen der unmittelbaren Umweltbeobachtung klar vorherrschende Tendenzen erscheinen, wird der einzelne davon nicht unbeeindruckt bleiben, sondern darauf reagieren wie auch sonst auf den Druck der öffentlichen Meinung, selbstbewußt oder entmutigt, mit Reden oder mit Schweigen» (a.a.O., S. 202).

Das Umschlagen des Meinungsklimas demonstriert NOELLE-NEUMANN (1980, S. 228 ff.) mit Hilfe eines brisanten Beispiels: Vor der Bundestagswahl vom 3. Oktober 1976 (H. Schmidt gegen H. Kohl) zeigten die Umfragen ihres Allensbacher Instituts auf die Frage «Wer gewinnt die Wahl?» innerhalb von sechs Monaten einen Verlust bei der CDU von 11 % und einen entsprechenden Gewinn von 12 % für die SPD. Überraschenderweise ergaben sich dabei aber keine Zusammenhänge zur öffentlichen Bekenntnisbereitschaft, da die CDU-Anhänger sich unverändert engagiert zeigten und die SPD-Sympathisanten eher etwas fauler geworden waren. Zusätzliche Auswertungen, bei denen die Befragten auch danach unterteilt wurden, ob sie viel oder wenig Zeitung lesen oder viel oder wenig fernsehen, führten zu einem interessanten Befund: Bei denjenigen TV-Zuschauern, die nur selten fernsehen, waren die Ergebnisse gegenüber den früheren Umfragen fast unverändert geblieben, während sie sich bei den Fernsehzuschauern mit größeren Nutzungszeiten in der oben beschriebenen Weise verändert hatten. Das Zeitunglesen zeigte keinen Einfluß, so daß NOELLE-NEUMANN (1980, S. 232) schließen kann: «Nur diejenigen, die die Umwelt mit den Augen des Fernsehens häufiger beobachtet hatten, hatten den Klimawechsel wahrgenommen, diejenigen, die ohne Fernsehaugen ihre Umwelt beobachtet hatten, hatten nichts vom Klimawechsel bemerkt.» Der Klimawechsel mit seinen Folgen für die unterschiedliche Einschätzung des zukünftigen Wahlsiegers mußte also im Fernsehen seinen Ursprung haben.

Diesem Phänomen wurde mit Hilfe einer Journalistenumfrage im Juli 1976 weiter nachgegangen, deren Ergebnisse zeigten, daß 76 % der Journalisten einen Sieg der SPD/FDP-Koalition erwarteten. Dieser Auffassung waren aber nur 33 % der Gesamtbevölkerung. Auch äußerten fast 80 % der Journalisten eine entsprechende Wahlabsicht gegenüber nur etwa 50 % der Bevölkerung. Da die große Mehrheit der Journalisten offenkundig einen Wahlsieg der SPD/FDP-Koalition wollte, sah sie die Welt mit anderen Augen an (gewissermaßen mit denen der SPD/FDP) und gab diese Weitsicht über ihre Produkte – die Fernsehsendungen – auch an die Bevölkerung weiter. Hier entstand nun, was NOELLE-NEUMANN (1980, S. 234) ein «doppeltes Meinungsklima» nennt: Die Bevölkerung sah mit ihren eigenen Eindrücken eigentlich eher ein offenes Rennen zwischen den beiden Blöcken, im Fernsehen wurde aber die Erwartung eines SPD/FDP-Sieges vermittelt. Wer sich dem Medium häufiger aussetzte, wurde in seiner persönlichen Einschätzung unsicherer, was zu der genannten rapiden Verschlechterung der CDU/CSU-Siegchancen um 11 % in sechs Monaten (und zum nachfolgenden Verlust der Wahl) führte.

Da Noelle-Neumann den Journalisten keine offenkundige Manipulation von Nachrichteninhalten unterstellte, begann für sie die Suche nach versteckten Effekten der audiovisuellen Medien, mit denen Fernsehjournalisten ihre Einstellungen und Meinungen an das Publikum weitergeben. Auf Vorschlag des amerikanischen Kommunikationsforschers Tannenbaum wurde schließlich eine Umfrage bei etwa 300 Kameraleuten gemacht.Es sollte erkundet werden, mit welchen optischen Mitteln diese Spezialisten bestimmte Wirkungen zu erzielen glauben. 151 Kameraleute beantworteten den Fragebogen und alle hielten es für mehr oder weniger möglich, daß ein Kameramann allein mit optischen Mitteln eine abgebildete Person besonders vorteilhaft oder unvorteilhaft erscheinen lassen kann: «Einen Politiker, den sie besonders schätzen, würden zwei Drittel in Augenhöhe (Frontansicht) aufnehmen, weil dies nach ihrer Ansicht ‹Sympathie› wecke und den Eindruck von ‹Ruhe› und ‹Ungezwungenheit› herstelle. Keiner würde ihn jedoch in starker Draufsicht (Vogelperspektive) oder starker Untersicht (Froschperspektive) zeigen, weil diese Einstellungen eher ‹Antipathie› erzeugen und den Eindruck von ‹Schwäche› und ‹Leere› vermitteln» (a.a.O., S. 236).

Diese Antworten schienen der Schlüssel für das Umschlagen des Meinungsklimas zu sein, und entsprechend untersuchte Kepplinger (1979, 1980, 1982) - ein Schüler Noelle-Neumanns - die gesamte Wahlkampfberichterstattung von ARD und ZDF zwischen dem 1. April und dem 3. Oktober 1976 auf die jeweils verwendeten optischen Mittel. Es zeigte sich, daß die Politiker der Koalition etwas häufiger im Bild waren als die der Opposition und die Einstellung der Kamera für beide Gruppen gleichermaßen zumeist in der Frontansicht und nur gelegentlich in der Frosch- und Vogelperspektive bestand. Erst bei der Analyse der Spitzenkandidaten Schmidt und Kohl wurden Unterschiede deutlich: Schmidt wurde in 31 Einstellungen aus der Frosch- und Vogelperspektive gezeigt und Kohl hingegen in 55 Einstellungen. Auch bei anderen Elementen des Klimas - Beifall, Haltung der Zuhörer, Buh-Rufe usw. - zeigten sich Unterschiede: Positive Publikumsreaktionen wurden bei der Opposition wie der Koalition in gleicher Häufigkeit gezeigt, bei den negativen Reaktionen überwogen aber die Oppositionsparteien. Der Beifall schließlich wurde für die Kandidaten der Regierungsparteien häufiger in einer intensiver wirkenden Halbtotalen oder Großaufnahme gezeigt, während die Opposition sich häufiger mit den distanzierteren Totalen begnügen mußte.

Stark vereinfacht, wäre also im Wahljahr 1976 die Schweigespirale wie folgt in Gang gekommen: Die Kameramänner wie ihre journalistischen Kollegen sind mehrheitlich der SPD/FDP-Koalition zugeneigt und vom Wahlsieg dieser Gruppierung überzeugt. Demzufolge bilden sie ihre Sicht der politischen Welt in einer bestimmten, für die von ihnen favorisierte Gruppe positiveren Weise ab: Der Spitzenkandidat wird seltener in der ungünstigen Frosch- oder Vogelperspektive gezeigt, für positive Publikumsreaktionen wird die intensivere Halbtotale oder Großaufnahme gewählt und negative Reaktionen werden kaum wiedergegeben. Vielseher rezipieren diese optischen Darstellungsmittel als einen Wandel im Meinungsklima, dem sie sich anschließen, um auf der Seite der nun (von ihnen so gesehenen) Mehrheit zu bleiben. So entschieden letzten Endes bei der Bundestagswahl vom 3. Oktober 1976 die Kameraleute des Fernsehens die Wahl, die nur mit einer Differenz von rund 350000 Stimmen (bei 38 Millionen Wählern) zugunsten der Koalitionsparteien ausging.

Es ist verständlich, daß eine medienwissenschaftlich ungewöhnliche wie auch politisch brisante Theorie in besonderem Maße der Kritik ausgesetzt ist, ausgesetzt sein muß, da sie weitreichende ordnungspolitische Folgen für die öffentlich-rechtlichen Medien in der Bundesrepublik haben kann. Wenn nämlich die optischen Darstellungsmittel wirklich derart nachhaltig die Image-Bildung von Spitzenpolitikern beeinflussen können und wenn diese Image-Bildung bis in die Wahlkabine hineinreichende Folgen hat, dann werden die Parteien stärker als bisher Wahlsendungen und -berichte kontrollieren und notfalls reglementieren wollen. Insofern ist wegen der besonderen Anwendungsnähe dieser Theorie gründliche Kritik notwendig, die sowohl aus sozialpsychologischer als auch aus methodischer Sicht erfolgen kann.

Aus sozialpsychologischer Perspektive ist das Konzept der Konformität ein zentraler Theoriebestandteil der Schweigespirale, das vor allem am Beispiel der Experimente von Solomon Asch entwickelt wird. Hierbei wird allerdings nur am Rande berücksichtigt, daß die Zahl der Fehlurteile in dem Experiment zu den Linienvergleichen nur bei 37 % lag. Nur 45 der 123 «echten» Versuchspersonen gaben Fehlurteile ab; fast 2/3 der Versuchsteilnehmer widersetzten sich dem Gruppendruck. War in der Versuchsgruppe zudem noch eine einzige weitere Person, die ein objektiv richtiges Urteil abgab, so reduzierte sich die Fehlerquote. In diesem Zusammenhang besonders wichtig ist auch der Befund, daß die Zahl der Fehlurteile drastisch zurückging, wenn man den Versuchspersonen erlaubte, ihre Urteile *schriftlich* abzugeben. Zudem spielen bei konformem Verhalten auch Persönlichkeitsmerkmale wie Ängstlichkeit, Intelligenz, Selbstvertrauen, Geschlecht usw. eine Rolle (vgl. McDavid & Harari, 1968).

Insofern sind die Asch-Experimente *allein* nur ein schwacher Beleg für die vermuteten konformitätserzeugenden Wirkungen der öffentlichen Meinung; neuere Theorien zum konformen Verhalten werden zudem nicht berücksichtigt (vgl. dazu Upmeyer, 1985). Wenn aber schon in dieser Situation mit starkem sozialem Druck acht von zwölf Urteilen gegen die Gruppenmeinung ausgesprochen werden und nur ein einziger Verbündeter dies noch weiter reduziert, so ist für die zumeist weniger zugespitzten Situationen im realen Leben eher noch geringere Konformität zu erwarten.

Aus methodischer Sicht läßt sich kritisieren, daß die Theorie vor allem mit Hilfe des «Eisenbahntests» überprüft worden ist. Zusammenhänge zwischen Einstellungen (z. B. Tempo 100 auf der Autobahn) und Verhalten (dem öffentlichen Bekenntnis für eine bestimmte Meinung) werden allein aufgrund der Antworten in diesem Test vorhergesagt. Verhaltensvorhersagen lediglich aufgrund einer einzigen Frage sind aber nach der sozialpsychologischen Literatur über die Zusammenhänge von Einstellung und Verhalten (vgl. etwa Triandis [1975] oder Stroebe [1980]) als außerordentlich problematisch zu betrachten. Zudem zeigt sich bei einer Überprüfung selbst dieser eingeschränkten Vorhersagen mit amerikanischen Daten, daß sich die Vertreter der Mehrheitsmeinung zwar in der erwarteten Weise bekennen wollen, die öffentliche Bekenntnisbereitschaft der Minderheit aber stark vom jeweiligen Thema abhängt (TAYLOR, 1982).

So muß also schon der Kern der Theorie der Schweigespirale vorläufig starke Bedenken ertragen, da sich weder das sozialpsychologische Phänomen des konformen Verhaltens ausreichend mit den Experimenten von SOLOMON ASCH beschreiben läßt noch die Vorhersage realen Verhaltens mit den Antworten auf eine einzige Frage befriedigend erfolgen kann. Und selbst bei der vergleichsweise bescheidenen Vorhersage von Fragebogen-Antworten von der Art des «Eisenbahntests» gibt es abweichende Befunde.

Außerordentlich gewagt aber wird die Anwendung der Schweigespirale auf die Analyse des Bundestagswahlkampfes 1976, da hier eine große Zahl weiterer Zusammenhangsannahmen notwendig wird, die aber für derartig weitreichende Interpretationen nicht hinreichend überprüft wurden.

Für die oben zusammengefaßte Argumentationskette - die Kameramänner des deutschen Fernsehens waren mehrheitlich der SPD/FDP-Koalition zugeneigt und von deren Sieg überzeugt, sie bilden diese Gewißheit in der Ton-Bild-Sprache des Fernsehens mit entsprechenden Mitteln (Perspektive des Spitzenkandidaten, Darstellung von Beifall und Kritik) ab, dies führt bei viel fernsehenden Wählern zur Wahrnehmung eines veränderten «Meinungsklimas», zu geringerer Bekenntnisbereitschaft und schließlich zu einer anderen Stimmabgabe in der Wahlkabine - lassen sich nur wenige Belege anführen. So findet der deutsche Medienwissenschaftler KLAUS MERTEN (1983) bei einer sorgfältigen Reanalyse der von NOELLE-NEUMANN vorgelegten Daten, daß zwar tatsächlich die Mehrheit der befragten Journalisten die SPD/FDP-Koalition bevorzugten. Ebenso wie diese erwartet aber auch die überwiegende Zahl der CDU/CSU-Anhänger in der Bevölkerung einen Wahlsieg der Regierungskoalition. Weiterhin wird die These von der wahlkampfentscheidenden Wirkung des Fernsehens mit der getrennten Untersuchung von Personen, die selten oder häufig politische Sendungen sehen, begründet. Danach soll der häufigere Konsum entsprechender Fernsehsendungen zu einer Veränderung der vermuteten Wahlchancen führen, während dies bei den Wenigsehern nicht der Fall sein sollte. Insgesamt zeigt sich jedoch bei 270 von 293 befragten Fernsehzuschauern ein *Ansteigen* der vermuteten Siegeschancen der SPD/FDP-Koalition. Lediglich bei 23 Befragten (=politisch interessierte Bürger, die selten politische Fernsehsendungen sehen) glauben im Juli 1976 10 Personen (gegenüber 6 im März 1976) an einen CDU-Wahlsieg. Diese Veränderung ist statistisch nicht bedeutsam, d.h. der Unterschied liegt noch innerhalb von zufälligen Schwankungen. Noch gewagter freilich erscheinen die Analysen über die Bewertung der Spitzenkandidaten durch Kamerawinkel und Publikumsreaktionen, da bei der Analyse aller Magazinsendungen zwischen April und Oktober 1976 lediglich eine Differenz von 24 Einstellungen (5 %) zugunsten von H. Schmidt festzustellen ist. Legt man mit MERTEN (1983) eine durchschnittliche Einstellungslänge von etwa 20 Sekunden zugrunde, so hätten maximal acht Minuten mehr H. Kohl aus der Frosch- oder Vogelperspektive als H. Schmidt, unabhängig von allen Sendeinhalten, die Wahl 1976 entschieden - vorausgesetzt, die Wähler hätten auch alle politischen Sendungen gesehen. Auch die kritisierten Unterschiede hinsichtlich der Publikumsreaktionen auf Kohl und Schmidt erschienen bei genauerer Betrachtung so gravierend nicht: Bei Kohl werden zwar 99 negative Publikumsreaktionen (gegenüber 7 bei Schmidt) gezeigt, gleichzeitig ist er aber auch mit 304 positiven Reaktionen (gegenüber nur 221 bei Schmidt) zu sehen. Kohl wurde also insgesamt 92mal häufiger mit negativen und 83mal häufiger mit positiven Reaktionen gezeigt als Schmidt (vgl. KEPPLINGER, 1982). Selbst wenn einmal unterstellt wird, diese Unterschiede hätten zu einer Veränderung des wahrgenommenen Meinungsklimas geführt, so ist keineswegs sichergestellt, daß dieses auch zu einer Veränderung des Wahlverhaltens führen muß. In einer der wenigen empirischen Untersuchungen dieser Frage in den USA (vgl. GLYNN & MCLEOD, 1982) ließ sich ein solcher Zusammenhang zwischen der Einschätzung des zukünftigen Wahlsiegers und der eigenen Wahlentscheidung nicht nachweisen. MERTEN (1983, S. 433) beurteilt die Untersuchungen von KEPPLINGER dann auch sehr scharf: «Es handelt sich hier ... eher um ein akademisches Bubenstück als um eine empirische Untersuchung.»

Bewerten wir abschließend die dargestellten theoretischen Überlegungen und empirischen Befunde zur Schweigespirale, so glauben wir, daß der Einfluß des Fernsehens auf Wahlentscheidungen auf diesem Weg wohl nicht zu erfassen ist. Zwar mag es die von NOELLE-NEUMANN (1979, 1980) behaupteten Zusammenhänge zwischen wahrgenommener Meinungsverteilung in der Öffentlichkeit und eigener Bekenntnisbereitschaft geben, auch mögen unterschiedliche Kameraeinstellungen zu unterschiedlichen Eindrücken bei den Zuschauern führen (vgl. dazu auch den nächsten Abschnitt), aber ein direkterer Einfluß von Kameraeinstellungen auf die Stimmabgabe in der Wahlkabine erscheint doch unwahrscheinlich.

5.3 «Wir entscheiden, wer die Besten sind.» - Wahlkampagnen als Image-Marketing

In einem Artikel des *Spiegel* vom 3.9.1984 mit der Überschrift «Wir entscheiden, wer die Besten sind» wurde eindrucksvoll die Rolle von Public-Relations-Managern im amerikanischen Wahlkampf beschrieben: «Ein amerikanischer Wahlkampf ohne einen Hausdemoskopen, ohne präzise Umfragedaten ist heute nicht mehr vorstellbar ... Umfragespezialisten ... bestimmen heute in Amerika die Wahlkampfstrategie und zeigen, wo ein Kandidat noch zulegen muß und welche Regionen er bereits in der Tasche hat», heißt es da. Mit Hilfe regelmäßiger Umfragen werden in der heißen Phase des Wahlkampfes Informationen über schnell wandelbare, eher oberflächliche Meinungen, stabilere Haltungen und grundsätzliche Wertüberzeugungen gesammelt und ausgewertet. Zeigt sich beispielsweise, daß ein Kandidat - hier: Reagan - eine zu forcierte Rhetorik gegenüber der Sowjetunion gewählt hat und die Wähler in Sorge sind, der Präsident würde die USA in einen Krieg verwickeln, so muß Reagan sofort im Fernsehen einen Auftritt haben, in welchem er sich als gütiger und besorgter Hausvater darstellen kann, der selber Söhne und Enkel hat, für die er nichts weiter wünscht als Frieden. Zeigt sich in den Umfragen, daß Reagan eher als Präsident der reichen Amerikaner angesehen wird, so empfehlen die Public-Relations-Manager eine Einschränkung der festlichen Empfänge für Reagans millionenschwere Freunde im Weißen Haus. Ein wesentliches Verhikel dieses Image-Marketings ist das Fernsehen, weil es das einzige Medium ist, über das alle Wähler (und besonders: die Unentschlossenen) zu erreichen sind. Reagans Berater Michael Deaver ließ so keinen

Arbeitstag des Präsidenten vergehen, an dem nicht auch ein perfekt inszenierter Fernsehauftritt eingeplant war. Deaver entschied beispielsweise, daß Reagan die Berliner Mauer am Checkpoint Charlie und nicht am Brandenburger Tor zu besuchen hatte, weil Ost-Berlin dort viel häßlicher aussehe und so der Unterschied zwischen den Gesellschaftssystemen deutlicher werde. Auch durfte Reagan im irischen Heimatort seines Urgroßvaters zwar ein Bier in der Dorfkneipe trinken, das Grab seiner Vorfahren aber besuchte er nicht, weil es ein optisch uninteressantes Armengrab war. Anders als bei seinem Vorgänger Carter wird jeder Besuch im Weißen Haus von Reagan mit Fanfaren, Fahnen und Ehrenformationen zelebriert, um den Eindruck staatsmännischer Führungsqualitäten auch optisch zu vermitteln. Das Fernsehen wird zudem auch ganz gezielt zu Image-Korrekturen eingesetzt: Wenn beispielsweise Umfragedaten anzeigen, daß die Arbeiter in Illinois von ihm abzufallen drohen, dann werden über den Fernsehmarkt Chicago vermehrt Werbespots gesendet, in denen sich Männer mit Schutzhelmen und Overalls für den Präsidenten erklären. Der Werbeberater des Demokratischen Präsidentschaftsbewerbers Gary Hart vergleicht dieses Image-Marketing dann auch offen mit kommerzieller Werbung: «Unser Ziel ist es, am Wahltag einen Marktanteil von 51 Prozent zu haben» (vgl. *Spiegel* Nr. 36 vom 3.9.1984, S. 135).

Es leuchtet unmittelbar ein, daß zum Zwecke der Image-Bildung von Politikern das Fernsehen wie bei Werbesendungen auch ein optimales Medium ist, da es den Zuschauer über Auge und Ohr unmittelbar ansprechen kann. Untersuchungen zum Medienvergleich zeigen beispielsweise, daß direkte, interpersonale Kommunikation größere Einstellungsänderungen herbeiführt als akustische oder schriftliche Kommunikation. Bei einem Vergleich der Wirkungen einer Politikerdiskussion im Fernsehen oder im Radio zeigte sich (vgl. Wagner & Brandstätter, 1980), daß das Fernsehen vor allem zu einer stärkeren Polarisierung der Personenbeurteilung (sympathisch vs. unsympathisch) führte als das Radio. Auch die Beurteilung der vorgetragenen Argumente wird stärker auf die Person des Vortragenden bezogen als in der Radio-Bedingung.

Dieser imagebildende Effekt wird sicher zum nicht geringen Teil auf Aussehen und Aufmachung der beteiligten Politiker zurückzuführen sein (so werden beispielsweise Brillenträger im Fernsehen für intelligenter gehalten, vgl. Boshier, 1975), aber auch von deren Mimik, Gestik und Körperhaltung abhängen. Untersuchungen etwa zum nonverbalen Verhalten von Nachrichtensprechern zeigen selbst hier, wo größtmögliche Objektivität angestrebt ist, ausgeprägte Effekte: In einer amerikanischen Untersuchung produzierten Nachrichtensprecher am Ende einzelner Nachrichten entweder ein Hochziehen der Augenbrauen oder ein kurzes Lächeln. Es zeigte sich, daß insbesondere die mit gehobenen Augenbrauen markierten Nachrichten als unfair, unethisch und unernst beurteilt wurden (vgl. Tankard et al., 1977). Bei der Analyse von Gesichtsausdrücken amerikanischer Nachrichtenmoderatoren während des Präsidentschaftswahlkampfes von 1976 ergab sich ferner, daß die Namen der beiden Bewerber (Ford vs. Carter) nach dem Urteil von studentischen Zuschauern mit deutlich unterschiedlicher Mimik ausgesprochen wurden: Walter Cronkites Gesichtsausdruck wurde so beispielsweise als freundlicher eingeschätzt, wenn er den Namen von Carter aussprach als bei der Erwähnung von Ford (vgl. Friedman et al., 1980). (Amerikanische Nachrichten-Moderatoren werden darüber hinaus vom Publikum nach den allgemeinen Merkmalen Präsentationsform, Erscheinungsbild, Menschlichkeit, Ausdruckskraft und Liberalität beurteilt; vgl. Lynch & Sassenrath, 1965.)

Auch für deutsche Nachrichtensprecher, deren «personifizierte Objektivität» oft kritisiert wird, lassen sich Wirkungen ihrer Aufmachung und ihres mimischen, gestischen usw. Verhaltens nachweisen: Sie wirken dermaßen seriös, offiziös, objektiv, glaubwürdig, neutral und ehrlich, daß bei einer Umfrage mehr als 60% der Befragten den Nachrichtensprecher der ARD-Tagesschau, K. H. Köpcke, für den Sprecher der Bundesregierung hielten (vgl. Winterhoff-Spurk, 1985).

Wenn also schon bei relativ starker Zurückhaltung vergleichsweise deutliche Effekte beim Zuschauer zu erzielen sind, um wieviel mehr wird dies erst bei einer aktiven Nutzung durch Politiker der Fall sein. Die physische Repräsentation und das nonverbale (mimische, gestische usw.) Verhalten werden freilich durch die vorgetragenen Inhalte ergänzt. In einer Untersuchung über die Wirksamkeit der Sendung «Das Wort zum Sonntag» (vgl. Schwabe & Tausch, 1975) – die den Verlautbarungen von Politikern oft nicht ganz unähnlich ist – zeigte sich beispielsweise, daß die Zustimmung zu der Sendung von der Lebensnähe der Texte sowie der Natürlichkeit, Zurückhaltung und dem Engagement des Sprechers abhängt. Ältere Zuschauer bevorzugen zudem ein wenig mehr Pathos und Gefühlsbetonung als jüngere. Wenngleich mittlerweile umfangreiche allgemeine psychologische Untersuchungen zur nonverbalen Kommunikation (vgl. etwa SCHERER & WALLBOTT, 1979) sowie einige Arbeiten zu den Zusammenhängen von verbalen und nonverbalen Äußerungsweisen (vgl. etwa WINTERHOFF-SPURK, 1983; WINTERHOFF-SPURK & GRABOWSKI-GELLERT, 1985) vorliegen, ist dieses Feld bezüglich der Image-Bildung von Politikern im Fernsehen noch wenig bearbeitet. Selbst erfahrene Politiker begehen hier noch Fehler: Bei einer Analyse von Fernsehinterviews mit M. Thatcher zeigte sich beispielsweise, daß sie falsches, häufig unpassendes nonverbales Verhalten hervorbrachte. Durch Pausen oder Blickkontakt signalisierte sie ein Ende ihres Redebeitrages, die Journalisten stellten daraufhin ihre nächste Frage und wurden dabei mehr als einmal durch ein Wiederaufnehmen der Rede von Frau Thatcher gestört (vgl. BULL & CONNELLY, 1983). Auch ein nur kurzer Blick auf die Riege deutscher Spitzenpolitiker macht deutlich, daß für sie wohl noch nicht gilt, was der amerikanische Wahlkampfmanager Caddell in dem oben erwähnten Artikel des *Spiegel* feststellt: «Wir entscheiden, wer die Besten sind und wer wahrscheinlich den meisten Erfolg haben wird ... Wir suchen nach Politikern, die in der Lage sind, schnelle und oft auch einfache Antworten zu geben. Wir suchen Leute, die im Fernsehen gut ankommen und Botschaften vermitteln können, die wir vermitteln wollen.»

Einen weiteren, möglicherweise zur Imagebildung beitragenden Einfluß hatten wir im vorhergehenden Abschnitt bereits kennengelernt. Politiker mögen physisch noch so vorteilhaft aussehen, sich noch so gekonnt ausdrücken, was von ihnen auf dem Bildschirm erscheint, hängt auch von der Bearbeitung des Bildmaterials durch die Redakteure ab.

In der schon erwähnten Untersuchung von KEPPLINGER (1982) wurden die Kameramänner beider deutscher Fernsehanstalten befragt, wie sie eine ihnen sympathische Person des öffentlichen Lebens aufnehmen würden. Nun müssen die Tricks der Kameraleute nicht unbedingt auch bei den Zuschauern entsprechende Wirkungen auslösen. Daher hat KEPPLINGER auch experimentelle Untersuchungen durchgeführt, bei denen Testfilme mit unterschiedlich aufgenommenen Varianten ein und derselben Rede gezeigt und von den Zuschauern beurteilt wurden. Bei einem 1981 von KEPPLINGER und DONSBACH veröffentlichten Experiment wurden Filme vorgeführt, in denen ein Redner aus sieben verschiedenen Perspektiven (Frontalaufnahmen mit der Kamera in einem Aufnahmewinkel von -31°, -18°, -11,5°, 0°, 11,5°, 18° oder 31°) gezeigt wurde. Es zeigte sich ein Zusammenhang von extremer Kameraperspektive und Einschätzung des Redners: Je extremer der Winkel war, umso eher fiel dies den Betrachtern auf und umso negativer wurden die Redner beurteilt. Eine Ausnahme bildete allerdings die leichte Untersicht (-11,5°), die insgesamt zu positiven Urteilen führte. Bei einer zweiten Studie (KEPPLINGER & DONSBACH, 1983) wurde ein Testfilm vorgeführt, in dem ein etwa 45jähriger Mann eine (neutrale) Rede über Probleme der Energieversorgung hielt. Die Filme unterschieden sich auch hier wieder durch den Aufnahmewinkel des Redners, der aus der Frosch- (-18°) und Vogelperspektive (+ 18°) sowie in Augenhöhe aufgenommen wurde. Zudem wurde in einem Vorspann ein Journalist gezeigt, der den nachfolgenden Redner entweder als energiepolitischen Sprecher der CDU/CSU oder der SPD vorstellte. Die Versuchspersonen wurden nach ihrem politischen Standort befragt und nach ihren Antworten als Anhänger oder Gegner des Redners im Film bzw. als Neutrale eingeschätzt. Nach der Filmvorführung hatten die Versuchspersonen den im Film gezeigten Redner mit Hilfe von 20 Eigenschaftspaaren wie friedlich–angriffslustig, aktiv–passiv, offen–verschlossen usw. zu beurteilen. Es zeigte sich auch hier ein Einfluß der Perspektive auf die Beurteilung des Redners: Bei Aufnahmen in Augenhöhe wurde er insgesamt am günstigsten beurteilt. Aufnahmen aus der Froschperspektive führten zu etwas schlechteren, die Vogelperspektive zu deutlich schlechteren Beurteilungen. Die Kameraperspektive beeinflußte die Urteile der Anhänger insgesamt stärker als die der Neutralen und der Gegner.

Daß zumindest eine leichte Froschperspektive keine negativen Folgen haben muß, zeigt auch eine andere Studie (vgl. MANDELL & SHAW, 1973), in der ein Film über die Ernennung eines Mannes zum Vorsitzenden eines staatlichen Komitees vorgeführt wurde.

Auch hier wurde der Politiker aus einer leichten Vogel- oder Froschperspektive (jeweils +/-12°) sowie in Augenhöhe gezeigt.

Die leichte Froschperspektive führte ebenfalls zu günstigeren Urteilen, die abgebildete Person wurde als mächtiger und aktiver als in den beiden anderen Perspektiven beurteilt. Bewertungen nach den Eigenschaftspaaren «dankbar-undankbar», «glücklich-traurig», «erfolgreich-erfolglos», «wertvoll-wertlos», und «klug-dumm» zeigten keine Einflüsse des Kamera-Winkels. So finden wir also für die Kameraperspektive positive Wirkungen bei Aufnahmen in Augenhöhe und leichter Froschperspektive, während extreme Aufnahmewinkel (besonders aus der Vogelperspektive) eher zu engativen Urteilen führen.

Die Kameraperspektive ist jedoch nicht das einzige formale Kriterium, nach dem Wahlkampfberichte gestaltet werden können. Aus der formativen Forschung (vgl. Kapitel 3) ist eine Reihe weiterer Gestaltungsmerkmale von Fernsehsendungen bekannt, die zumindest zur Erhöhung oder Verminderung von Aufmerksamkeit führen können. Wie erwähnt, sind dies für amerikanische Kinder vor allem ein häufiger Szenenwechsel und visuelle Spezialeffekte, lebhafte Musik, Toneffekte, ungewöhnliche Stimmen und ein häufiger Sprecherwechsel. Zwar werden für die Wahlkampfberichterstattung nicht alle genannten Merkmale von Bedeutung sein, aber ob eine Reportage aus wenigen längeren oder aber mehreren kürzeren Einstellungen besteht, mag sicherlich auch hier die Zuwendung erwachsener Zuschauer beeinflussen (vgl. SCHULZ et al., 1976).

«Entscheidet Fernsehen die Wahlen?» hatten wir zu Beginn dieses Abschnittes gefragt. Wir können diese Frage jetzt wie folgt beantworten: Wie aus den Studien von LAZARSFELD et al. (1944) deutlich wurde, ist ein umittelbarer Effekt einer Wahlkampagne auf die Stimmabgabe kaum zu erwarten. Wahlentscheidungen sind in der Regel Ausdruck sehr zentraler Wertvorstellungen, auf die zahlreiche Einflußgrößen wirken. Dabei sind die persönlichen und direkten Kontakte sicherlich von herausragender Bedeutung. Wahlwerbung und -berichterstattung mögen einen Einfluß auf die Einschätzung von Verteilungen von Meinungen und deren zukünftiger Entwicklung haben, ob die Einschätzung jedoch auf die Stimmabgabe in der Wahlkabine wirkt, erscheint ungesichert. Was das Bildmedium Fernsehen möglicherweise besonders ausgeprägt transportieren kann, ist ein spezifisches Image von Politikern. Bei den dazu berichteten Experimenten ist jedoch einzuschränken, daß die abgebildeten Personen den Zuschauern gänzlich unbekannt waren und sie so also außer dem TV-Portrait keinerlei Informationen über sie hatten. Wird hier jedoch nach einer relativ umfassenden Beurteilung der Person gefragt, gewinnen möglicherweise formale Darstellungsmerkmale ein stärkeres Gewicht als bei der Beurteilung von Politikern, die auch vor einer Sendung schon hinreichend bekannt sind. Auf der Suche nach Informationen zur umfassenden Beurteilung eines ansonsten völlig fremden Menschen greift der Zuschauer gewissermaßen dankbar auf die wenigen Hinweise zurück, die ihm eine Sendung von wenigen Minuten bieten kann. Die Übertragbarkeit der Befunde auf die Beurteilung bekannter Politiker bleibt jedoch bisher offen, weil der Zuschauer in diesem Fall bereits ein Image des Abgebildeten mitbringt. Ob sich dies mittel- oder längerfristig allein durch die genannten formalen Merkmale verändern läßt, erscheint nach allem, was bisher über Medienwirkungen bekannt ist, doch eher zweifelhaft. Hinzu kommt hier, daß das Fernsehen ja nicht das einzige Medium ist, durch das ein Wähler Informationen über einen bestimmten Politiker erhält: Wahlkampfbroschüren, Zeitungen, Radiosendungen, Plakate, persönliche Auftritte, Gespräche mit Nachbarn, Freunden und Familienmitgliedern wirken in den Prozeß der Image-Bildung (mit) hinein.

Sicherlich mag in Zeiten abnehmender traditioneller Bindungen an die großen Parteien und insbesondere bei den weniger informierten Fernsehzuschauern das Image eines Politikers in spezifischen Situationen *ein* Kriterium für die Wahlentscheidung sein, aber auch Politiker-Images sind nicht beliebig form- und veränderbar. Sie können Persönlichkeitszüge des Politikers auf Dauer nicht völlig verdecken oder nicht vorhandene Merkmale suggerieren. Zudem ist das Image eines Politikers beispielsweise als durchsetzungsfähig oder sachkundig nicht unabhängig von den Zielen und der Politik seiner Partei zu sehen. Ein CDU-Anhänger mag beispielsweise noch so sehr von der persönlichen Integrität und sachlichen Kompetenz eines SPD-Politikers überzeugt sein, er wird seine Stimmabgabe aber sicherlich auch von seinen ganz persönlichen Erfahrungen mit der Politik dieser Partei, seinen Werthaltungen und den Meinungen seiner unmittelbaren Umwelt abhängig machen. Je weniger diese konkreten Erfahrungen und Voreinstellungen eine Rolle spielen, umso eher wird er sich aber bei seiner Wahlentscheidung auf das Image eines Politikers verlassen müssen. Bei knappen Wahlausgängen mag das Fernsehen mit seiner imagefördernden Potenz hier insofern auch Wahlen entscheiden, als es eben jene Gruppe der unentschlossenen und uninformierten Wähler häufiger und umfassender erreicht als andere Medien. Ebenso gut kann aber auch ein Hirtenwort der katholischen Bischöfe oder eine öffentliche Erklärung des DGB-Vorsitzenden jene entscheidenden Prozentpunkte an der Wahlurne bringen. Die entsprechende Frage «Entscheiden Bischöfe oder Gewerkschaftsvorsitzende die Wahlen?» wird aber sehr viel seltener diskutiert. Auch vor dem Hintergrund der bisher dargestellten Befunde zu sonstigen Wirkungen des Fernsehens erscheint die gegenwärtig zu beobachtende, manchmal geradezu hektisch diskutierte These der wahlentscheidenden Wirkungen des Fernsehens als eine zu einfach Sicht, die so zumindest von der Psychologie her gegenwärtig nicht begründet werden kann (vgl. auch RÄDER, 1980). Vielleicht aber besteht gerade in der fernsehgerechten Einfachheit und Evidenz dieser Behauptung das Geheimnis ihres Erfolges.

6. Kapitel

Worüber wir sprechen – Bestimmt Fernsehen die Themen?

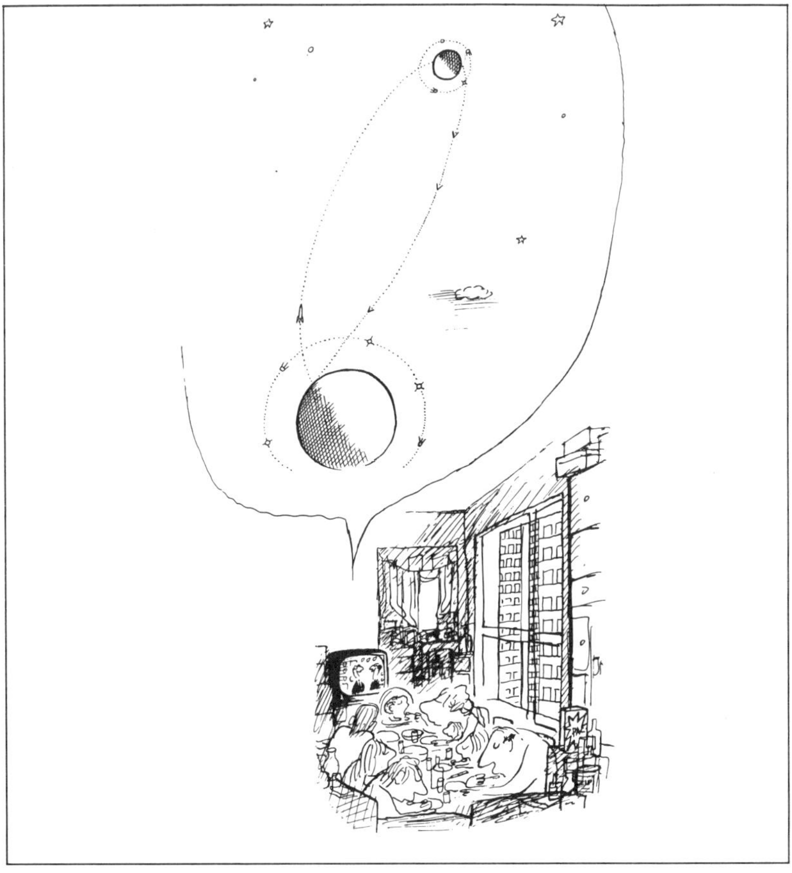

6.1 Kurz, dramatisch, blutig - Das ideale Fernsehereignis

Rekapitulieren wir noch einmal das voranstehende Kapitel: Ein unmittelbarer Einfluß von Wahlwerbung und -berichterstattung im Fernsehen auf die Stimmabgabe des einzelnen Zuschauers war nach dem gegenwärtigen Stand der Fernsehpsychologie nicht nachzuweisen. Indirekte Einflüsse über die Mobilisierung der eigenen Anhänger oder die Vermittlung von Politiker-Images sind eher zu erwarten. Ein weiterer indirekter Einfluß könnte sich nun daraus ergeben, daß durch die Fernsehberichterstattung bestimmte politische *Themen* stärker in das Bewußtsein der Öffentlichkeit gehoben werden als andere. Da die politischen Parteien vom Wähler für spezifische Themen und Probleme in ganz unterschiedlicher Weise für kompetent gehalten werden (etwa die Grünen für Umweltprobleme, die CDU für Wirtschaftsfragen und die SPD für Friedens- und Sozialpolitik), könnte es einen Einfluß auf den Wahlausgang haben, wenn es einer Partei gelingt, ihr jeweiliges «Schokoladen-Thema» zum Thema Nr. 1 des gesamten Wahlkampfes zu machen. Wenn also der überwiegende Teil der Wähler der Meinung ist, daß beispielsweise der Abschluß von Verträgen mit den sozialistischen Ländern für die Bundesrepublik in einer bestimmten Wahlperiode von außerordentlicher Bedeutung ist, und er zugleich einer bestimmten Partei die größere Kompetenz auf diesem Gebiet zuschreibt (1972 war dies die SPD), so wird er diese vermutlich eher wählen als eine andere.

Zu einem anderen Zeitpunkt wiederum mögen dem Wähler wirtschaftspolitische Fragen wie die Belebung der Konjunktur oder die Bekämpfung der Geldentwertung wichtiger erscheinen, die er zumeist bei der CDU besser aufgehoben sieht, und insofern wird er jetzt jener Partei eher zugeneigt sein. Dieser Einfluß auf die Wahl wird jedoch nur dann wirksam, wenn die genannten Themen möglichst weit vorn auf die Tagesordnung für politische Diskussionen der Wähler gelangen. Zu fragen ist, ob und wieweit hier das Fernsehen einen Einfluß haben kann, indem es bestimmte Fragen häufiger und andere seltener aufgreift und behandelt. Im folgenden soll daher erörtert werden, welche politischen und gesellschaftlichen Ereignisse bevorzugt vom Fernsehen dargestellt und wie diese vom Zuschauer aufgegriffen und in seinem Alltag behandelt werden.

Wenn durch den Hauptbahnhof einer westdeutschen Großstadt wöchentlich hunderte von Zügen Reisende und Güter transportieren, so erscheint dies höchstens dann in den Nachrichten, wenn der Bahnhof sein 100. Jubiläum feiert. Entgleist aber bei dem Intercity «Gutenberg» von Hannover nach München einmal der letzte Wagen und führt dieser Unfall zum Tod von 20 Reisenden, so wird dies mit Sicherheit der Tagesschau eine Nachricht wert sein. Nicht alles, was in der Welt passiert, kommt offensichtlich in den Nachrichten- und Magazinsendungen des Fernsehens auch an. Vielmehr muß aus der Fülle der Ereignisse eine Auswahl getroffen werden, die zudem den besonderen Ansprüchen des Bildmediums Fernsehen auf optische Darstellbarkeit gerecht zu sein hat. Das Beispiel vom entgleisten Zug legt eine erste Vermutung nahe: Nicht das Alltägliche, Normale, Regelmäßige scheint bevorzugt berichtet zu werden, sondern das Ungewöhnliche, die Abweichung von der Norm, die Ausnahme. Allein die Abweichung ist es jedoch nicht, die ein Ereignis für das Fernsehen interessant macht. Würde der entgleiste Zugwagen lediglich zu einem heftigen Erschrecken bei den Betroffenen geführt haben, so wäre diese offenkundige Abweichung von der Norm aller Wahrscheinlichkeit nach dennoch keine Nachricht geworden. Der amerikanische Fernsehkritiker MANDER (1978) hat eine Liste von Merkmalen zusammengestellt, die die Ernennung eines Ereignisses zur Fernsehnachricht befördern sollen. Danach ist beispielsweise Krieg fernsehgerechter als Frieden, da er voll ist von Höhepunktmomenten, «action» und Entschlossenheit. Der Frieden hingegen ist gewaltlos und unbestimmt. Gewalt ist fernsehgerechter als Gewaltlosigkeit, Religionen und Parteien mit herausragenden Führerpersönlichkeiten sind fernsehgerechter als führerlose Religionen und Weltanschauungen. Kurze Themen mit einem eindeutigen Ergebnis sind fernsehgerechter als langandauernde, nicht abgeschlossene Prozesse. Konflikte, Leidenschaften, Gewalt und Angst sind leichter darzustellen als Übereinstimmung, Ruhe und Gelassenheit. Das Laute, Große und Nahe ist besser als das Leise, Kleine und Ferne. Und schließlich: Der Tod ist fernsehgerechter als das Leben. Insofern wären das Attentat auf Präsident Reagan während seiner ersten Amtszeit oder der Abschuß eines Jumbo-Jets der koreanischen Fluggesellschaft durch einen sowjetischen Jäger so etwas wie ideale Fernsehereignisse: Kurz, dramatisch, blutig. Daß dies durchaus nicht in allen Ländern der Welt der Fall ist, zeigt eine 1979 unter der Federführung der UNESCO durchgeführte Studie, in der die Nachrichten aus Druckmedien und audio-visuellen Medien (TV, Radio) in 13 Ländern der Welt verglichen wurden. Dabei zeigte sich unter anderem, daß in den sozialistischen Ländern auch eine erhebliche Anzahl sogenannter positiver Nachrichten festzustellen war, die sich vor allem mit wirtschaftlichen, wissenschaftlichen und kulturellen Ereignissen des eigenen Landes befaßten (vgl. dazu SREBERNY-MOHAMMADI, 1984).

Träfe die Krisen- und Konfliktorientierung westlicher Medien zu, so scheint es ein sehr negatives Bild zu sein, welches Nachrichten- und Magazinsendungen von der Welt vermitteln. Dabei stört nicht so sehr die Tatsache, daß Redakteure aus der großen Zahl täglich eingehender Nachrichten auswählen müssen. Beispielsweise berichtet ein Nachrichtenredakteur des Bayerischen Rundfunks, daß er täglich allein etwa 1200 Agenturmeldungen zu sichten habe, die hintereinandergeschrieben ein Taschenbuch mit einem Umfang von circa 450 Seiten ergäben (vgl. HOISS & TSCHECH, 1975) GÜNTHER VON LOJEWSKI (1975, S. 176) schätzt die Zahl der von einem Fernsehredakteur täglich zu bearbeitenden Wörter auf 200000 bis 300000. Zudem muß die vom Redakteur ausgewählte Nachricht zahlreiche Bearbeitungsstationen wie Korrespondenten, Kameraleute, Tontechniker, Cutter, Wort-, Bild-und Filmarchive, Regisseure u. a. m. durchlaufen, in denen nochmals Auswahlprozesse stattfinden. Was zumeist kritisiert wird, sind die Kriterien für die Auswahl des Berichtenswerten. Es beschränkt sich zumeist auf offizielle Staatsakte (Empfänge, Paraden, Vertragsunterzeichnungen, Kranzniederlegungen, An- und Abreisen), Verhandlungen und Konferenzen, Selbstdarstellungen von Politikern (Pressekonferenzen, Interviews), Massendarstellungen (Streiks, Demonstrationen, Wahlversammlungen), Kriegsschauplätze (Soldaten, Flüchtlinge, Kriegsgerät, Granateneinschläge, brennende Gebäude), Kriminalität (Attentate, Flugzeugentführungen) und Katastrophen (Flugzeugabstürze, Erdbeben, Überschwemmungs- und Dürrekatastrophen), denen dann und wann ein wenig Unterhaltung (Frühlingsanfang, Schlußverkäufe, Kultur- und Sportereignisse) hinzugefügt wird.

Zur empirischen Untersuchung der Frage, welche Ereignisse in welcher Weise tatsächlich in den Fernsehnachrichten und -magazinen auftauchen, wurden in den letzten Jahren zahlreiche inhaltsanalytische Studien unternommen. Eine Auswertung aller Abend-Nachrichtensendungen der ARD und des ZDF in der Zeit vom 1.3. bis 30.4.1971 (vgl. GROHALL & SCHUSTER, 1975) ergab beispielsweise, daß die Themenbereiche Politik, Wirtschaft, Kriminalfälle und Wetter bei beiden Anstalten überwiegen. Allein der Bereich der Politik umfaßt ca. zwei Drittel der Sendezeit. Dabei werden vor allem die Angelegenheiten fremder Staaten, die deutsche Außen- und Innenpolitik und die Wirtschaftspolitik abgehandelt. In einer umfangreichen Studie untersuchte WINFRIED SCHULZ (1976) insgesamt 5835 Meldungen u.a. der Deutschen Presseagentur (dpa), der ARD- und ZDF-Nachrichtensendungen, von Hörfunkprogrammen und zehn deutschen Tageszeitungen. Er fand, daß eine Nachricht einen umso höheren Wert für eine Veröffentlichung im Medium hat, je eher sie die Faktoren Status, Personalisierung und Bezüge zum eigenen Land (= Ethnozentrismus) repräsentiert: Politik wird danach in den Medien der Bundesrepublik überwiegend als das Handeln eines prominenten deutschen oder europäischen Politikers dargestellt. Zu ähnlichen Ergebnissen kommt auch eine Untersuchung von BALLSTAEDT (1977), der 241 Film- und Korrespondentenberichte der Nachrichtensendungen «heute» und «Tagesschau» ausgewertet hat. Auch er findet in beiden Sendungen ein Überwiegen von Politikdarstellung als Handeln prominenter Politiker. Eine dritte Studie (SCHATZ et al., 1981) über ca. 4500 Beiträge von «heute» und «Tagesschau» aus dem Frühjahr 1977 kommt auch zu keinem anderen Ergebnis. Die Berichterstattung über politische Ereignisse dominiert alle anderen Themen. Politik wird vorwiegend als das Handeln kompetenter Funktionäre im Kernbereich des politisch-administrativen Systems dargestellt.

Eine interessante Veränderung dieser noch recht einhelligen Befunde deutet sich aber in einer neueren Untersuchung zum Ausgleich von Nachrichtensendungen der öffentlich-rechtlichen Anstalten ARD und ZDF mit privaten Anbietern an (Aktuell Presse-Fernsehen [APF] und Radio Luxemburg [RTL plus]; vgl. KRÜGER, 1985). Danach dominierte bei Hauptnachrichten und Magazinen von ARD und ZDF – wie nun schon mehrfach festgestellt –

die politische Berichterstattung mit etwa zwei Dritteln Sendezeit. Lediglich im «heute-journal» war ein vergleichsweise hoher Anteil von 18% für leichte Alltagsberichterstattung festzustellen. Demgegenüber sendet RTL plus nur 16% der Sendezeit politische Nachrichten, denen 33% für Sport, 21% für leichte Alltagsberichterstattung und 9% für den Wetterbericht gegenüberstanden. (Die restlichen Prozente verteilen sich auf Kultur, Unterhaltung, Unglücke und Werbung.) Bei APF liegen die politikbezogenen Beiträge zwischen 54% für die Hauptnachrichtensendung und 23% für das Nachrichtenmagazin. In den privaten Sendern kommen zudem Politiker und Verbandsfunktionäre weniger zu Wort als in den öffentlich-rechtlichen Anstalten. Falls sie jedoch einmal auftreten, so überwiegen die Vertreter der Regierungsparteien und der Wirtschaft deutlich gegenüber der Opposition und den Gewerkschaften. Wenn also zumindest vorläufig noch das Hauptthema der deutschen Fernsehnachrichten der kompetent agierende politische Funktionär ist, so kann hier nicht von einer ausgeprägten Orientierung der Nachrichtenauswahl an den eingangs genannten Kriterien der Dramatik, Aggressivität und Leidenschaft die Rede sein. Sicher werden Themen mit diesen Merkmalen - wie etwa ein Flugzeugabsturz oder ein Attentat - in den Nachrichtensendungen umgehend auftauchen. Da sie aber glücklicherweise nicht alle Tage in der Welt vorkommen, können sie den deutschen Politiker nicht dauerhaft in den Hintergrund der Fernsehnachrichten drängen. Wenn überhaupt, dann scheinen dies die im Stil von Boulevard-Zeitungen orientierten privaten Sender durch ihre Betonung des Sports und der Alltagsberichte zu erreichen.

Politikern ist natürlich die besondere Affinität der Fernsehnachrichten zu ihren Geschäften nicht verborgen geblieben, und sie versuchen, es ihrem Amt gemäß auch für die Verbreitung ihrer Positionen oder auch nur ihres Gesichts aktiv zu nutzen. Pressekonferenzen, Besuche in Altersheimen, Einweihungen von öffentlichen Einrichtungen und Podiumsdiskussionen finden daher bisweilen nur zu dem einzigen und sehr häufig: zu dem hauptsächlichen Zweck statt, im Fernsehen gezeigt zu werden. Zwar haben sie zumeist nicht den vom Fernsehen gewünschten Grad von Dramatik, dies wird aber durch Status und personenbezogene Politikdarstellung häufig genug aufgewogen. Politikern, denen es dabei noch an hinreichender Prominenz mangelt, können dieses

Manko zudem durch einen Schuß Dramatik - wie etwa durch einen Fallschirmabsprung oder durch eine Blutspendeaktion - zu beheben versuchen. Solche Ereignisse, die allein zum Zwecke der Berichterstattung in den Medien inszeniert werden und die ohne die Hoffnung der Aufnahme in die Nachrichtensendungen nicht stattfänden, werden in der Wirkungsforschung als *Pseudo- oder Medien-Ereignisse* bezeichnet (vgl. dazu KEPPLINGER, 1982). Es sind allerdings nicht nur die etablierten politischen Funktionäre, die sich solcher Pseudo-Ereignisse zu bedienen wissen. Der in Paris arbeitende Sozialpsychologe SERGE MOSCOVICI (1981) behauptet, daß sich vor allem gesellschaftliche und politische Minderheiten die genannten Tendenzen der Fernsehberichterstattung - personenbezogene Politikdarstellung und Dramatik - zunutze machen. Wenn etwa eine Gruppe von Umweltschützern einen Schornstein besetzt, Bauern einem Minister eine Fuhre Mist vor seine Behörde kippen oder Demonstranten sich vor einer Botschaft anketten, so bleiben diese Ereignisse weitgehend folgenlos, wenn sie nicht in den Fernsehnachrichten einem Millionenpublikum vorgeführt würden. Nach MOSCOVICI löst nun die Aufnahme des Ereignisses in die Nachrichten einen sogenannten «Schläfer-Effekt» aus: Präsentiert man Menschen eine bestimmte Meinung (etwa die Forderung nach Entgiftung von Industrieabgasen), die offenkundig von einer kleinen und radikalen Gruppe der Gesellschaft stammt, so bewirkt diese Botschaft zunächst überhaupt keinen Einstellungswandel bei den Adressaten. Fragt man jedoch einige Zeit später noch einmal nach, so zeigen sich interessante Veränderungen. Die Quelle der Nachricht (gewissermaßen: der Absender) wird oft vergessen, der Inhalt aber wird in das eigene Meinungssystem eingebaut und führt zu den von der Minderheit gewünschten Einstellungsänderungen. Der Adressat vergißt (gewissermaßen im Schlaf) den Absender, von dem er wenig hält, und merkt sich aber zugleich die Inhalte der Nachricht. So ist es nach MOSCOVICI (1981) zu erklären, warum beispielsweise Themen wie die Gleichberechtigung der Frau, der Umweltschutz, die Nachrüstungsfrage und dergleichen zuerst in die Medien und dann in die Köpfe der Zuschauer gelangten.

Ohne entsprechende empirische Untersuchungen ist allerdings der Schluß voreilig, die in den Nachrichten gezeigten Themen und Sachverhalte würden auch in der gleichen Gewichtung vom Zuschauer wahrgenommen und diskutiert. Es ist durchaus vorstellbar, daß beispielsweise der durchschnittliche Zuschauer nur ein äußerst geringes Interesse an den vorherrschenden Themen hat und die Nachrichten unter ganz anderen Gesichtspunkten betrachtet (z. B. als Unterhaltung; vgl. DEHM, 1984).

Untersucht man beispielsweise einmal die Äußerungen von Zuschauern während des Fernsehens (vgl. BRENNE, 1977), so zeigt sich, daß nur die Hälfte aller Bemerkungen überhaupt auf das Fernsehen bezogen sind, davon etwa zwei Drittel auf die Inhalte und ein Drittel auf die Form der Präsentation. Bei den inhaltsbezogenen Redebeiträgen überwiegen Bemerkungen, die sich auf im Fernsehen gezeigte Personen (z. B.: «Was hat der denn wieder für eine Krawatte an!») oder den eigenen Bekanntenkreis (z. B. «Da wird sich Onkel Hans aber ärgern.») beziehen. Ausschließlich bei den Nachrichtensendungen umfassen die personenbezogenen Äußerungen etwa 15 %, je weitere 15 % beziehen sich auf das Fernsehen als Institution (z. B.: «Daß die das auch immer so genau zeigen müssen.») und auf Gewalt, Leiden, Gemeinschaft und Gesellschaft (z. B.: «Das ist schon schlimm mit diesen dauernden Attentaten.»).

In einem anderen Experiment (vgl. CHRISTMANN, 1985) wurden die studentischen Teilnehmer aufgefordert, während einer Nachrichtensendung einmal alle ihnen durch den Kopf gehenden Gedanken laut zu äußern. Diese Äußerungen wurden danach klassifiziert, ob sie eine emotionale *Bewertung* des Geschehenen darstellten, ob sie sich auf Prozesse des *Verstehens* und der Einbindung in das eigene Wissen bezogen oder ob sie eine Umsetzung in das zukünftige *Handeln* («sich nach der Nachricht richten») des Zuschauers darstellen. Nach dieser Einteilung war etwa die Hälfte der Äußerungen emotionale Bewertungen des auf dem Bildschirm Gezeigten, bei denen Mißfallensäußerungen (z. B.: «Der Schwellkopf soll doch endlich zurücktreten.») etwa viermal so häufig auftraten wie Gefallensäußerungen. An zweiter Stelle standen mit etwa 40 % die Äußerungen zum Verstehen (Fragen, Erläuterungen, Kommentare). Nur 10 % lassen darauf schließen, daß die Zuschauer Teile von Fernsehnachrichten in ihr zukünftiges Handeln aufnehmen (z. B.: «Die sind die einzigen, die man noch wählen kann.» oder: «Würd' ich gern mal sehen, die Ausstellung.»). Eine ähnliche Verteilung der fernsehbegleitenden Kommentare fand sich auch bei der Auswertung von Äußerungen, die während einer Nachrichtensendung in einem Studentenheim aufgenommen wurden. Diese Befunde zeigen, daß personenbezogene Politikdarstellung in den Fernsehnachrichten auch beim Zuschauer zu zahlreichen personenbezogenen, oft negativ getönten Kommentaren führen. Demgegenüber treten die themenbezogenen Äußerungen in den Hintergrund, wobei besonders auffällt, daß die Zuschauer nur geringe Teile der Nachrichten auf ihr eigenes zukünftiges Handeln beziehen. Insofern ist die versuchte Instrumentalisierung des Fernsehens für die politischen Ziele von etablierten Parteien oder engagierten Minderheiten nicht gesichert und zudem nicht ungefährlich: Möglicherweise setzt sich der Zuschauer mit den Themen gar nicht hinreichend auseinander, sondern bewertet nur die gezeigten Personen emotional - und zwar überwiegend negativ. Insofern könnte man sogar vermuten, daß zu häufige Fernsehauftritte zu einem Bumerang-Effekt für das Image der betreffenden Politiker führen.

6.2 Frieden, Umwelt, Arbeitslosigkeit - Die Agenda-Setting-Hypothese

New York, Farmington, Connecticut und Erie County, Ohio - die Entwicklung der Medienwirkungsforschung ließe sich als Gruppenreise durch den östlichen Teil der Vereinigten Staaten von Amerika nachvollziehen, als deren nächste Station Chapel Hill, North Carolina zu nennen wäre: Hier wurde die sogenannte *Agenda-Setting-Hypothese* (vgl. Agenda = Tagesordnung) zum ersten Mal empirisch überprüft.

Während des Präsidentschaftswahlkampfes 1968 (Nixon gegen Humphrey) stellte man einhundert Bürgern von Chapel Hill, die sich noch nicht für einen der beiden Kandidaten entschieden hatten, die Frage nach den « ... zwei oder drei wichtigsten Dingen, um die sich die Regierung kümmern sollte ... ». Parallel dazu wurde die Berichterstattung in denjenigen Medien erfaßt, die nach einer Voruntersuchung die wichtigsten politischen Informationsquellen für die Bürger des Ortes darstellten. Es waren dies vier Lokalzeitungen, sowie die «New York Times», «Time», «Newsweek», die Abendnachrichten der «National Broadcasting

Corporation (NBC)» und des «Columbia Broadcasting System (CBS)». Der wohl wichtigste Befund dieser Untersuchung war die hohe Übereinstimmung zwischen der von den Bürgern genannten Themenliste (= Publikums-Agenda) und der inhaltsanalytischen Themenauszählung bei den genannten Medien (= Medien-Agenda): Was in den Medien den größten Raum einnahm, wurde auch von den Bürgern in ihrer Problemliste obenan geführt (vgl. McCombs & Shaw, 1972).

Etwa zur gleichen Zeit veröffentlichte ein anderer Autor (Funkhouser, 1973) eine Untersuchung, mit der er Zusammenhänge zwischen politischen Ereignissen, der darauf bezogenen Berichterstattung in den Medien und der öffentlichen Meinung untersuchen wollte. Er befragte jedoch keine einzige Versuchsperson selbst, sondern stützte sich ausschließlich auf bereits vorliegendes Material. Zur Erfassung politischer Ereignisse beispielsweise entnahm er Daten aus den Statistischen Jahrbüchern der USA (wie etwa die Stärke der US-Truppen in Vietnam). Die Berichterstattung in den Medien untersuchte er mit Hilfe eines «Reader's Guide to Periodical Literature», dessen Stichwortverzeichnis er zu ausgewählten Themen (z.B. zum Krieg in Vietnam) auswertete. Als öffentliche Meinung schließlich nahm er die vorliegenden Antworten auf eine jährlich vom Gallup-Institut gestellte Frage «Was ist Ihrer Meinung nach das größte Problem, vor dem die USA stehen?» In diesem Zusammenhang interessant ist, daß auch hier zwischen der Medienberichterstattung und der öffentlichen Meinung (hier repräsentiert durch das o.a. Stichwortverzeichnis und die Gallup-Umfrage) der aus Chapel Hill bekannte Effekt gefunden wurde: Was in den Medien vorrangig behandelt wird, erscheint auch den Menschen als besonders wichtig.

Mit den Ergebnissen dieser beiden Studien ist zugleich auch die Grundidee der Agenda-Setting-Hypothese beschrieben: Die Medien bewirken danach nicht so sehr, *wie* oder *was* die Menschen denken (d.h. sie tragen nur wenig zur Ausbildung spezifischer Meinungen und Einstellungen bei), sondern sie regen an, *worüber* die Menschen nachdenken. Die Themen der Medien und deren Gewichtung erstellt die Tagesordnung der wichtigsten politischen Themen bei den Rezipienten – oder noch kürzer: Medien-Agenda schafft Publikums-Agenda. Obwohl beide Studien erhebliche Mängel aufwiesen – die Chapel-Hill-Studie untersuchte Medienwirkung nur in einer ganz spezifischen Situation, dem Wahlkampf, und einer ganz spezifischen Gruppe, den unentschlossenen Wählern, und bei FUNKHOUSER (1973) ist die Auswahl des Materials problematisch – regten sie eine Fülle von nachfolgenden Untersuchungen an. Deren Zahl geht mittlerweile auf hundert zu (vgl. SCHÖNBACH, 1982). Allerdings teilen nicht alle Autoren die vergleichsweise starken Annahmen aus den beiden ersten Studien, nach denen sich die Rangfolge der in den Medien hervorgehobenen Themen im Bewußtsein der Rezipienten unverändert wiederfindet. Diesem sog. *«Priority»-Modell* (Prioritätsmodell), das bei uns oft mit *«Themenstrukturierungsfunktion»* (vgl. UEKERMANN & WEISS, 1980) übersetzt wird, werden nach absteigendem Wirkungsgrad auch andere Modelle gegenübergestellt. Das sog. *«Salience»-Modell* (etwa: Wichtigkeitsmodell) ist insofern eine Vereinfachung, als es beim Mediennutzer lediglich eine Zweiteilung der Gewichtigkeit von Themen («hoch» vs. «niedrig») unterstellt. Noch vorsichtiger ist das *«Awareness»-Modell* (= *Thematisierungsfunktion* der Massenmedien), bei dem nur noch angenommen wird, daß in den Medien prominente Themen auch vom Rezipienten als besonders diskussionswürdig angesehen werden (etwa: Bewußtheits-Modell).

Je schwächer die Vermutungen zur «Agenda-setting»-Hypothese wurden, umso eher konnte auch die Frage nach einer umgekehrten Kausalkette gestellt werden. Es muß durchaus nicht so sein, daß die Medien-Agenda Ursache der Publikums-Agenda ist, sondern ebenso könnte die Medien-Agenda ein Reflex auf die Themenliste der Rezipienten sein: Die Medien wissen oder untersuchen, was ihre jeweiligen Rezipienten für besonders wichtig halten und behandeln diese Dinge bevorzugt, um sich ihre Kunden zu erhalten. Gegen diese Annahme sprechen jedoch Untersuchungen, bei denen die Medien- wie die Publikums-Agenda zu zwei Zeitpunkten gemeinsam erhoben wurden. Da hier die Medien-Agenda zum Zeitpunkt 1 mit der Publikums-Agenda zum späteren Zeitpunkt 2 deutlichere Zusammenhänge zeigt als die Publikums-Agenda zum Zeitpunkt 1 mit der Medien-Agenda zum Zeitpunkt 2, spricht dies eher für eine Wirkungsrichtung von den Medien zum Publikum. Endgültig ist diese Interpretation allerdings auch nicht, da nicht auszuschließen ist, daß beide Tagesordnungen gemeinsam von einer dritten Einflußgröße – etwa der realen Umwelt – abhängen und nur unterschiedlich schnell reagieren. Entsprechend entstand gewissermaßen als eine Seitenlinie der oben genannten Modellfamilie die «*Agenda-building*»-Forschung (etwa: Agenda-Schaffung), die die Selektion und Karriere von Themen als Folge eines komplexen Wechselwirkungsprozesses zwischen Medien und gesellschaftlicher Umwelt begreift (vgl. EHLERS, 1983).

Es ist nicht einfach, zum Ertrag der «Agenda-setting»-Idee eine Zwischenbilanz zu versuchen, da zahlreiche Unklarheiten in den verschiedenen Untersuchungen den Überblick erschweren (vgl. dazu UEKERMANN & WEISS, 1980; ROBERTS & BACHEN, 1981 sowie EHLERS, 1983). Beispielsweise wird nicht einheitlich gehandhabt, was als jeweils eigenständiges «Thema» in den Massenmedien verstanden und wie die Gewichtung eines Themas in den Medien erfaßt werden soll. Auch hinsichtlich der Publikumsagenda wird nicht immer klar zwischen der persönlichen Gewichtung von Themen durch die Medienrezipienten und deren Ansichten über die in ihrer sozialen Umwelt dominanten Themen unterschieden. Auch differieren die Erhebungsmethoden, bei denen sowohl offene Fragen in der oben beschriebenen Art als auch die Vorgabe von Themen und die nachfolgende Auswahl durch die befragte Person üblich sind.

Trotz dieser Einschränkungen werden in den genannten und anderen Übersichtsartikeln übereinstimmend folgende Ergebnisse als hinreichend gesichert angesehen:

(a) Beim Vergleich unterschiedlicher Medien (zumeist Zeitungen und Fernsehen) schneiden die Zeitungen überwiegend besser ab. Ihr Einfluß auf die Tagesordnung der politischen Themen von Rezipienten ist stärker ausgeprägt. Allerdings gilt dies in erster Linie für die lokale Berichterstattung. Bei nationalen Themen gewinnt das Fernsehen stärkeren Einfluß, der besonders kurz vor der Wahl noch einmal zunimmt. Den Zeitungen werden «Agenda-setting»-Effekte zugeschrieben, während der Einfluß des Fernsehens oft mit dem eines Scheinwerfers («spotlight») verglichen wird, der sich kurzzeitig und besonders auf optisch gut präsentierbare Ereignisse richtet.

(b) Die genannten Effekte gelten auch nicht für alle möglichen Themen gleichermaßen stark, vielmehr scheint es einen starken Einfluß der unmittelbaren und persönlichen Erfahrungen auf die

Publikums-Agenda zu geben. Wer beispielsweise selbst von Arbeitslosigkeit bedroht oder betroffen ist, wird dieses Thema sehr viel höher einschätzen als jemand, der das Problem ausschließlich aus dem Wirtschaftsteil seiner Zeitung kennt. Je entfernter ein Thema von den eigenen Erfahrungen ist, umso eher machen sich die «Agenda-setting»-Effekte bemerkbar.

(c) Neben je spezifischen Medien- und Themeneinflüssen spielen auch Unterschiede bei den Rezipienten eine Rolle. Ein in diesem Zusammenhang häufig angeführtes Merkmal ist das Bedürfnis nach Orientierung in der Welt (= «need for orientation»). Zuschauer und Leser, bei denen dieses Bedürfnis besonders ausgeprägt ist, zeigen danach stärkere Effekte. Dies gilt auch für besonders intensive Mediennutzer und Menschen, die wenig persönliche Gespräche über politische Themen haben.

Selbst wenn nun diese Ergebnisse als vorläufige Bilanz einer noch relativ jungen, vor allem aus den USA stammenden Forschungstradition genommen werden, so stellt sich nachfolgend auch hier die Frage, ob sie unbesehen auf die Bundesrepublik Deutschland übertragen werden können. Die Übertragbarkeit findet ihre Grenzen an der Frage der Vergleichbarkeit des deutschen mit dem amerikanischen Mediensystem und der (noch) unterschiedlichen Wahlkampfführung. In den USA sind die meisten Fernsehsender in Privatbesitz, und der Wahlkampf wird außerordentlich personenbezogen geführt. In der Bundesrepublik ist das Fernsehen überwiegend öffentlich-rechtlich organisiert; es verwendet zudem andere Präsentationsformen für Nachrichtensendungen und Magazine (vgl. Abschnitt 6.1). Wahlkämpfe sind hierzulande nicht zuletzt eher Auseinandersetzungen zwischen verschiedenen Parteien und dahinterliegenden Werthaltungen als zwischen Personen. Nach einem Gutachten für das Presse- und Informationsamt der Bundesregierung übernehmen UEKERMANN & WEISS (1980) für deutsche Verhältnisse, daß auch bei uns vor allem die nationale Politik ein klassischer Sektor für eine Themenstrukturierungsfunktion der Massenmedien ist. Die hier vorkommenden Themen werden nur wenig durch unmittelbare, persönliche Erfahrungen korrigiert. Die persönlichen Lebensverhältnisse, das Netzwerk persönlicher Kontakte sowie die Motivation zur Nutzung des Medienangebots haben aber auch bei uns erheblichen Einfluß. Wir hatten zu Beginn gefragt, ob möglicherweise ein indirekter Einfluß des Fernsehens auf Wahlentscheidungen durch die Dominanz spezifischer Themen erklärt werden kann, die von den Parteien je unterschiedlich kompetent beantwortet werden: Parteien versuchen, ihr bevorzugtes Thema in den Medien unterzubringen, dieses Thema dominiert andere Themen in der Medien-Agenda. Dadurch erhält es einen hohen Rang auf der Publikums-Agenda und führt bei unentschlossenen Wählern zu einer Stimmabgabe für die Partei, der das prominentere Thema «gehört».

Für diese Ursache-Wirkungs-Kette gibt es bisher jedoch nur indirekte empirische Belege: So findet sich beispielsweise ein Einfluß des Fernseh-Wahlkampfes auf das *Interesse* an der Wahl schlechthin. Hohes Interesse am Wahlkampf wiederum bedingt – so hatten wir erfahren – ein zunehmendes Bewußtsein für Themen und Kandidaten und schließlich eine höhere Wahlbeteiligung. Besonders in Ländern mit stark personenbezogenen Wahlkämpfen wie in den USA mag die gezielte *Imageförderung* und/oder *-korrektur* in Bezug auf bestimmte Themen von Einfluß sein. Stellt sich vor oder während eines Wahlkampfes beispielsweise heraus, daß eine wichtige Wählergruppe – etwa die US-Farmer – stark von wirtschaftlichen Sorgen bedrückt sind, so könnte die Darstellung des Präsidenten bei Vertragsverhandlungen über Getreidelieferungen an das Ausland oder bei einem Interview, in dem er seine wirtschaftliche Kompetenz zeigen kann, zur gewünschten Imagebildung beitragen. Schließlich bleibt die Frage nach dem direkten Einfluß der Medien-Agenda auf die Wahlentscheidung der Medien-Rezipienten zu beantworten. Während des Wahlkampfes in der Bundesrepublik Deutschland im Jahr 1980 wurden dazu in München etwa 3500 Wählerinnen und Wähler u.a. nach ihrer Mediennutzung, ihrem Interesse am Wahlkampf und ihren persönlichen Lebensumständen befragt (vgl. DEGENHARDT et al., 1983). Dabei zeigte sich, daß für die Ermittlung der Publikums-Agenda die unmittelbaren Lebenserfahrungen einen vergleichsweise stärkeren Einfluß hatten als die Medien. Generell wurden Themen wie Arbeitslosigkeit und Preissteigerungen am häufigsten genannt, und ältere Mitbürger interessierten sich stärker als alle anderen für das Thema der Rentensicherung. Je mehr sich die Befragten für Politik interessierten und je häufiger sie die politische Berichterstattung der Medien nutzten, umso häufiger wurden allerdings auch Themen genannt, die nicht unmittelbar den realen Lebenserfahrungen entstammten. Doch kann auch hier nicht von einem durchgängig höheren «Agenda-setting»-Effekt die Rede sein, da die politisch hoch motivierten Rezipienten zumeist auch schon in ihrer Parteipräferenz festgelegt sind und sich in der Auswahl der von ihnen präferierten politischen Themen nur wenig von den Medien tangieren lassen. Hier wie in amerikanischen Untersuchungen (vgl. WEAVER, 1983) zeigt sich ein Effekt vor allem bei den unentschlossenen, aber am Wahlkampf interessierten Wählern, die sich auf der Suche nach entscheidungsrelevanten Informationen stärker von den Medien und ihren Themen beeinflussen lassen. Trotz der angeführten Medieneffekte auf das allgemeine Interesse am Wahlkampf, die Wirkungen (insbesondere des Fernsehens) auf die Imagebildung und -korrektur von Kandidaten bleibt die Frage des Zusammenhangs von Medien-Agenda, Publikums-Agenda und individueller Wahlentscheidung vorläufig ungeklärt.

6.3 «Am Rande des Alltags» - Fernsehen, Politik und die täglichen Gespräche

So mag es denn sein: Fernsehen erzeugt zu bestimmten Zeiten (z.B. in der heißen Phase von Wahlkämpfen) und zu bestimmten Themen (etwa aus dem Bereich der nationalen Politik, zu denen keine direkten Erfahrungen vorliegen) bei bestimmten Zuschauergruppen (unter anderen bei unentschlossenen, interessierten und gebildeten Wählern mit einem ausgeprägten Bedürfnis nach Orientierung in der sozialen Welt und ohne gravierende sonstige Probleme wie z.B. Arbeitslosigkeit, Sicherung der Renten) eine Tagesordnung der politischen Themen. Stehen bei dieser Publikums-Agenda Themen ganz obenan, die eindeutig mit der Präferenz für eine bestimmte Partei verbunden sind, so kann dies einen Einfluß auf die Wahlentscheidung haben: Der US-Wahlkampf 1976 zwischen Ford und Carter ist in Ohio und Hawaii u.a. durch 15000 Stimmen entschieden worden, deren Gewinn Ford zu 270 Wahlmännern (gegenüber den 268 von Carter) verholfen hätte. Bei dermaßen knapp ausgehenden Wahlen läßt sich schon vermuten, daß der Agenda-Setting-Effekt wahlentscheidend sein kann und insofern ein entsprechender Einfluß des Fernsehens zu unterstellen ist. Eine solche Überlegung muß jedoch Spekulation bleiben, solange erstens unbekannt ist, ob es sich bei den genannten Wählern um den oben beschriebenen, gewissermaßen «Agenda-setting»-anfälligen Wählerkreis handelt und ob sich bei diesem Kreis tatsächlich der Effekt eindeutig zugunsten der einen oder anderen Partei (und einer entsprechenden Stimmabgabe) ausgewirkt hat. Ebenso ließe sich ja auch das Wetter als entscheidender Faktor für den Ausgang der Wahl heranziehen: Vielleicht war es zu heiß auf Hawaii, so daß die entscheidenden Wähler daheimgeblieben sind. Ebenso könnte eine zu forsche Wahlkampfrede, die mangelhafte Unterstützung der örtlichen Parteiorganisation, ein unglücklich gewählter Wahlkampf-Slogan oder auch ein reales politisches Ereignis vom Tag vor der Wahl (z.B. eine Flugzeugentführung o.ä.) zu einem knappen Wahlausgang beitragen. Mit dem Argument der knappen Wahlausgänge die besondere Bedeutung des «agenda-setting»-Effekts begründen zu wollen, erscheint danach vorläufig ebenso berechtigt wie der Hinweis auf die besondere Wichtigkeit des Wetters, der Parteiorganisation, der Wahlkampfplakate und des internationalen Flugverkehrs. Alle diese Einflüsse zusammen (und noch weitere dazu) bewirken die Wahlentscheidung des Bürgers, soweit sie nicht schon lange vor dem Wahlkampf und unbeeinflußt von den genannten Effekten getroffen wurde. (Man kann sich des Eindrucks nicht ganz erwehren, daß die Konzentration der Wahlforscher auf die heiße Wahlkampfphase den «Agenda-setting»-Effekt zu einem überwertigen Thema gemacht hat, während die längerfristigen Prozesse der Einstellungsbildung und -veränderung in den Hintergrund treten.)

Ein weiterer Gesichtspunkt darf nicht übersehen werden: Eine Tagesordnung der politischen Themen und Probleme beim Fernsehzuschauer mag zwar vorhanden sein, sie muß aber selbst wiederum durchaus nicht die für ihn persönlich wichtigsten Themen enthalten. Schon in der Studie des Hans-Bredow-Instituts über Kommunikation beim Fernsehen zeigte sich (vgl. Brenne, 1977), daß Zuschauer politische Themen – wenn überhaupt – oft nur als emotionale Stellungnahmen zu den soeben auf dem Bildschirm gezeigten Personen thematisierten. War jedoch das Fernsehgerät *nicht* eingeschaltet, so bezogen sich nur noch 0,4% *aller* Äußerungen der Anwesenden auf die Fernsehinhalte (gegenüber etwa zwei Dritteln bei laufendem Gerät). Eine genauere Aufschlüsselung der Gesprächsthemen von 52 Familien an 14 aufeinanderfolgenden Tagen im Juni 1976 zeigt, daß sich diese vor allem mit «Unterhaltung, Vergnügen und Ausgehen» (=22,7% aller beobachtbaren Äußerungen), «Personen» (=16,4%) sowie «Mahlzeiten und Genuß» (=14,5%) beschäftigen. Die politischen Themen wie «Gemeinschaft und Gesellschaft» oder «Gewalt und Leiden» kamen hingegen nur in 7,4% bzw. 0,5% aller Fälle vor. Gesprächsinhalte beziehen sich zudem zu 85,7% auf Personen, zu denen ein enger oder wenigstens loser persönlicher Kontakt besteht. Personen, zu denen kein solcher Kontakt besteht (und in diese Kategorie würden beispielsweise Politiker fallen), werden ohne ein laufendes Fernsehgerät nur in 14 von 100 Beobachtungen erwähnt. (Bei laufendem Fernsehgerät sind es aber immerhin fast 42%.) Politische Gespräche scheinen demnach eher zu den seltenen Ereignissen zu gehören, auf Fernsehinhalte bezogene Themen lassen sich in der fernsehfreien Zeit nur einmal unter 200 Themen finden. Zugegebenermaßen sind die Befunde nur indirekt auf die «Agenda-setting»-Hypothese zu beziehen, da bei dieser Untersuchung weder eine genaue Medien-Agenda noch eine darauf bezogene Publikums-Agenda erhoben wurde. Ein indirekter Schluß ist aber dennoch möglich, da sicherlich in einigen der genannten Kategorien (wie Gespräche über Personen, zu denen kein persönlicher Kontakt besteht, Gemeinschaft, Gesellschaft und Gewalt oder Fernsehinhalte) auch vom Fernsehen angeregte, *politische* Themen vorkommen werden. Da dies aber selbst hier nicht der Fall sein *muß* (z.B. können Gespräche über Fernsehinhalte auch eine Show-Sendung betreffen, gesellschaftsbezogene Themen müssen nicht nur aus dem Fernsehen bezogen sein und nicht persönlich bekannte Personen können auch Verwandte von Nachbarn sein), ist der Anteil der vom Fernsehen angeregten politischen Gesprächsthemen eher noch geringer als hier vermutet.

Zeitlich und inhaltlich enger auf den Wahlkampf bezogen ist eine andere Studie von DARKOW & BUSS (1983). Hier sollten 350 Bundesbürger zwischen 25 und 35 Jahren je vier Wochen vor und nach der Bundestagswahl 1980 täglich Protokoll führen über:

- Art und Dauer der Mediennutzung im Tagesablauf,
- bemerkenswerte Ereignisse im privaten, beruflichen, innen- und außenpolitischen Bereich,
- als bedeutsam empfundene Inhalte der Massenmedien und persönliche Gespräche.

In den vier Wochen vor den Wahlen - also in der sog. heißen Phase des Wahlkampfes - hatten ARD und ZDF zusätzlich zu ihrem normalen Informationsangebot 21 Sondersendungen zur Wahl angeboten, die durchschnittlich fünf Millionen Zuschauer erreichten. 35 % der Befragten hatten keine dieser Sendungen gesehen, nur eine Sendung wurde von 27 %, zwei bis vier Sendungen von 30 % und fünf oder mehr von 8 % angesehen. Insgesamt wurde die Wahlkampfberichterstattung im Fernsehen also nicht sonderlich intensiv beansprucht: Nahezu zwei Drittel sahen keine oder nur eine der insgesamt 21 Sendungen. Herausragende Bedeutung hatten dabei offensichtlich die Sendungen «Drei Tage vor der Wahl» und die Berichterstattung nach der Wahl am Wahlkampfsonntag. Das Ausmaß der Hörfunk- und Zeitungsnutzung blieb zudem vom Wahlkampf unbeeinflußt.

Selbst wenn kein einziger Zuschauer auch nur eine Minute die 21 zusätzlichen Wahlsendungen gesehen hätte, so wird er dennoch durch die normalen Nachrichten- und Magazinsendungen des Fernsehens wie durch andere Medien auf den Wahlkampf aufmerksam gemacht. Ob und in welchem Ausmaß der Wahlkampf im Alltagsleben eine Rolle spielt, wurde folgendermaßen überprüft: An 56 Tagen mußten die Befragten aufschreiben, welche Ereignisse aus den Bereichen Persönliches, Familie, Beruf, Haushalt, Verwandte, örtliches, nationales und internationales Geschehen ihnen an diesem Tag besonders wichtig waren. In über der Hälfte aller Nennungen stammte das *wichtigste* Ereignis aus den Bereichen Persönliches, Familie und Verwandte. Nationale und internationale Politik werden nur etwa bei einem Viertel zuerst genannt. Werden nicht nur die wichtigsten, sondern *alle* angeführten Ereignisse ausgewertet, so überwiegt der private Bereich mit fast drei Vierteln, nur in den beiden Wochen vor der Wahl sinkt dieser Anteil unter die 60 %-Marke.

Im einzelnen wurde dabei angeführt: In den Bereichen Persönliches und Familie wurden überwiegend Einkäufe, Spazierengehen, Besuche, Krankheiten und Unfälle erwähnt, bei Beruf und

Haushalt war es überwiegend die Berufstätigkeit. Ereignisse, die mit Freunden, Verwandten und Nachbarn erlebt wurden, waren überwiegend Besuche und gemeinsame Feste. Im Bereich der lokalen Ereignisse wurden zuerst Feste und Unfälle, aber mit einer Häufigkeit von 10% auch der lokale Wahlkampf angeführt. In der internationalen Politik sind 25% der Angaben auf die Wahl bezogen, noch häufiger aber wurden wirtschaftspolitische Themen und das Bombenattentat beim Oktoberfest in München angeführt. Im internationalen Bereich wurden an erster Stelle der Krieg zwischen Iran und Irak genannt, gefolgt von Unglücksfällen und Katastrophen verschiedenster Art.

Unter der hier wichtigen Fragestellung, ob und wie sehr die Medien bzw. das Fernsehen die politische Publikums-Agenda bestimmen, ist zunächst einmal das Ergebnis von Bedeutung, daß auch bei dieser Untersuchung politische Themen allgemein wie auch der Bundestagswahlkampf im besonderen keinen hohen Stellenwert besitzen. Die Autoren der Studie drücken dies so aus: «Der Bundestagswahlkampf und sonstige politische Ereignisse haben für den Alltag der Befragten bestenfalls am Rande stattgefunden» (DARKOW & BUSS, 1983, S. 458).

Daß der Wahlkampf als bemerkenswertes Ereignis nie die Bedeutung der privaten Ereignisse übertrifft, muß aber auch hier nicht heißen, Fernsehen habe dabei gar keinen Einfluß. Auch bei einem Ereignis am Rande des Alltags kann dennoch ein bedeutender Fernseheinfluß vorliegen. Eine erste Antwort zu diesem Problem läßt sich daraus entnehmen, ob die Befragten aus den *Medien* oder aus *persönlichen Gesprächen* für sie bemerkenswerte Inhalte erfahren haben. Dabei zeigt sich zunächst, daß Gespräche zwar täglich geführt, die Medien aber an einem Drittel der Falltage überhaupt nicht benutzt werden. Bei den Angaben zu erinnerns- oder bemerkenswerten Inhalten liegen die Gespräche mit ca. 33% in Front, gefolgt von Fernsehen mit 27% und Tageszeitungen mit 21%. Der Wahlkampf selbst spielt dabei auch hier eine untergeordnete Rolle: Nur 13% aller bemerkenswerten Fernsehinhalte, 10% aller bemerkenswerten Zeitungsmeldungen und 9% aller bemerkenswerten persönlichen Gespräche beziehen sich auf die Wahl. Lediglich in der Wahlwoche selbst gehen diese Werte auf 45% (Fernsehen), 12% (Zeitung) und 32% (persönliche Gespräche) herauf. Einschränkend ist festzustellen, daß die hohen Werte vor allem auf die Ergebnisdiskussion *nach* der Wahl zurückzuführen sind. Zwar ist auch bei dieser Untersuchung keine Gegenüberstellung von Fernseh- und Publikums-Agenda durchgeführt worden, jedoch steckt sie den Rahmen für solche Effekte ab: Nur 27 % aller bemerkenswerten Themen werden danach dem Fernsehen entnommen, davon sind wiederum im Durchschnitt nur 13 % auf den Wahlkampf bezogen. Anders formuliert werden demnach nur 3,5 % aller bemerkenswerten Themen bzw. Inhalte in der heißen Phase des Wahlkampfes dem Fernsehen zugeschrieben. Bezieht man *alle* informierenden Angebote des Fernsehens mit ein, so erhöht sich diese Quote auf etwa 14 %. Ein wahlentscheidender Einfluß von «Agenda-setting»-Effekten des Fernsehens müßte sich also aus diesen 3,5 % bis 14 % ergeben. Wie gesehen, hätte er stark mit anderen Einflußgrößen - z.B. persönlichen Gesprächen und Erfahrungen, politischem Interesse, anderen Medien und Ereignissen usw. - zu konkurrieren. Nimmt man hinzu, daß die Publikums-Agenda vor allem dann einen Einfluß auf die Wahlentscheidung haben wird, wenn die Themen *einer* Partei dominieren (und unterstellt man weiterhin, daß dies in der Wahlkampfberichterstattung des deutschen Fernsehens 1980 kaum der Fall war; vgl. LIPP, 1983), so bleibt der Spielraum für wahlentscheidende Einflüße des vom Fernsehens verursachten «Agenda-setting»-Effekts doch eher gering.

Bestimmt Fernsehen die Gesprächsthemen der Zuschauer? hatten wir - auch über den Bereich des Wahlverhaltens hinausgehend - zu Beginn dieses Kapitels gefragt. Wir können zu diesem Problem nunmehr feststellen, daß nicht einmal während des Fernsehens selber mehr als die Hälfte aller Äußerungen auf die gezeigten Sendungen bezogen sind. Ohne Fernsehkontakt schrumpft diese Zahl in der Familie auf unter 5 %, außerhalb - etwa im Beruf - mögen es noch weniger sein. Erinnernswerte Ereignisse (über die nicht immer auch gesprochen werden muß) werden zu etwa einem Viertel dem Fernsehen entnommen und verteilen sich ungefähr gleichmäßig auf Unterhaltungs- und Informationssendungen; der Bundestagswahlkampf nimmt dabei nur eine Randstellung ein. Der Einfluß des Fernsehens auf die Auswahl und Rangordnung von Gesprächsthemen der deutschen Zuschauer erscheint daher als alles in allem eher von bescheidener Bedeutung.

7. Kapitel

Die Wissenskluft - Macht Fernsehen dumm?

7.1 Die Text-Bild-Schere - Informationsverarbeitung beim Fernsehen
7.2 Dumme dümmer, Kluge klüger - Die Wissenskluft-Hypothese
7.3 Und morgen? - Wissenskluft und Kabelfernsehen

7.1 Die Text-Bild-Schere – Informationsverarbeitung beim Fernsehen

Am Anfang war das Wort, dann kam das Bild dazu, aber die Frage, wie beides vom Fernsehzuschauer verarbeitet wird, interessiert die Medienwirkungsforscher erst seit kurzem. Fast alle bisher erörterten Themen lassen sich unter die eingangs erwähnte LASSWELL-Formel (1927) subsumieren, nach der Medienforschung untersuche, wer was warum wie und mit welchem Effekt zu wem sagt. Daß viele Fragen und Untersuchungen – wie gesehen – nur zu unbefriedigenden Ergebnissen führten, mag aber auch damit zusammenhängen, daß die zwischen dem Was und Wie von Sendungen einerseits und den beobachtbaren Effekten im Verhalten der Zuschauer andererseits liegenden Vorgänge der *Informationsaufnahme und -verarbeitung* bisher eher vernachlässigt wurden. Möglicherweise sind aber Fernseheinflüsse z. B. auf das Wahlverhalten oder die Diskussion politischer Themen vor allem deshalb nicht sonderlich beeindruckend, weil die jeweiligen Inhalte für die intellektuellen Fähigkeiten des durchschnittlichen Zuschauers nicht optimal präsentiert werden.

Wenn in den letzten Jahren die im Kopf des Zuschauers ablaufenden kognitiven Prozesse der Informationsaufnahme und -verarbeitung stärker in den Mittelpunkt gerückt sind, dann zeigt dies auch, daß die psychologische Medienwirkungsforschung eben erst den Kinderschuhen zu entwachsen beginnt. Die Frage nach den verhaltenswirksamen Effekten des Fernsehens setzt eigentlich Erkenntnisse zur kognitiven Verarbeitung der Fernsehsendungen voraus. Insofern steht die psychologische Medienwirkungsforschung mit ihrem zunehmenden Interesse an dieser Frage tatsächlich erst am Anfang.

In diesem Zusammenhang ist die *Fernsehnachrichtenforschung* von besonderem Interesse: Zum einen handelt es sich hier um die Informationssendung «par excellence» und zum anderen wird sie von Journalisten und Politikern für die Meinungsbildung und Teilnahme der Bürger am gesellschaftlich-politischen Leben als besonders relevant angesehen. (Zur Vermeidung von Mißverständnissen sei hier angemerkt, daß aus der Sicht des Medienpsychologen, der sich für kognitive Prozesse der Informationsaufnahme und -verarbeitung beim Zuschauer interessiert, jede Sendung – sei es nun eine Direktübertragung aus dem «Crazy Horse» in Paris, die Musik-Sendung «Formel 1» oder die «Tagesschau» – gleichermaßen als *Information* behandelt wird. Aus dieser Perspektive hat die in den Redaktionen anzutreffende Unterscheidung von Informations- und Unterhaltungssendungen keine Bedeutung.)

Das Gebiet der Fernsehnachrichtenforschung läßt sich grob in drei Bereiche gliedern: (1) Analysen der Nachrichtensendungen nach Themen, Dramaturgie, Präsentationsformen, Sprache usw., (2) Untersuchungen zur Wirkung unterschiedlicher Darstellungsformen auf das Behalten der Nachrichteninhalte und (3) die Frage des Einflusses von Zuschauer-Merkmalen (z. B. Alter, Geschlecht, Schichtzugehörigkeit) auf die Behaltensleistungen.

(1) *Analysen von Fernsehnachrichten:* Wie oben (vgl. auch Abschnitt 6.1) erwähnt, sind zwar kurze, dramatische und blutige Ereignisse sehr wahrscheinlich eine Meldung wert, zugleich aber besteht die große Mehrzahl der täglichen Nachrichten aus wenig aufregenden Berichten. Zwischen 40 % und 60 % aller Meldungen beziehen sich auf Wirtschaftspolitik, Parteipolitik, Innere Sicherheit, Energie- und Umweltfragen, Ost-West-Beziehungen oder politische Krisenherde. Sie werden als Konferenzen, Staatsbesuche, Parteitage, Parlamentsdebatten, Wahlen und gelegentliche Demonstrationen oder Kundgebungen vorgeführt. Soziale Gruppen sind in sehr ungleichmäßiger, aber stereotyper Weise in den Nachrichten präsent: Politische Institutionen – Regierungen, Parlamente, Wirtschaftsverbände und Gewerkschaften – stellen über 80 % der Meldungen, wobei die Exekutiven mit einem Drittel der Inlands- und zwischen 40 % und 50 % der Auslandsberichterstattung am stärksten vertreten sind. Zur Beachtung anderer Gruppen schreibt der deutsche Publizistik-Wissenschaftler SCHULZ sehr pointiert: «Frauen kommen beispielsweise in den Medien am ehesten als Opfer von Sexualverbrechen vor, Kinder als Verkehrsopfer, Gastarbeiter als Kriminelle oder soziale Problemfälle, Studenten als Demonstranten oder Terroristen, alte Leute als Jubilare oder in Nachrufen.» (SCHULZ, 1980, S. 39)

Der amerikanische Medienwissenschaftler SMITH (1979) untersuchte Anfang 1978 über 300 Nachrichten-Meldungen verschiedener amerikanischer Sender und fand u.a., daß mehr als 70 % der Berichte *geplante* Ereignisse betrafen. Sie waren vor allem von der

Regierung initiiert (= ca. 45 %) und wurden zehnmal häufiger durch Männer (ca. 31 %) als durch Frauen (ca. 3,2 %) vertreten. Er vergleicht Nachrichten mit mythischen Erzählungen, bei denen an die Stelle der Sirenen, Dämonen und Helden der omnipotente, oberhalb des Rechts stehende Politiker getreten ist, der die Regeln festsetzt, nach denen der Mann und die Frau auf der Straße leben müssen. «Die griechischen Götter auf dem Olymp waren nicht weniger fremd und nur wenig mächtiger.» faßt SMITH (1979, S. 82) dies zusammen.

Zur mythischen Geschichte gehört auch eine entsprechende Sprache; und in der Tat haben Analysen von Nachrichtensprache ergeben, daß diese sich charakteristisch von der Umgangssprache unterscheidet. Das klassische Bauprinzip für eine Nachricht ist der sog. «Lead»-Stil, bei dem eine Meldung in «Lead» (= Kopf-Satz) und «Adds» (= Zusatzinformationen) gegliedert wird. Im «Lead» wird dann berichtet, wer, was, wann, wo und warum getan hat, in den «Adds» wird das Zustandekommen erläutert. Der dabei zumeist verwendete Sprachstil ist der sog. *Nominalstil,* bei dem die interessierenden Teilinformationen über nominale Glieder aneinandergereiht werden. Ein eindrucksvolles Beispiel für einen solchen Satz führt ESCHE (1977, S. 80) aus einer Tagesschau-Meldung vom 27. 5. 1975 vor: «Die Äußerungen von Bundesminister Maihofer über den Anstieg der politisch motivierten Anschläge im vergangenen Jahr sind von der Landesleitung der CSU in München in einer ersten Stellungnahme als ein Beweis für die – wie es heißt – erschütternde Diskrepanz zwischen der Wirklichkeit und der beschwichtigenden Darstellung durch die Verantwortlichen bezeichnet worden.» Dieser eine Satz besteht aus insgesamt 14 Nominalgliedern (wie etwa Äußerungen, Bundesminister Maihofer, Anstieg, politisch motivierte Anschläge, im vergangenen Jahr usw.) und ist zudem mit 49 Wörtern erheblich länger als die Sätze der Umgangssprache mit 5–14 Wörtern oder die der Bild-Zeitung mit etwa 11 Wörtern (ESCHE, 1977).

Weitere Unterschiede zur Umgangssprache (außer *Nominalisierungen* und *Satzlänge)* sind die häufige Verwendung von *Fremdwörtern, Abkürzungen* und Begriffen aus *Fachsprachen* sowie das schnellere Sprechtempo. Da auch die nonverbalen Merkmale etwa der dunklen, sonoren Stimme oder der reduzierten Mimik und Gestik von Nachrichtensprechern sowie ihre Aufmachung wenig

Ähnlichkeit mit der Alltagswelt haben, kann der Sprachwissenschaftler GEISSNER (1975, S. 149) mit Recht feststellen: Hier spricht «... die Anstalt des öffentlichen Rechts durch ihre Herolde.»

Neben den Inhalten und der Sprache von Nachrichten sind die zugehörigen Bilder kaum systematisch untersucht worden, obwohl auch hier Stereotypen nicht eben selten sind. Sie werden in der medienwissenschaftlichen und -politischen Diskussion mit Begriffen wie «Bildhülsen», Klischees, «Visualisierungszwang» usw. thematisiert. Bei einer Untersuchung von über 2000 Einstellungen aus ARD- und ZDF-Nachrichtensendungen fand beispielsweise STRASSNER (1982), daß etwa 75 % der Filmberichterstattung durch 10 Inhaltskategorien (Konferenzen und Sitzungen, Gespräche und Zusammenkünfte, Wahlaktivitäten, staatliche Repräsentationen usw.) abgedeckt werden. Größeres Interesse haben die Beziehungen von *Bild und Text* erfahren, bei denen zumeist ihr geringer Zusammenhang beklagt wird. Zu einem Tagesschau-Bericht über ein Viermächtegespräch in Berlin bemerkt LETTAU (1975) beispielsweise: Der Filmbericht «... zeigt uns, daß vier zweibeinige Herren ohne Schwierigkeiten vier Autos verließen und auf ein Haus zugeschritten sind. ... Die Herren selber brauchte (der Sprecher) nicht zu identifizieren, da wir sie seit anderthalb Wochen ähnlich rüstig auf Auto- oder Haustüren schon zuschreiten sahen ...». Nach der Analyse eines Nachrichtenfilms über den Nord-Irland-Konflikt schließt B. WEMBER, daß die meisten Bildinformationen die Aufmerksamkeit des Zuschauers mit technischen Tricks wie Zoom, Schwenk, häufige Schnittfolge usw. zu fesseln versuchen, ohne daß diese Mittel in irgendeinem inhaltlichen Bezug zum Nachrichtentext stehen. Von ihm stammt auch das Schlagwort von der *Text-Bild-Schere* bei Fernsehnachrichten, da Text und Bild wie die zwei Klingen einer Schere auseinandergingen und oft so weit entfernt seien, daß der Zuschauer sie nicht mehr sinnvoll gleichzeitig verarbeiten kann.

Nach allem führen Inhaltsanalysen von Fernsehnachrichten zu sehr zwiespältigen Befunden: Zum einen wird ein hohes Ausmaß an Stereotypisierung von Inhalt, Text und Bild konstatiert und beklagt. Es wird behauptet, Fersehnachrichten seien nichts anderes als mythische Geschichten, deren Beginn, Ablauf und Ende im wesentlichen immer gleich und dem Zuschauer längst bekannt sind. (Wie eingangs erwähnt, nennt ANDERS [1961] diesen Sachverhalt «... das gute alte Noch-nie-dagewesene» [S. 167].) Andererseits wird zugleich angeführt, daß Merkmale dieser Darstellungsform - wie etwa zu häufiger Themenwechsel, nominaler Sprachstil, überinformative Bilder und geringe Text-Bild-Bezüge - die Nachrichtenrezeption behinderten. Die Frage nach den Ergebnissen medienpsychologischer Untersuchungen zu diesem Problem drängt sich auf.

(2) *Wirkungen von Darstellungsformen:* Der schon genannte Medienwissenschaftler WEMBER führte auch einen - wie er es nannte - Indizienbeweis gegen den Anspruch von Nachrichtenpraktikern, mit ihren Text-Bild-Kombinationen den Zuschauer informieren zu können. Nach seinen Untersuchungen wurden diejenigen Teile von Nachrichtenfilmen zu 80% erinnert, bei denen Text und Bild aufeinander abgestimmt waren, während nicht zusammengehörige Informationen lediglich zu 30% behalten wurden. Die Verwendung längerer Einstellungen erhöhte hingegen die Erinnerungswerte um 10%, die Einblendung von Graphiken führte zu Werten von 80%.

Für ein ordentliches Gerichtsverfahren reichen Indizienbeweise dann nicht aus, wenn handfestere Beweise existieren. Sie liegen - in Form methodisch besser abgesicherter Untersuchungen - zu der hier interessierenden Frage mittlerweile vor (vgl. BERRY et al., 1980; HUTH, 1979). Ein schwedischer Medienforscher (FINDAHL, 1971) versah einen gleichbleibenden Text mit je unterschiedlichem Bildmaterial und fand heraus, daß diejenigen Bilder vom Zuschauer am besten erinnert und beurteilt wurden, die mit dem Text enger zusammenhingen. Wir konnten diesen Befund bei der Untersuchung von Werbespots ebenfalls bestätigen (vgl. WINTERHOFF-SPURK & SCHMITT, 1985). Im Detail wurden bei diesen und anderen Untersuchungen folgende Ergebnisse gefunden (vgl. Übersichten bei HUTH, 1979; BERRY et al., 1980):

- Bei *Auslandsthemen* sind die Erinnerungsquoten bei der Nachrichtenpräsentation mit Film doppelt so hoch wie bei einem Sprecher allein, während sich bei Inlandsthemen kein Unterschied ergibt (Untersuchung in Israel).
- Kurze *Schlagzeilenmeldungen* mit Filmbegleitung führen zu höheren Behaltensleistungen als Foto- oder Sprecherdarbietungen allein (Untersuchung in England).

- *Nachrichtenfilme* mit oder ohne Texteinblendung sowie Korrespondentenberichte erweisen sich den Studio-Formen (Sprecher mit oder ohne Karteneinblendung, Kommentare, Interviews) hinsichtlich der Erinnerungswerte als überlegen (Untersuchung in der Bundesrepublik Deutschland).
- Ereignisse, Orte, Objekte und Folgen von Nachrichtentexten werden am besten behalten, wenn gleichzeitig zugehörige *Landkarten* und (kurze) *Texte* eingeblendet werden (Untersuchung in Schweden).

Während ein großer Teil dieser Untersuchungen mit Hilfe der Text-Bild-Schere erklärt werden kann, fanden wir in einer Untersuchung (vgl. WINTERHOFF-SPURK, 1983) ein überraschendes Ergebnis:

Wir präsentierten unseren Versuchsteilnehmern den Text eines Nachrichtenfilms des ZDF vom 11. November 1982 über den Tod von L. Breschnew, zu welchem wir in einer Bedingung des Experiments das originale Bildmaterial, in einer anderen aber nicht zum Text passendes Bildmaterial aus einer ARD-Sendung anfügten. (In einer dritten Bedingung des Experiments erhielten die Teilnehmer den Text ohne Bildmaterial vorgespielt.) Nach allen bisherigen Untersuchungen war zu vermuten, daß die unpassende Bebilderung zu schlechteren Behaltensleistungen des Textes führt. Überraschenderweise unterschieden sich bei unserem Experiment jedoch die beiden bebilderten Versionen diesbezüglich nicht, wohl aber erzielte auch hier die reine Textversion die schlechtesten Behaltenswerte. Obwohl zum Teil auffällige Text-Bild-Divergenzen auftraten (beispielsweise berichtete der Sprecher vom Einmarsch der UdSSR in die CSSR, während im Bild Käuferschlangen vor einem Geschäft in Ost-Berlin gezeigt wurden), die teilweise noch durch Text-Ton-Divergenzen verstärkt wurden (so wurden im Bild W. Brandt und L. Breschnew zusammen im Boot auf dem Schwarzen Meer gezeigt, während auf der Tonspur der Beifall einer großen Menschenmenge zu hören war), hatten die Versuchsteilnehmer dies nicht bemerkt und den Nachrichtentext kaum schlechter behalten als bei der Originalversion. Wir vermuten, daß dieses Ergebnis die Folge hoher Standardisierungen der Nachrichtentexte einerseits, aber auch starker Stereotypisierung der Bebilderung andererseits ist: Das nachrichtenwerte Leben eines Staatsmannes besteht wohl vor allem in seiner Beteiligung an

Besuchen, Konferenzen, militärischen Aktionen und Paraden. Ob nun bei einem solchen Besuch der Besuchte oder die Fahne des Gastlandes auf einem beliebigen Gebäude gezeigt wird, hat offensichtlich das kurzfristige Behalten der im Text präsentierten Informationen kaum negativ beeinflußt.

Dieses Ergebnis führt zu der Frage, wie die gleichzeitige Wahrnehmung und Verarbeitung von Texten und Bildern theoretisch zu erklären ist. Zu dieser Frage gibt es im wesentlichen zwei Ansätze: Die *Reiz-Summierungs-* und die *Selektions*-Theorie. Nach der Reiz-Summierungstheorie soll eine Nachricht umso besser behalten werden, je mehr Bild- und/oder Textelemente von ihr wahrgenommen und gelernt werden. Die gleichzeitige Darbietung von aufeinander bezogenen Texten und Bildern zum gleichen Sachverhalt sollte danach zur größten Behaltensleistung führen, was aber – zumindest nach unserer Untersuchung – nicht immer der Fall sein muß. Die Selektionstheorie geht davon aus, daß der Mensch zu einem bestimmten Zeitpunkt immer nur eine begrenzte Menge von Informationen aufnehmen und verarbeiten kann. Gehen Informationen über verschiedene Sinnesmodalitäten (hier: Auge und Ohr für Bild und gesprochenen Text) ein, so wird bei ihrer Verarbeitung hin- und hergeschaltet, was insbesondere dann zu Ausfällen führt, wenn beide Modalitäten wenig aufeinander bezogen sind. Ersichtlich sind die beiden Theorien nicht vollständig konträr zueinander, vielmehr lassen sie sich unterschiedlichen Geltungsbereichen zuordnen: Bei geringer Informationsdichte (z. B. einfache Texte, längere Bildeinstellungen, langsames Redetempo, aber auch standardisiertes und stereotypes Bild- wie Textmaterial) kann durch geringe Auslastung der menschlichen Informationsverarbeitungskapazität eine Reizsummierung zu höheren Lernerfolgen führen. Steigt hingegen die Informationsdichte über ein bestimmtes Maß hinaus an, so konkurrieren die Informationen aus beiden Sinnesmodalitäten und können ggf. allesamt nicht hinreichend gründlich verarbeitet werden.

Unsere unerwarteten Befunde wären dann – wegen des vermuteten hohen Standardisierungsgrades der verwendeten Bilder – ein Beispiel für den Bereich geringer Informationsdichte: Zum Teil störten sie die Verarbeitungen des Nachrichtentextes nur wenig, manchmal mögen sie sogar (leicht) förderlich gewesen sein. Für die große Mehrheit von Nachrichten, die – wie dargestellt – einen hohen Grad an Stereotypisierungen des Inhalts, Textes und Bildmaterials aufweisen, wird nach unserer Vermutung die «Text-Bild-Schere» nur klein, gewissermaßen eine «Text-Bild-Nagelschere» sein, während für die dramatischen, kurzen, blutigen oder andere unerwartete Nachrichten eher ein «Heckenscheren-Effekt» vorliegen wird. Hier sind weitere Untersuchungen angebracht.

Der Moment, von dem ab die visuellen und auditiven Informationen miteinander zu konkurrieren beginnen, ist jedoch weder für alle Menschen, noch für den einzelnen Zuschauer bei einer spezifischen Menge konstant fixiert. Wieviel jemand von Nachrichten- und anderen Informationssendungen behält, hängt auch von der *Situation* ab, in der die Sendung angesehen wird. In einer einfachen Versuchsanordnung ließen wir (vgl. WINTERHOFF-SPURK, 1983) denselben Nachrichtenfilm (Tagesschau vom 10. November 1982) einmal in einer vollkommen störungsfreien Situation ansehen. Eine andere Gruppe von Versuchsteilnehmern mußte eine Reihe auch für die häusliche Fernsehsituation üblicher Störungen (z. B. das Öffnen und Schließen einer Tür, das Anbieten von Getränken und Gebäck oder Gespräche zwischen sonstigen anwesenden Personen) ertragen. Es zeigte sich der erwartete Effekt, daß diese Störungen sich in schlechteren Behaltensleistungen niederschlugen.

(3) *Einfluß von Zuschauermerkmalen:* Außer der Situation aber zeigen entsprechende Untersuchungen auch Zusammenhänge von Behaltensleistungen und Persönlichkeitsmerkmalen der Zuschauer: Hohes Interesse und hohe Aufmerksamkeit, niedriges Lebensalter und – für den nachfolgenden Abschnitt besonders wichtig – gutes Vorwissen und höherer Bildungsgrad führen zu besseren Behaltensleistungen (vgl. RENCKSTORF, 1980). Angehörige niedriger Bildungs- und Berufsgruppen hingegen suchen auch in Informationssendungen überwiegend deren Unterhaltungswert (DEHN, 1984).

Insgesamt aber bleibt festzuhalten, daß – unabhängig vom fördernden oder hemmenden Einfluß der genannten Variablen – nur ein bescheidener Teil der im Fernsehen dargebotenen Information überhaupt behalten wird. Von den alltäglichen Meldungen ist einen Tag nach der Sendung selten mehr als 5 bis 10% noch parat (vgl. BERRY et al., 1980; HUTH, 1979). Ein großer Teil der Informationen geht dem durchschnittlich intelligenten, interessierten und aufmerksamen Zuschauer in seiner häuslichen Umgebung offenkundig verloren. Zu fragen ist allerdings, ob er je den Anspruch hatte, alle ihm mit viel Aufwand dargebotenen Informationen auch wirklich für eine längere Zeit zu behalten. Man kann vielmehr spekulieren, daß ihn viel eher - wie beim Klatsch unter Nachbarn - die Frage interessiert: Was gibt's denn so Neues, Herr Köpke? Werden ihm dann überraschende Bilder und/oder für ihn wichtige Meldungen (z.B. über Steuererhöhungen oder Tarifabschlüsse usw.) geboten, so wird er für einen Moment der in vielen Untersuchungen unterstellte «mediale Musterschüler». Oft aber ist schon nach der ersten Meldung klar, daß es in der Welt wenig Neuigkeiten gegeben hat. Nachrichten wären so eher Denk- oder Gesprächsangebote, die vom Zuschauer selbst bei bestimmten Themen und ggf. unter Hinzuziehung weiterer Sendungen, Medien oder Gesprächskontakte vertieft werden müssen. Für eine solche «What's new?»-Funktion von Fernsehnachrichten wären die oft kritisierten Merkmale der Stereotypisierung und Oberflächlichkeit aber gerade recht.

7.2 Dumme dümmer, Kluge klüger - Die Wissenskluft-Hypothese

Zurück ins Kaffeehaus: Wie oben (vgl. Abschnitt 2.2) erwähnt, gingen frühe Modellvorstellungen von Medienwirkungen davon aus, daß Regierungen Vorschläge machen, Parlamente darüber debattieren, die Presse die Vorschläge und Debatten an die Wähler weitergibt und diese schließlich in den Kaffeehäusern darüber disputieren. Ganz ist diese Idee bis heute nicht aus der Diskussion über die Funktion von Medien verschwunden: Auf einer Tagung im Jahr 1978 in Ludwigshafen verabschiedete beispielsweise der Deutsche Journalistenverband eine Resolution, in der dem Journalisten die Aufgabe zugewiesen wird, «... durch ein umfassendes Informationsangebot in allen Medien die Voraussetzungen dafür zu schaffen, daß jeder Staatsbürger die in der Gesellschaft wirkenden Kräfte erkennen und selbst am Prozeß der politischen Meinungs- und Willensbildung teilnehmen kann» (zit. nach STRASSNER, 1982, S. 49f.).

Diese Auffassung hatte aber bereits im Jahre 1970 einen herben Schlag hinzunehmen, denn zu diesem Zeitpunkt erschien in der renomierten amerikanischen Fachzeitschrift «Public Opinion Quarterly» ein Aufsatz von TICHENOR und anderen mit dem Titel «Mass media flow and differential growth in knowledge». Darin wurde behauptet, daß Wissenserwerb aus den Medien bei Gruppen aus höheren Sozialschichten schneller vonstatten geht als bei den unteren sozialen Gruppen. Somit werde das bereits vorher vorhandene Bildungs- und Informationsdefizit eher vergrößert als verringert. Ausgangspunkt für diese Behauptung waren Untersuchungen darüber, wie sich das Wissen über Nachrichteninhalte in der Bevölkerung ausbreitete. Dabei war gefunden worden, daß gebildetere Personen aus höheren Sozialschichten beispielsweise über politische Ereignisse wie den Tod von N. Chruschtschow früher informiert waren als Personen aus niedrigeren sozialen Schichten. Auch war der Wissenszuwachs dieser Gruppe über die Dauer von zwei Tagen größer als in der letztgenannten. Ähnliche Ergebnisse konnten auch bei allgemeineren Themen wie etwa dem Zusammenhang von Rauchen und Krebs oder der Möglichkeit einer Landung von Menschen auf dem Mond gefunden werden. Fiel jedoch durch einen Zeitungsstreik ein Teil der Massenmedien einmal aus, so wurde die Wissenslücke geringer.

Wie nicht eben selten in der Medienwirkungsforschung macht oft erst eine griffige mediengerechte Formulierung aus einem schon läger bekannten Effekt ein eigenes Thema, und so gilt dieser Aufsatz als die Geburtsstunde der «knowledge gap» - oder *Wissenskluft-Hypothese*. Dabei war das Phänomen selbst schon früher bekannt (vgl. Übersicht von GRAZIANO, 1983): Bei der Untersuchung von Aufklärungskampagnen (beispielsweise über die Rolle der Vereinten Nationen oder über Personen und Programme in Präsidentenwahlkämpfen in den USA) hatte sich immer wieder gezeigt, daß bestimmte Gruppen der Bevölkerung nicht zu erreichen waren. Diese «chronic know-nothings», die chronischen Nichtswisser, gehörten zumeist Gruppen mit schlechterer Ausbildung an, so daß schon 1967 ein amerikanischer Medienwissenschaftler schreiben konnte: «... die Hoffnung, durch Bemühungen in den Massenmedien die Informiertheit der Öffentlichkeit zu verbessern, wäre naiv» (ROBINSON, 1967, S. 24). In den nachfolgenden Jahren wurden zunächst weitere Untersuchungen zur Stützung der Wissenskluft-Hypothese veröffentlicht: Beispielsweise zeigten sich statushöhere Personen über die Watergate-Affaire besser informiert als statusniedrige. Auch bei Untersuchungen zur «Sesam-Straße» (vgl. Abschnitt 3.2) wurde festgestellt, daß Mittelschicht-Kinder davon stärker profitierten als Unterschicht-Kinder. TICHENOR und Mitarbeiter (1973) fanden bei einer Untersuchung in 15 Gemeinden in Minnesota die Wissenslücke vor allem bei Themen aus der nationalen Politik. Bei lokalen Themen ließ sie sich hingegen nicht nachweisen.

Solche Ergebnisse (vgl. Übersichten bei BONFADELLI, 1980; ROBERTS & BACHEN, 1981; GRAZIANO, 1983) führten bald zu einer Revision der ursprünglichen Auffassung. Beispielsweise trat der Effekt nicht auf, wenn über Themen berichtet wurde, für die sich auch Angehörige der niedrigen Sozialschichten interessierten (z. B. *lokale Themen* oder ein nationaler Streik von Football-Spielern). Eng damit zusammen hängt die Untersuchung des *Interesses* an bestimmten Themen, das einen größeren Einfluß auf die Entstehung, Vergrößerung oder Verringerung einer Wissenslücke hat als die Sozialschicht. Bei einer Untersuchung des Wissenszuwachses aus den Fernsehübertragungen der Wahlkampfdebatten zwischen Ford und Carter (MCLEOD et al., 1979) zeigte sich beispielsweise, daß schulisch weniger ausgebildete, jüngere und weniger interessierte Zuschauer bei gleicher Dauer des Zuschauens einen ebenso großen Wissensgewinn pro Zeiteinheit erzielen konnten wie die besser ausgebildeten, älteren und interessierten. Die Autoren schließen daraus, daß weniger die intellektuelle Fähigkeit und die schulische Ausbildung als Gründe für die Wissenskluft anzusehen sind, sondern eher die geringeren Sehzeiten mangels Interesse. Auch gibt es Hinweise darauf, daß *persönliche Kommunikation* z. B. über lokal bedeutsame Themen, aber auch über Fragen der Sozialpolitik (Schwangerschaftsabbruch), die genannten Effekte mindern, wenn nicht aufheben kann. Ein weiteres Problem liegt bei den verwendeten *Befragungs-Methoden:* Läßt man die Angehörigen der unteren Sozialschichten die Antworten in ihren eigenen Worten geben, so verringern sich die Effekte gegenüber vorformulierten Antworten. Auch der *Zeitpunkt* der Befragung ist von Bedeutung, da häufig eine mehrmalige Nachbefragung eine eher verringerte Wissenslücke offenbart. Ferner beeinflußt die jeweilige Definition dessen, was unter

Wissen verstanden werden soll, die Ergebnisse: Faktenwissen («knowledge of») ist bei den niedrigen Sozialschichten eher vorhanden als Wissen über Strukturen und Zusammenhänge («knowledge about»). Schließlich bewirkt auch die hohe *Publizität* eines Themas über eine längere Zeit eher eine Reduzierung der Wissenslücke.

Faßt man diese Ergebnisse zusammen, so findet sich einmal mehr ein viel geringerer Effekt, als zunächst angenommen und befürchtet. Ein Lücken-Effekt wird wohl vor allem bei neuen, noch wenig beachteten Themen der nationalen und internationalen Politik zu finden sein, wenn strukturelles Wissen dazu mit geschlossenen Antwortvorgaben erhoben wird. Es erscheint daher nicht allzu gewagt, die «knowledge gap»-Hypothese selbst als ein Mittelschicht-Phänomen zu bezeichnen: Mit den sprachlichen Ausdrucksweisen dieser Schicht wird gefragt, ob die für sie interessanten Wissensbereiche in der Unterschicht zur Kenntnis genommen werden. Für den fernsehenden Unterschichtler aber ist beispielsweise Wissen über den Nobelpreisträger für Literatur vermutlich ebensowenig interessant wie über die Wahlbeteiligung in Polen. Nach seinen Themen wird er in der von ihm bevorzugten Ausdrucksweise nur selten befragt; mag sein, daß sie auch weniger im Medium vorkommen. Solcherart entdeckte Effekte als «Kluft» zu bezeichnen, legt zudem die Assoziation nahe, es handele sich um eine Defizit, eine Art geistige Unterernährung; das Wort «Wissensunterschiede» («knowledge difference») wäre hier sicher angemessener. Mit anderen Worten: Das eingangs genannte «Kaffeehaus-Modell» sollte auch auf Bierkneipen erweitert werden.

7.3 Und morgen? - Wissenskluft und Kabelfernsehen

In der vierten Januarwoche 1985 liefen auf dem Sonderkanal 18 («Movie Channel») des Kabelprojekts Ludwigshafen folgende Filmtitel (vgl. MOHN, 1985): Heißer Sand auf Sylt (deutscher Spielfilm, 1968), Ihr 106. Geburtstag (deutscher Spielfilm, 1958), Speedtrap (amerikanischer Spielfilm, 1977), Die Pinups und ein heißer Typ (deutscher Spielfilm, 1981) Die Girls vom Crazy Horse (französischer Spielfilm, 1976), Liebe, Tanz und tausend Schlager (deutscher Spielfilm, 1955), Sas Malko – im Auftrag des Pentagon (deutsch-französischer Spielfilm, 1983). Der Bomber (italienischer Spielfilm, 1981), Die Schatten werden länger (deutscher Spielfilm, 1961), Flucht in die Sonne (israelischer Spielfilm, 1973), Winnetou und Shatterhand im Tal der Toten (deutsch-italienisch-jugoslawischer Spielfilm, 1968), Der Würger von Schloß Blackmoor (deutscher Spielfilm, 1963) und Abschied von den Wolken (deutscher Spielfilm, 1959). Untersuchungen des Programmangebots kommerzieller Sender (auch außerhalb des Kabelprojekts) – wie etwa RTL Plus (Radio Luxemburg) oder SAT 1 (Anbieterkonsortium von Zeitschriftenverlegern und anderen) – zeigen, daß damit eine erhebliche *Ausweitung des Unterhaltungssektors* verbunden ist: So hat der österreichische Rundfunk im Juni 1984 eine Programmanalyse privater Sender durchführen lassen, bei der sich ein Unterhaltungsanteil von etwa 70% bis etwa 85% ergab, zu denen etwa 4% bis 11% Bildungs- und Kulturprogramme, 1% bis 6% Informationssendungen (einschließlich Nachrichten) sowie jeweils 0% bis 10% Sport- und Kindersendungen hinzukamen (vgl. Media Perspektiven 10/1984). Nimmt man noch den weiter anhaltenden Video-Boom hinzu (vgl. Bücken, 1985), so kann sich schon die Frage stellen, ob dies zur Vergrößerung von Wissensklüften oder -differenzen zwischen verschiedenen sozialen Gruppen führen mag.

Zur (vorläufigen) Beantwortung dieser Frage scheinen aber einige Vorbemerkungen nötig: Zunächst einmal muß geklärt werden, was hier unter Kabelfernsehen verstanden werden soll. Stark vereinfacht, unterscheidet sich Kabelfernsehen vom herkömmlichen Fernsehen lediglich dadurch, daß die Bild- und Tonsignale über Leitungen zum Empfänger transportiert werden. Dies ist so neu nicht, denn beim ersten TV-System der Welt 1935 in Berlin wurden die 300 bis 500 Empfänger ebenfalls per Kabel bedient. Die Nutzungsvariante «*Kabel als Verteilsystem*» hat auch nie ganz zu existieren aufgehört: Gebiete, die im Funkschatten liegen, oder Neubaugebiete wurden meist über eine Gemeinschaftsantennenanlage plus Kabel versorgt.

Kabelsysteme können aber in der Regel mehr Informationen störungsfrei übermitteln als der drahtlose Weg mit seiner begrenzten Zahl von Frequenzen. Vor allem in den USA wurde zuerst aus dem Kabel als reinem Verteilsystem durch die zusätzliche Einspeisung von Programmen anderer Sendegebiete oder durch das Angebot völlig neuer Programme ein *eigenständiges Medium,* das sich gegenüber dem herkömmlichen Fernsehen zunächst lediglich durch ein größeres Angebot auszeichnete. Ein paar Zahlen dazu: 1978 waren von den rund 4000 amerikanischen Kabelsystemen ca. 1500 reine Verteilersysteme, weiter 1500 boten zusätzlich automatische Dienste wie Zeitansage, Wetterbericht, Nachrichten, Werbung und Kleinanzeigen an und ca. 1000 Systeme versorgten ihre Abnehmer außerdem mit nichtautomatischen Diensten wie Eigenproduktionen, Importen, Schulkanälen, offenen Kanälen für Eigenproduktionen der Bürger und Pay-TV, bei dem die Benutzung eines (z. B. Spielfilm-) Kanals zu bezahlen ist.

Eine qualitativ neue Stufe wurde mit der Einführung des *Rückkanals* (= Zweiweg-Fernsehen, interaktives Fernsehen) erreicht, bei dem der Zuschauer mit dem Sender und/oder einem Computer direkt interagieren kann. Exemplarisch kann dazu das Qube-Projekt der Warner Communications Inc., angeführt werden: das erste kommerzielle Kabelfernsehen mit Rückkanal, das allerdings gegenwärtig wegen zu hoher Verluste umstrukturiert wird. In der Anfangsphase 1977 konnten die Teilnehmer gegen eine Anschlußgebühr von 20 Dollar und monatlich feste Zahlungen von 11 Dollar ihr Programm aus 30, ab 1982 aus 110 Kanälen wählen, die auch Dienste wie Finanzmanagement, Ferneinkäufe, Sicherheitsservice usw. umfaßten. Nicht-kommerzielle Einsätze wurden in den USA in Kommunalverwaltungen, im Gesundheits- und Sozialwesen sowie in den Schulen erprobt.

Die gegenwärtig in der Bundesrepublik Deutschland geplanten Projekte gehen zum Teil noch über diese Nutzung hinaus, weil hier versucht werden soll, möglichst alle existierenden öffentlichen Kommunikationssysteme in einem Kabelsystem zusammenzufassen. TV ist in diesem System der *Telekommunikation* nur noch eine bescheidene Nutzungsmöglichkeit neben Telefon, Bildtelefon, Teletext, Telekopierer, Datenfernverarbeitung aller Art, Rundfunk usw.

Wenn in der öffentlichen Diskussion bei uns von Kabelfernsehen die Rede ist, so bezieht sich dies zumeist auf die o. a. zweite Phase - Kabelfernsehen mit zusätzlichen Programmen -, da die Möglichkeit der Interaktion über einen Rück-Kanal (wie etwa beim Bildschirmtext) bisher kaum aus dem Versuchsstadium heraus ist. Andere Telekommunikationssysteme (z.B. Video-Konferenzen) werden bisher fast nur im Bereich der Wirtschaft genutzt.

Die politischen Positionen zum Kabelfernsehen lassen sich - grob vereinfacht - mit den beiden Begriffen *pessimistisches vs. optimistisches Szenario* skizzieren.

Zum *pessimistischen Szenario* gehören folgende Annahmen: Die Zunahme des TV-Angebots führt

- zur Abnahme interpersonaler Kommunikation und damit zur Zunahme sozialer Isolierung,
- zur Zunahme der sozialisierenden Wirkungen des TV etwa bei Kindern und der damit verbundenen Realitätsverzerrungen,
- zur Verstärkung passiver Konsumentenhaltung und der damit verbundenen nachlassenden Bereitschaft zur gesellschaftlichen Partizipation,
- und schließlich zur Zunahme der Wissenslücke durch unterschiedliche Nutzungsstrategien und -kompetenzen und der damit verbundenen Zementierung bereits bestehender *Bildungsunterschiede.*

Ein besonders abschreckendes Szenario findet sich in einer Dokummentation des DEUTSCHEN GEWERKSCHAFTSBUNDES (DGB) Rheinland-Pfalz aus dem Jahr 1982:

«Wenn Jugendliche nicht mehr ‹mitmachen› wollen, wenn sie aussteigen, ‹keinen Bock› mehr haben, aber auch, wenn sie in Drogen, Religionen, rechtsradikalen Gruppen Sinn suchen, den unsere Gesellschaft ihnen vorenthält, immer dann ist auch die ‹Kanal›isierung der Kommunikation durch Fernsehen beteiligt als einer der Ursachenfaktoren. ... Mehr Fernsehen strahlt auf den gesamten Wohnbereich aus. Insbesondere unter beengten Wohnverhältnissen wird der Fernsehapparat zum mächtigsten Familienmitglied, das allen anderen seinen Rhythmus diktiert. Konzentrationsschwäche und Überaktivität bei Kindern werden die Folge sein. Wirbelsäulenverkrümmung, Hämorrhoiden, Kreislauferkrankungen, Störungen des vegetativen Nervensystems - die Liste der Folgeerscheinungen ließe sich beliebig erweitern.»

Im *optimistischen Szenario* werden diese Befürchtungen mit dem Argument allgemein (leicht) sinkender TV-Nutzungszeiten in den letzten Jahren zurückgewiesen. Zusätzlich wird u. a. behauptet,

- ein zunehmendes TV-Angebot auch über Ereignisse aus dem regionalen und kommunalen Bereich bewirke eine Zunahme der politischen Partizipation von Gruppen, die sich ansonsten nicht für Politik interessierten,
- eine Ausweitung von Zielgruppenprogrammen trage zu einer Integration von Minderheiten bei,
- die Einrichtung «offener Kanäle» würde einer passiven Konsumentenhaltung entgegenwirken können und
- die Ausweitung von Bildungssendungen könne - im Verbund mit anderen Medien - zur partiellen Nivellierung bestehender Bildungsunterschiede führen.

Aus Gründen der Parität kann hier ein besonders optimistisches Szenario des baden-württembergischen Ministerpräsidenten LOTHAR SPÄTH aus seinem Grußwort für die *Telematica* in Stuttgart 1984 angeführt werden, das sich allerdings nicht nur auf das Kabelfernsehen, sondern auf die Telekommunikation insgesamt bezieht: «Die Fortschritte der Telekommunikation ... zusammen mit der ‹Integration› verschiedener Informationsarten führen zu großen Verbesserungen im Zugang zu Informationen und in der Kommunikation mit anderen Menschen. Die neuen Informations- und Kommunikationstechniken ... können ökonomische Potentiale größten Ausmaßes schaffen. Sie können ihrerseits zur Basisinnovation ... werden. Sie eignen sich als ‹Intelligenz-Verstärker›. Sie bringen leichteren Zugang zu mehr Information sowohl in räumlicher, zeitlicher als auch logischer Dimension.»

Bei dermaßen unterschiedlichen Folgeabschätzungen liegt die Frage nahe, was denn nun von Seiten der Medienwirkungsforschung als einigermaßen sicher angesehen wird (vgl. dazu HUTH & LÖHR, 1982; INGENKAMP, 1983). Wie oben (vgl. Abschnitt 2.3) erwähnt, wird dabei die Frage nach veränderten *Nutzungszeiten* durch Einführung des Kabels ziemlich eindeutig beantwortet: Gegenwärtig verbringt ein erwachsener Fersehzuschauer in der Bundesrepublik etwa zwei Stunden täglich vor dem Fernsehgerät. Im längerfristigen Trend scheint diese Zeit trotz zunehmender Freizeit und schon jetzt erweiterten Angebots (Vormittagsprogramm, Videogerät usw.) nicht mehr erheblich zuzunehmen. Ein erweitertes Angebot von Sendungen durch das Kabel führt vermutlich zu einer längerfristigen Erhöhung der Fernsehzeit von etwa 15 bis 30

Minuten täglich; jedoch werden mehr Unterhaltungssendungen gesehen als vor der Einführung des Kabelfernsehens (vgl. HAAS, 1986). Kinder, Hausfrauen und ältere Zuschauer verbringen erheblich mehr Zeit als vorher mit Fernsehen.

Aktuelle Untersuchungen zeigen sowohl für München (vgl. RONNEBERGER & GERHARD, 1984) als auch für Ludwigshafen (vgl. BOLLINGER & KAHLERT, 1985) erhöhte Nutzungszeiten bei den Teilnehmern (beispielsweise sehen etwa 30 % der Ludwigshafener Kabelteilnehmer mehr als drei Stunden täglich, während dies bei vergleichbaren Nicht-Teilnehmern nur etwa 22 % sind); allerdings ist hier noch nicht abzuschätzen, ob dies nur auf die Neuartigkeit der Technik und des Angebots zurückzuführen ist oder von Dauer sein wird.

Eine Untersuchung dazu, was die Kabelteilnehmer bevorzugt sehen (DEHM & KLINGLER, 1985), erbrachte, daß die kommerziellen Anbieter mit rein unterhaltender Zielsetzung besonders hohe Zuwendung erfahren. Auch für die in das Kabelprojekt zusätzlich eingespeisten Programme der öffentlich-rechtlichen Rundfunkanstalten (zeitversetzte Programme, Musik vom ZDF und Südwestfunk) gilt dies. Die eher für die Information (Bürgerservice-Kanal) und die aktive Beteiligung (Offener Kanal) der Zuschauer gedachten Möglichkeiten sind hingegen praktisch «zuschauerfrei» (= 100 bis 200 Zuschauer pro Tag). Vergleicht man die Sehbeteiligung an den Sendungen des öffentlich-rechtlichen Fernsehens im Kabelprojekt mit bundesweiten Einschaltquoten, so finden sich bei Unterhaltungssendungen fast keine Unterschiede. Informationssendungen zur Politik, Wirtschaft und Gesellschaft erleiden hingegen erhebliche Einbußen: Die Sendung «Brennpunkt» wird im Kabelprojekt nur von 1 % der Zuschauer, bundesweit hingegen von 6 % genutzt, ähnliche Unterschiede finden sich bei «Reportage am Montag» (Kabel: 6 %; bundesweit: 11 %), «Monitor» (8 % vs 15 %), «Kennzeichen D» (4 % vs. 7 %), «Plusminus» (2 % vs. 10 %), «WISO» (3 % vs. 10 %), «Weltspiegel» (5 % vs. 12 %) und «Auslandsjournal» (7 % vs. 10 %).

Bezogen auf die im gegenwärtigen Kontext interessierende Frage der Verstärkung oder Abschwächung von Wissenslücken (pessimistisches vs. optimistisches Szenario) scheinen diese Daten also eher den Pessimisten Recht zu geben. Untersuchungen aus einem Forschungsprojekt «Die Ausweitung des Programmangebots durch Kabelfernsehen und ihre Folgen auf Wissensunterschiede von Rezipienten» des Mannheimer Sozialpsychologen Günter Bollinger zeigen jedoch überraschenderweise, daß nicht etwa die unteren Sozialschichten in hellen Haufen zum Kabel strömen. Ganz im Gegenteil sind eher Zuschauer mit höherer Bildung, höherem beruflichem Status und höherem Haushaltseinkommen unter den (ersten) Kabelteilnehmern stärker vertreten als unter den Nicht-Teilnehmern (vgl. Bollinger & Kahlert, 1985). Zumindest diese frühen Kabelteilnehmer gehen auch mehr in Theater-und Konzertaufführungen, sind häufiger Mitglieder in Vereinen und Organisationen, bevorzugen häufiger die CDU/CSU, bekunden weniger Sympathie für die Gewerkschaften und sind stärker technikinteressiert als vergleichbare Nicht-Teilnehmer.

Eine amerikanische Feldstudie in einer Gemeinde von 2250 Einwohnern etwa 4 Wochen vor und nach Einführung des Kabelfernsehens erbrachte ebenfalls keine Befunde über eine größere Wissenslücke oder -differenz: Nach dieser Studie nutzen zwar die Teilnehmer etwas deutlicher als zuvor die größere Auswahl des Kabels, um die von ihnen jeweils bevorzugten Sendungstypen zu sehen; der Anstieg ist jedoch statistisch nicht bedeutsam. Die Nutzung der Nachrichtensendungen ging für hohe wie für niedrige Sozialschichten gleichermaßen zurück, wobei dies in der Unterschicht weniger für lokale Nachrichten ausgeprägt war. Hier wurden nach Einführung des Kabels sogar mehr lokale Nachrichten als in den höheren Sozialschichten gesehen (vgl. Jeffres, 1978).

Zumindest für die erste Zeit nach der Einführung des Kabelfernsehens deuten die Befunde somit nicht auf eine Bestätigung der Befürchtungen einer größeren Wissenslücke hin. Das Kabelfernsehen scheint für alle sozialen Schichten eine stärkere Betonung der Unterhaltungsfunktion von Fernsehen auszulösen, besonders auf diesem Gebiet sind jedoch weitere und längerfristige Untersuchungen nötig.

Nach allem läßt sich nunmehr schlußfolgern, daß (a) generell die Informationsvermittlung durch Fernsehsendungen nicht sonderlich effizient ist: Sprachliche und andere gestalterische Mängel (Text-Bild-Beziehungen) sowie die nicht störungsfreie häusliche Sehsituation führen dazu, daß beispielsweise selten mehr als 10%

von Nachrichtenmeldungen längerfristig behalten werden. Hinzu kommen (b) Persönlichkeitsmerkmale von Zuschauern - vor allem Interesse und Aufmerksamkeit - die einen förderlichen oder hinderlichen Einfluß auf die Wissensvermittlung haben. Die in der Wissenskluft-Hypothese zusammengefaßte Vermutung, die soziale Schichtzugehörigkeit habe einen besonderen, auch gesellschaftlich relevanten Einfluß, erscheint nur sehr begrenzt belegbar. Die allgemein zu konstatierende Ausweitung von Unterhaltungsprogrammen durch Einführung des Kabelfernsehens führt (c) zwar zu einer allgemeinen Zunahme der Fernsehzeiten insbesondere für Unterhaltungsprogramme; diese Tendenz ist jedoch bei niedrigeren Sozialschichten nicht ausgeprägter als bei höheren. Die eingangs gestellte Frage «Macht Fernsehen dumm?» oder in der schärferen Version «Macht Fernsehen Kluge klüger und Dumme dümmer?» läßt sich nunmehr damit beantworten, daß es im allgemeinen weder sonderlich klug noch spezielle Gruppen über die Maßen dumm macht: Es unterhält sie beide.

8. Kapitel

Der Scheinriese - Fernsehen als Sündenbock

8.1 Jim Knopf und das Fernsehen - Zusammenfassung der Befunde
8.2 Falsche Propheten - Kritik an der Fernseh-Schelte
8.3 Vom Kinomenschen zum Vielseher - Konstruktiver Umgang mit dem Fernsehen

8.1 Jim Knopf und das Fernsehen – Zusammenfassung der Befunde

Weil das Postschiff im Dunkeln gegen die Insel Lummerland stieß, rief König Alfons der Viertel-vor-Zwölfte eine Regierungskrise aus, während der beschlossen wurde, die Insel zukünftig mit einem Leuchtturm zu schützen. Leider aber war Lummerland nur sehr klein, so daß ein Leuchtturm erfunden werden mußte, der einerseits möglichst groß war und zugleich aber fast keinen Platz wegnahm. Der Lokomotivführer Jim Knopf wußte die Lösung: Er erinnerte sich an Herrn Tur-tur, den Scheinriesen, der von weitem aussah wie ein gewaltiger, furchterregender Riese, der aber beim Näherkommen immer kleiner wird und schließlich wie ein gewöhnlicher Mensch aussieht. Herr Tur-tur wurde gefunden, für die Tätigkeit gewonnen und übte das Amt des Leuchtturms zu aller Nutzen aus (vgl. ENDE, 1984).

Nach allen voranstehenden Ereignissen zu den Wirkungen des Fernsehens drängt sich der Vergleich auf: Folgt man insbesondere manchen populärwissenschaftlichen Büchern oder Artikeln, so erscheinen Fernsehwirkungen außerordentlich groß und furchterregend; je mehr man aber sich dem Gegenstand nähert, umso kleiner wird er und umso mehr verstärkt sich der Eindruck, Fernsehen ließe sich auch nützlich machen.

Die Erörterung von Fernsehwirkungen begann mit den Kindern, weil diese Effekte – falls nachweisbar – besonders nachhaltig und gravierend sind. Wie gesehen, ist das Fernsehen für die durchschnittliche Fernsehfamilie weder bei den positiven noch bei den negativen Wirkungen sonderlich effektiv. Die kindlichen Nutzungszeiten liegen im Mittel bei etwa eineinhalb Stunden täglich und werden durch zahlreiche andere Tätigkeiten des Kindes selbst und/oder anwesender weiterer Zuschauer unterbrochen. Ein Abfall der schulischen Leistungen, der Lesefähigkeit oder die Förderung aggressiven Verhaltens sind in der Regel besonders dann nicht zu befürchten, wenn die Eltern den Fernsehkonsum des Kindes aktiv steuern. Mit dem Fernsehen lassen sich zudem Erweiterungen des Wissens und Wortschatzes, eine Förderung der sozialen Intelligenz, der Abbau von Vorurteilen und die Initiierung außerhäuslicher Aktivitäten sowie zusätzlicher Lesetätigkeit erreichen. Wird Fernsehen von den Eltern gezielt zur Anreicherung und Ergänzung der eigenen Erziehungstätigkeit genutzt, so können nach den bisherigen Erkenntnissen negative Auswirkungen vermieden und zugleich positive Effekte erzielt werden.

Der nächste Schritt führt zu McLuhan und seiner Behauptung, daß Fernsehen grundlegende Veränderungen des Denkens bewirke. Diese Frage kann gegenwärtig noch nicht abschließend beantwortet werden; erste Untersuchungen von Gavriel Salomon (1979) zeigten zwar, daß Denkfertigkeiten durch das Fernsehen trainiert und auf andere Bereiche übertragen wurden. Ganz im Gegenteil zu den Annahmen McLuhans fanden sich diese Trainingseffekte aber nicht bei ganzheitlichen Denkoperationen, sondern bei analytisch-zergliedernden Aufgaben (wie z. B. das Erkennen von Teil-Ganzes-Relationen). Auch die Frage nach den «heimlichen Lehrplänen», also denjenigen Merkmalen von Fernsehsendungen, die über verschiedene Inhalte hin gleich bleiben (z. B. die Darstellung der Frauenrolle usw.), ist bisher nicht eindeutig zu beantworten: Die statistischen Zusammenhänge sind oft nur geringfügig; die entsprechenden Untersuchungen werden zudem scharf kritisiert.

Aus der Sicht der Psychologie ist die Frage nach dem Einfluß des Fernsehens auf die politische Wahlentscheidung des Zuschauers (gegenüber den Wirkungen auf Kinder oder das Denken schlechthin) schon eine Reduzierung, da das Wahlverhalten nur einen vergleichsweise bescheidenen Bereich des gesamten menschlichen Handelns und Erlebens darstellt. Es zeigte sich, daß das Fernsehen vor allem für die Imagebildung von Parteien und Politikern von Bedeutung ist. Imagebildung kann aber nur als *einer* unter vielen, die Wahlentscheidung determinierenden Faktoren betrachtet werden. Die starke Konzentration der öffentlichen Diskussion auf die wahlentscheidende Wirkung des Fernsehens erscheint eher übertrieben.

Noch bescheidener war schließlich die Frage, ob das Fernsehen, wenn es schon nicht so sehr auf Denkinhalte oder -formen wirkt, dann (wenigstens) bestimmt, worüber wir sprechen und nachdenken. Hier stellte sich heraus, daß während der Betrachtung von Fernsehsendungen nicht mehr als die Hälfte aller Äußerungen auf die Sendungsinhalte selbst bezogen sind. Ohne Fernsehkontakt schrumpfte die Zahl dieser Gesprächsbeiträge auf unter 5 %. Erinnernswerte Ereignisse werden zu etwa einem Viertel den Fernsehsendungen entnommen und verteilen sich ungefähr gleichmäßig auf Unterhaltungs- und Informationssendungen. Wir konnten also feststellen, daß der Fernseheinfluß auf die Auswahl und Rangordnung von alltäglichen Gesprächsthemen deutscher Zuschauer eher bescheiden ist.

Zur letzten Frage, wie effektiv Informationsvermittlung durch das Fernsehen überhaupt ist, mußten wir feststellen, daß sprachliche und andere «Mängel» (wie z.B. die häusliche Sehsituation) dazu führen, daß beispielsweise von Nachrichtensendungen selten mehr als 10% längerfristig behalten werden. Die Informationsaufnahme ist besser, wenn der Zuschauer den Sendungen mit Interesse und Aufmerksamkeit folgt; sie hängt jedoch nur in geringem Maße und bei spezifischen Themen von der Sozialschicht ab.

Insgesamt erscheinen somit die hier behandelten psychischen Fernsehwirkungen erheblich weniger dramatisch und geringer, als sie in der Öffentlichkeit (und hier oft genug in den Medien selbst) dargestellt werden. Bei so spektakulären Studien wie der zu Beginn erwähnten Untersuchung über die «Invasion vom Mars» (vgl. Abschnitt 1.1) ist beim genaueren Hinsehen das eigentlich Interessante nicht so sehr der Effekt bei den Rezipienten, sondern die Aufbereitung dieser angeblichen Effekte in der Literatur: Möglicherweise neigen besonders Medienpraktiker und -wissenschaftler dazu, ihren Gegenstand - das Medium - besonders mediengerecht zu behandeln. Zwar sind Theorien und Befunde nur selten - wie etwa Fernsehnachrichten - kurz, dramatisch und blutig darstellbar, aber griffig formuliert («The medium is the message», Text-Bild-Schere, «knowledge-gap», Schweigespirale usw.) und mit markanten Hinweisen auf drohende negative Auswirkungen für den Einzelnen und die Gesellschaft versehen sind sie oft genug; dies läßt sie wiederum für die Thematisierung im Medium besonders geeignet erscheinen. Wenn ein Jugendlicher Frauen in der Absicht überfällt, ihnen die Füße abzuschneiden und diese zu verspeisen, und vor Gericht angibt, daß ihn entsprechende Videofilme zu diesem Verhalten angeregt haben, so ist das sogar der Frankfurter Rundschau am 22. Oktober 1983 einen Artikel wert. Beginnt aber beispielsweise ein Schulkind nach einer medialen Aufklärungskampagne über Vorurteile gegen Gastarbeiter eine erste Freundschaft mit einem Türken, so bleibt dies ein privates Ereignis. Entsprechend füllt auch heute noch die Diskussion über aggressionserzeugende Wirkungen des Fernsehens die Fach- wie Populärliteratur, während mögliche prosoziale Einflüsse erst langsam zum Forschungs- und Medienthema werden.

Insgesamt läßt sich die *Entwicklung der Medien- und Fernsehwirkungsforschung* als eine wellenförmige Bewegung von spektakulären, zumeist einfachen Theorien über starke Medieneffekte beschreiben, denen regelmäßig ein Wellental geduldiger, empirischer Arbeiten folgt, die zu sehr viel detaillierteren Befunden und Theorien führen: Aus dem Konzept der mächtigen Medien in der Kampagnenforschung wurden die vergleichsweise bescheideneren Nutzen- und Gratifikations- sowie Diffusionsforschungen. Auch die daraus erwachsenden neuen, wenngleich spezifischeren Theorien zur mächtigen Medienwirkung, wie sie mit den Stichworten Sozialisation, Medium als Botschaft, ideologische Wirkung, Thematisierungsfunktion und Wissenskluft beschrieben wurden, erfahren gegenwärtig ein ähnliches Schicksal. Es finden sich auch hier wieder zahlreiche spezifizierende Bedingungen, die den Geltungsbereich der jeweiligen Theorie einschränken.

Wir halten diese Entmythologisierung von Medienwirkungen und der zugehörigen Theorien für eine nützliche Entwicklung, denn erst die exakte Kenntnis der spezifischen Wirkungszusammenhänge erlaubt den konstruktiven Umgang mit dem Medium. Spektakuläre Theorien und ihre publizistischen Nachbeben stehen diesem Prozeß der mühsamen Aufklärung eher im Wege. Zugleich aber müssen wir noch einmal feststellen, daß in der Bundesrepublik Deutschland ein geradezu skandalöses Mißverhältnis zwischen der öffentlichen Diskussion über die Bedeutung und Auswirkung von Medien einerseits und den für empirische Forschungen zur Verfügung stehenden Ressourcen andererseits besteht. Im Gegensatz zu dem in dieser Hinsicht vorbildlichen Pragmatismus der US-Amerikaner erschöpfen sich deutsche Aktivitäten bisher oft noch in von Empirie wenig getrübten Grundsatzdebatten, die nicht selten auch zu fragwürdigen politischen Forderungen führen.

Stellvertretend für viele mag dabei das eingangs bereits erwähnte Buch von ELISABETH LANG mit dem Titel «Kind, Familie und Fernsehen» stehen, das 1980 im Herder-Verlag (Freiburg) erschienen ist. Die Autorin untersucht darin, welche Rolle Fernsehen im Leben der Kinder spielt, indem sie versucht, die Motive kindlicher Zuwendung zum TV-Gerät zu ergründen, nach fernsehbezogenen kindlichen Wahrnehmungsstrukturen fragt, die vorherrschenden Fernsehinhalte skizziert, nach den Wirkungen des Fernsehens auf Kinder (vor allem auf deren Aggressivität) forscht und schließlich zu konkreten medienpädagogischen und -politischen Forderungen kommt.

Bei der Untersuchung kindlicher Fernsehnutzung stützt sie sich zunächst auf die auch hier angeführten, durchschnittlichen Nutzungszeiten von einer bis anderthalb Stunden täglich und führt ihre Argumentation dann aber mit Extremgruppen fort: Eine Viertel aller Kinder sieht mehr als zwei Stunden täglich fern, 13 % sitzen noch nach 21.00 Uhr vor dem Bildschirm, jedes fünfte Kind verfolgt das Hauptabendprogramm allein, und nur 22 % der Eltern sprechen oft mit ihren Kindern über die gesehenen Sendungen (zusätzliche 66 % geben an, dies manchmal zu tun). Bei den Ursachen für die Zuwendung des Kindes zum Fernsehgerät führt die Autorin eine Reihe von korrelativen Studien an, bei denen die Fernsehnutzung und weitere Merkmale gleichzeitig erhoben und statistisch miteinander in Beziehung gesetzt wurden. (Kausale Aussagen etwa der Art, daß hoher Fernsehkonsum die Ursache der miterfaßten Merkmale etwa von Intelligenz, Lesefertigkeit usw. ist, sind mit diesem Verfahren nicht möglich. Eine hohe Korrelation beispielsweise zwischen Geburtenzahl und Anzahl der Storchennester je Gemeinde in Niedersachsen etwa sagt noch nicht, daß die Störche für die Kinderzahl tatsächlich auch verantwortlich sind.) Hier nennt LANG Zusammenhänge von hohen Fernsehzeiten und kindlichen Verhaltensstörungen, Passivität, Vorurteilen, Aggressivität, Kontaktschwierigkeiten, zu denen sie zwar bemerkt: «Wenn ein Kind viel fernsieht, ist das zunächst eher Folge als Ursache dieser Schwächen» (a.a.O., S. 33). Zugleich aber fügt sie die durch keinerlei Empirie belegte Schlußfolgerung an, daß die durchschnittliche Handhabung des Fernsehens für Kinder diese negativen Konsequenzen verstärke und vertiefe. Sicherlich ist es nicht nur ein zulässiges, sondern auch ein notwendiges Verfahren, bei der Untersuchung von Medienwirkungen auch auf die nicht durchschnittlichen Bereiche und Probleme hinzuweisen. Auch im Straßenverkehr beispielsweise sind die rund 10000 Verkehrstoten 1984 Gegenstand ausführlicher Forschungen und Diskussionen, doch würde hier sicherlich kaum ein Experte den Verkehrstod als den normalen Ausgang einer Autofahrt darstellen. Der tödliche Unfall bleibt glücklicherweise das seltene Ereignis, dessen Ursachen zum Zwecke der Unfallprävention erforscht werden müssen. Autofahren schlechthin aber allein wegen dieser Möglichkeit in Mißkredit zu bringen, erschiene als überzogenes, wenngleich rhetorisch nicht selten verwendetes Argument, das problembezogene Verbesserungen eher verhindert als fördert. Im Fall der überdurchschnittlich lange fernsehenden Kinder beispielsweise sollte die Kritik nicht bei der Institution Fernsehen haltmachen. Vielmehr sollte weiter untersucht werden, welche Eltern ihre Kinder mit welchen Motiven übermäßigem Fernsehkonsum aussetzen und welche sozialen Ursachen eine Rolle spielen. Zur Frage, welche Art von Tätigkeiten durch Fernsehkonsum ersetzt werden, führt Lang (a.a.O., S.40f.) an: «Kinder schlafen etwas weniger, sie spielen weniger, Draußensein, Tagträume, Nichtstun gingen zurück. Sie verbringen weniger Zeit in echtem, aktivem gemeinsamen Tun mit der Familie. ... Die Eltern beschäftigen sich weniger mit ihnen, lesen ihnen weniger vor und erzählen weniger Geschichten. Diese Ergebnisse machen deutlich, daß das Fernsehen zu Lasten der Beziehungen zu sich selbst und zu den Familienangehörigen geht und daß Fernsehen nicht in der Lage ist, den Verlust an seelisch-geistigen Ausdrucksmöglichkeiten und zwischenmenschlichen Beziehungen zu ersetzen.»

Unsere Literaturanalyse (vgl. Abschnitt 3.3) hatte ergeben, daß Fernsehzeit vor allem auf Kosten anderer Medien und auf Kosten der ungerichteten Tätigkeiten sowie Wandern und Spazierengehen geht. Darüber hinaus führte eine gezielte Nutzung beispielsweise der «Sesam-Straße» zu einer Zunahme der inner- und außerhäuslichen Aktivitäten und Gespräche. Einmal abgesehen davon, daß Lang (1980) sicherlich ein mittelschichtspezifisches Bild einer gemeinsam aktiven, mit dem Vorlesen und Erzählen von Geschichten befaßten Familie vertritt, unterschlägt sie hier mögliche positive Auswirkungen und nutzt weniger gravierende Veränderungen zu unzulässigen und zudem schichtspezifisch gefärbten Verallgemeinerungen. Erneut gerät dabei das Fernsehen in die Rolle des Verursachers negativer Entwicklungen, wo es möglicherweise nur Symptom ist.

Eine ähnliche Argumentationsfigur wird auch bei der Analyse von Ursachen kindlicher Fernsehnutzung unterlegt: Zwar konzediert LANG, daß Kinder Freude an der Vielfalt und Bewegung der Bilder haben und daß Fernsehen ihre Neugier und ihren Wissensdrang befriedigt und zudem Identifikationsmöglichkeiten bietet. Gleichzeitig aber wird dies als eine Fehlentwicklung bei mangelnden sonstigen Möglichkeiten gesehen: «Je niedriger die soziale Schicht, je schlechter die Beziehungen innerhalb der Familie, je schwächer also der familiäre Einfluß, je größer die persönlichen seelischen Schwierigkeiten eines Kindes, umso mehr und wahlloser wird ferngesehen ...» (LANG, a.a.O., S. 48). Daß sich die kindliche Freude und Neugier am Fernsehen (wie in Kapitel 3 dargestellt) auch sinnvoll nutzen läßt, wird erneut übergangen; stattdessen werden korrelative Zusammenhänge und Fehlentwicklungen zur Kritik der gesamten Institution Fernsehen mißbraucht.

Ergänzt wird diese Argumentationsweise im Kapitel über kindliche Wahrnehmungen von Fernsehinhalten durch eindeutig falsche Schlußfolgerungen und nicht mehr empiriegestützte Verallgemeinerungen, wenn sie schreibt: «Zusammenfassend läßt sich über Vorschulprogramme und andere Sendungen, die Vorschulkinder ansehen, feststellen, daß Zusammenhänge zum größten Teil nicht begriffen werden, daß die Darstellungsform der überwiegenden Zahl der Sendungen die Kinder verwirrt und überfordert. Überforderung ist sicher nicht geeignet, Kinder zum Nachdenken und zu phantasievollem Spiel anzuregen, sondern langfristig wird dadurch ihre seelische Stabilität beeinträchtigt» (LANG, a.a.O., S. 56).

Selbst ohne Berücksichtigung vorliegender Untersuchungen würde man sich fragen, wie die von der Autorin konstatierte Neugier und Freude von Kindern an den bewegten Bildern des Fernsehprogramms mit der verwirrenden Überforderung zusammenhängt. Entweder empfinden Kinder freudige Neugier oder sie wenden sich auf Dauer verwirrt und überfordert ab. Gravierender aber ist, daß LANG (1980) die Ergebnisse der seit 1968 betriebenen formativen Forschung (vgl. Abschnitt 3.1) ignoriert, nach denen Vorschulprogramme gezielt nach den intellektuellen Kapazitäten der Kinder produziert und erfolgreich eingesetzt wurden. Wie berichtet, kann das Paradepferd der Vorschulprogramme «Sesam-Straße» sowohl in der amerikanischen wie in der deutschen Version zur intellektuellen wie sozialen Entwicklung von Kindern beitragen und führt keineswegs zu ständiger Überforderung oder gar zur Beeinträchtigung der seelischen Stabilität. Ähnliches gilt für die anderen angeführten Programme «The Electric Company», «3-2-1 Contact», «Feeling Good» und andere. Einmal mehr zeigt sich die Tendenz, Risiken der Fernsehwirkungen auf Kinder (hier: kognitive Überforderung durch zu schnelle Szenenfolge) als gesicherten, durchschnittlichen Effekt darzustellen, gegenteilige Befunde zu ignorieren (hier: formative Forschung, vgl. Kp. 3.1) und empirisch nicht belegte Schlußfolgerungen (hier: Beeinträchtigung der seelischen Stabilität) zu ziehen.

Dies setzt sich auch bei der Analyse von Fernsehinhalten fort, zu denen die Autorin u.a. feststellt, « ... daß Fernsehen für Vorschulkinder 1. keine kindgemäße Beschäftigung ist, weil es geistig-seelische Fähigkeiten voraussetzt, die diese Altersgruppe noch nicht hat; 2. daß die gängigen Kindersendungen viel zu einseitig instrumentelle, intellektuelle Fertigkeiten und Sachwissen vermitteln, daß der emotionale, soziale Bereich und die Phantasie der Kinder kaum angesprochen werden» (LANG, a.a.O., 1980, S. 67). Erneut sei zur Bewertung dieser Schlußfolgerung auf das Kapitel 3 und hier besonders auf die Untersuchungen zur Wirkung von Vorschulprogrammen hingewiesen. Wir hatten dort Ergebnisse zusammengetragen, die den Schluß zulassen, daß Fernsehen bei Kindern sowohl spezifisches Faktenwissen als auch prosoziales Verhalten vermitteln kann, wenn Kinder die für sie produzierten Sendungen auch längerfristig ansehen und anschließend mit ihren Eltern besprechen und/oder mit Freunden nachspielen. Weder sind bei diesen Programmen die Kinder überfordert noch müssen die Sendungen ausschließlich intellektuelle Fähigkeiten vermitteln. Abgesehen davon bleibt unklar, wie denn nach dem oben angeführten Zitat Kindersendungen intellektuelle Fertigkeiten vermitteln können, wenn zugleich die geistig-seelischen Fähigkeiten zu deren Aufnahme und Verarbeitung noch nicht vorhanden sind.

Daß Fernsehen im allgemeinen und Werbefernsehen im besonderen – worauf die Autorin hinweist – die Wirklichkeit verzerrt abbilden, hatten wir in den Abschnitten 3.3 und 4.3 behandelt, wobei dies allein sicherlich kein Auslöser für Kritik sein muß: Auch Märchen und Kinderbücher werden und müssen die Realität verzerrt darstellen. Problematisch werden die genannten Verzerrungen, wenn sie negative Folgen für das Denken, Fühlen und Verhalten der kindlichen Zuschauer haben. Hier vermutet LANG (a.a.O., S. 73): «... Werbung erzieht sich den Verbrauchertyp, den sie braucht: Schwache, labile Persönlichkeiten. Bei diesen Überlegungen setze ich voraus, daß Kinder vom Fernsehen lernen können. Das ist auch eindeutig belegt. Einmal lernen sie durch bloßes Beobachten ..., zum andern lernen sie durch Belohnung und Bestrafung. Diese Art des Lernens ist indirekt in Werbespots gegeben ...» Hier verwundert einmal mehr, wie denn nun doch Fernsehinhalte vom Kind verstanden werden können, nachdem ihm zuvor noch die geistig-seelischen Voraussetzungen abgesprochen wurden. Darüber hinaus erscheint vor dem Hintergrund vorliegender (vor allem amerikanischer) Forschungsergebnisse zum Einfluß von Werbung auf Kinder die umfassende Hypothese, Werbung erziehe Kinder zu schwachen und labilen Persönlichkeiten, als außerordentlich kühn. Bisherige Befunde deuten zwar auf Werbeeffekte hin, diese Einflüsse werden aber mit zunehmendem Alter durch kritische Einschätzungen abgeschwächt und zudem durch den Einfluß der Eltern modifiziert. Möglicherweise trifft die obige Hypothese tatsächlich zu; vorläufig aber ist sie weder von LANG (1980) noch von anderen empirisch belegt.

Auch die weiteren Ausführungen sind voll von ähnlichen Widersprüchen, unzulässigen Verallgemeinerungen und ideologischen Schlußfolgerungen: So wird gleichzeitig kritisiert, daß Fernsehen emotionale Wirkungen hervorrufe und daß sich die kindlichen Zuschauer an die hervorgerufenen Emotionen auch noch gewöhnten. Unklar bleibt ferner, warum Kinder angsterregende Situationen vor dem Fernsehgerät gegen alle Gesetzmäßigkeiten der Lernpsychologie nicht nur nicht vermeiden, sondern offensichtlich auch noch aufsuchen. Erneut wird behauptet, daß Kinder vor allem fernsehen, weil es ihnen Spaß macht, und daß Lerneffekte selten und sogar eher unerwünscht seien: «Kinder sollen sich in ihrer Freizeit unterhalten. Es wäre sogar eher schädlich als nützlich, sie mit noch mehr Sachwissen vollzustopfen, als das in der Schule bereits geschieht» (LANG, a.a.O., S. 103). Wenig später wird wiederum kritisiert (S. 107ff.), daß häufiges Fernsehen zu einer Verarmung der Sprache führt. Zwar hatte unsere Literaturübersicht (vgl. Abschnitt 3.3) keine eindeutig negativen Zusammenhänge von durchschnittlichem Fernsehkonsum und Sprach- wie Lesefähigkeit ergeben, selbst wenn aber ein positiver Effekt des Fernsehens auf sprachliche Fertigkeiten nachzuweisen wäre, würde er hier vermutlich als ein Vollstopfen mit Sachwissen kritisiert werden.

Man kann sich nach allem des Eindrucks nicht erwehren, daß in diesem Buch vor allem ein Resultat feststeht – Fernsehen hat aussschließlich schädliche Auswirkungen bei Kindern – und daß die Argumente entsprechend gruppiert werden: Einmal lernen Kinder aus den gesehenen Programmen bis hin zur umfassenden Persönlichkeitsformung, ein andermal lernen sie wieder kaum etwas. Sind die Lerneffekte möglicherweise auch als positiv zu interpretieren, so werden sie als «Vollstopfen mit Wissen» diskreditiert. Eine umfassende Befundlage zu spezifischen Effekten wird nicht vollständig dargestellt, sondern auf die problematischen Aspekte verkürzt. Reichen diese Daten einmal nicht aus, wird der persönliche Eindruck, die Interpretation, zum gesicherten Tatbestand ernannt. Dies alles ließe sich dann als interessante und anregende Provokation bewerten, wenn die Autorin nicht im Schlußkapitel ihres Buches zu folgenden Feststellungen gelangte: «Die Mehrzahl der Eltern und Kinder ist zu einem kritischen, distanzierten Umgang mit Fernsehen nicht in der Lage, dies geht deutlich aus ihrem Verhalten und ihrer dazu widersprüchlichen Meinung hervor» (a.a.O., S. 149f.). Denjenigen Eltern, die nicht aus eigener Kraft zur Verbesserung der Eltern-Kind-Beziehungen oder der Reduzierung des eigenen und kindlichen Fernsehkonsums in der Lage sind, muß durch entsprechende ordnungspolitische Eingriffe auf die Sprünge geholfen werden: «Der Schwerpunkt bei der Programmgestaltung sollte noch stärker als heute von seichter Unterhaltung und spannendem Nervenkitzel weg auf Information, Dokumentation und Bildungsangebote verschoben werden. Diese Maßnahme hätte ganz sicher zur Folge, daß Eltern und Kinder weniger fernsehen würden und stärker auswählen müßten. Die Bereitschaft, niedrigere Einschaltquoten und einiges an Protest von seiten der Zuschauer in Kauf zu nehmen, wäre allerdings die Voraussetzung für einen solchen Schritt» (a.a.O., S. 150). Und weiter: «Dies bedeutet, daß die Menschen, die auf Grund ihrer Ausbildung und ihrer Berufserfahrung diese Zusammenhänge überblicken, die Verantwortung dafür tragen, im Interesse der Kinder einzugreifen und beispielsweise auf eine Veränderung der Schwerpunkte im Programmangebot hinzuarbeiten» (a.a.O., S. 151).

Einmal abgesehen davon, daß eine solche Forderung konsequenterweise auch das Verbot von Video- und Kino-Filmen sowie Comics und der gesamten Regenbogen-Presse umfassen müßte, erschreckt hier vor allem, wie schnell der Schritt von der wissenschaftlich mehr schlecht als recht gestützten Beschreibung von Fernseheffekten zur rigorosen, die demokratischen Grundrechte berührenden politischen Forderung getan ist.

Das Entwerfen medienpsychologischer Horrorbilder ohne auch nur halbwegs gesicherte empirische Grundlage setzt sich im übrigen bis heute fort: In einem Artikel der Wochenzeitschrift *Die Zeit* vom 18.10.1985 räsoniert beispielsweise E. Piper unter der Überschrift «Das Fernsehen ersetzt die Zensur»: «Die reale Lebenswelt wird so zunehmend durch eine Welt der Bilder ersetzt und dadurch austauschbar. ... Die Zerstörung der Wahrnehmungsfähigkeit äußert sich in Intelligenzregression, die Verdrängung personaler durch mediale Kommunikation führt aber auch zum Abbau sozialer Kontrollen, wobei Unsicherheit sehr bald in Gewalttätigkeit umschlägt (das schwache Individuum, fühlt sich in der Gruppe stark). ... In den USA gibt es inzwischen sogenannte Monstermenschen, deren Fettsucht darauf beruht, daß bei ihnen durch die Fernsehwerbung eine psychische Abhängigkeit vom Verzehr der Schokoladenriegel entstanden ist. ... Fernsehen durchdringt und denaturiert wie ein schleichendes Gift alle Bereiche der menschlichen Kommunikation.» Dies alles schreibt Piper, ohne sich mit empirischen Untersuchungen aufzuhalten.

Fernsehschelte dieser Art ist – wie wir auch den zu Beginn angeführten amerikanischen Autoren Winn (1977), Mander (1978) und Postman (1982, 1985) entnehmen konnten – geradezu ein Modethema geworden. Nach unserer Zusammenstellung empirischer Befunde zur Fernsehwirkung müssen wir diese Art der Argumentation jedoch als voreilig, töricht und politisch gefährlich einschätzen. Voreilig deshalb, weil erhebliche Gebiete der Fernsehwirkung bis heute nicht hinreichend erforscht sind, so daß eindeutige Wirkungsaussagen oft nicht möglich sind. Töricht sind Veröffentlichungen der genannten Art zudem, weil sie sich oft der Mühe gründlicher Literaturrecherchen nicht stellen und stattdessen mit gängigen Halbwahrheiten und Klischees arbeiten. Wenn das negative Urteil über Fernsehwirkungen aber bereits vorher feststeht, so muß man sich um die mühsame Erforschung und Verbesserung des Mediums im Detail wohl nicht mehr kümmern. Politisch gefährlich werden diese Positionen dann, wenn sie zu ordnungspolitischen Forderungen werden. Hier wird in autoritär-idealistischer Weise oft übersehen, daß Fernsehen einen ausgesprochen demokratischen Aspekt hat: Der Knopf zum Ein- und Ausschalten gehört allein dem Bürger. Was die negativen psychischen Wirkungen beim einzelnen Zuschauer angeht, so kann er sich diesen Wirkungen nach eigenem Belieben entziehen oder nicht. Und selbst wenn man wie LANG (1980) dem durchschnittlichen Zuschauer diese Kompetenz abspricht, so bleibt immer noch der in Demokratien übliche Weg der geduldigen Aufklärungsarbeit. Die Forderung, gewissermaßen von (wissenschaftlicher) Elite zu (politischer) Elite unter Umgehung der inkompetenten Bevölkerung Änderungen herbeizuführen, kann nur als undemokratisch bezeichnet werden.

8.3 Vom Kinomenschen zum Vielseher – Konstruktiver Umgang mit dem Fernsehen

«Abschalten!» (WINN, 1977), «Schafft das Fernsehen ab!» (MANDER, 1978), «... im Interesse der Kinder einzugreifen ...» (LANG, 1980, S. 151), «Kampf gegen die totale Fernsehwelt» (SPD-Landesvorsitzender U. LANG in *Diese Woche,* Information der SPD vom Mai 1981), «gesellschaftliche Katastrophe» (POSTMAN, 1982), «Konsequenzen ziehen» (W. BÜHLER in der anthroposophischen Zeitschrift *Soziale Hygiene,* 1984, S. 32), «... Vernichtung dieses Reichtums der deutschen Kulturlandschaft ... verhindern» (E.R. PIPER in *Die Zeit* vom 18. Oktober 1985, S. 76 – die Liste engagierter Stellungnahmen ließe sich leicht verlängern.

Nach den voranstehend referierten Ergebnissen der empirischen Medienforschung muß die Vehemenz verwundern, mit der das Fernsehen bekämpft wird. Neu freilich ist diese Art der Auseinandersetzung, wie sie am Buch von LANG (1980) exemplarisch dargestellt wurde, nicht: Wie erinnerlich (vgl. Abschnitt 1.2), zog auch das Medium Film jahrzehntelang ähnlich begründete, wuchtige Kritik auf sich. Was heute der Vielseher ist, war seinerzeit der an «Kinosucht» leidende «homo cinematicus», der durch Überreizung der Phantasie, Verkennung der realen Welt, Informationsüberflutung in die sittlich-moralische Verwahrlosung, Kriminalität, politische Willenlosigkeit, wenn nicht gar in den Wahnsinn getrieben wurde (vgl. MORECK, 1926). Damals wie heute stand die Vehemenz der Kritik im umgekehrten Verhältnis zu ihrer empirischen Unterfütterung.

Gegenüber dem «Kinomenschen» und dem «Vielseher» ist der «Bücherwurm» eine durchaus wohlgelittene Form extensiven Medienkonsums: Man kann spekulieren, daß vor allem die Bildhaftigkeit von Film und Fernsehen, ihr leichter, unterhaltender Zugang die vor allem mit der Bearbeitung und Vermittlung von Sprache befaßten Kulturkritiker und Pädagogen alarmiert hat. Zum Kino wie zum Fernsehen wird die Senkung des kulturellen Niveaus durch Nachlassen der Lesetätigkeit beklagt. Mittlerweile jedoch ist der Film in Teilen als eigene Kunstgattung akzeptiert, und für das Fernsehen befürchten sowohl Verleger (vgl. WEICHLER, 1985) als auch Medienforscher (RONNEBERGER, 1982) diesen Verdrängungswettbewerb nicht mehr: Bei einer Befragung von fast 3 000 Kindern, Jugendlichen und Erwachsenen zum gesamten Mediengebrauch zeigte sich, daß das Fernsehen die größte Funktionsvielfalt hat; die Unterhaltungsfunktion steht dabei an erster Stelle. Das Buch hingegen wird als optimales Medium zur Wissensvertiefung und gründlichen Information betrachtet (Infratest, 1978), oft ergänzen beide einander. Vereinzelt nutzen öffentliche Bibliotheken mit gutem Erfolg (vgl. Bericht im *Vorwärts* Nr. 36 vom 31. August 1985 mit der Überschrift «Neue Bibliotheks-Besucher durch Video-Anreize») sogar diese Funktionsteilung zwischen Fernsehen und Buch, um umgekehrt bisher nicht oder wenig vom Buch erreichte soziale Gruppen an die Lektüre heranzuführen.

Oft auch scheint das Fernsehen ein nur zu augenscheinlicher Verursacher gesellschaftlich-politischer Probleme zu sein. Das

Medium leidet gewissermaßen an seiner eigenen Evidenz und Prominenz, wenn etwa die Analyse von zunehmender Brutalisierung der Gesellschaft (wenn sie denn zutrifft) beim Einfluß des Fernsehens bereits endet. Daß möglicherweise gesellschaftliche Probleme wie etwa Arbeitslosigkeit oder Veränderungen von Erziehungsstilen und Rollenmustern u. a. m. einen weitaus gravierenderen Einfluß haben können, muß bei so einleuchtender und einfacher Schuldzuweisung wohl aus den Augen geraten. Ähnliches läßt sich für fast alle anderen Wirkungsbereiche finden, so daß der Eindruck entsteht, die Kritik am Fernsehen trifft oft nur den Sack, wo der Esel gemeint ist. Das Fernsehen hat zwar Wirkungen und verändert die Gesellschaft wie das Denken, Fühlen und Handeln von Individuen, wenn auch in nicht sehr erheblichem Ausmaß (dies vor allem war Gegenstand unserer Erörterungen), aber es ist nur *ein* Faktor neben vielen anderen: Auch das Auto, die Pille, die Tiefkühltruhe, der Computer, das Telefon, die Antibiotika haben unser Leben (teilweise nachhaltiger als das Fernsehen) verändert.

Wir wollen keineswegs den Eindruck erwecken, das Fernsehen könne ohne Bedenken wahllos und in jeder beliebigen Menge konsumiert werden. Vielmehr ist eine gewisse Vorsicht geboten, weil unsere wissenschaftlich gesicherten Erkenntnisse noch zu gering sind: Wie mehrfach dargelegt, hat die Medienforschung bis heute (besonders in der Bundesrepublik Deutschland) erhebliche Defizite; hier sind die Öffentlichkeit, Politiker und Wissenschaftler zukünftig stärker gefordert. Schon auf der Basis des gegenwärtigen Wissenstandes ist aber ein kritisch-reflektierter Umgang mit dem Medium nötig und möglich, der beispielsweise durch medienpädagogische Bemühungen bei Erwachsenen und Kindern angeregt werden sollte. Der kompetente Umgang mit Sprache wird in der Schule vermittelt; ein Fach «Medienkunde» wäre auch angesichts noch zu erwartender technologischer Entwicklungen sicherlich wünschenswert. Das vorliegende Buch versteht sich *auch* als eine psychologische Handreichung für den medienpädagogisch interessierten Fachmann, ohne jedoch selbst mehr als nur Anregungen für die Realisierung entsprechender Curricula geben zu können. Hier würde der Psychologe seine Kompetenzen überschreiten.

Der durchschnittliche Zuschauer, der – wie der Verfasser – mit Vergnügen und/oder Gewinn beispielsweise einen alten Edgar

Wallace (mit Karin Dor und Blacky Fuchsberger), die Sportschau, Casablanca zum x-ten Male, Aspekte, Formel 1 und die Tagesschau sieht, sollte sich in seinem Fernsehkonsum nicht übermäßig beirren lassen. Wer seine Kinder nicht allein fernsehen läßt, die Sendungen mit ihnen bespricht oder nachspielt, wer selbst sein Programm gezielt aussucht und es als Anregung für Gespräche oder sonstige Aktivitäten nutzt, und wer sich durch das Fernsehprogramm nicht von anderen Tätigkeiten abhalten läßt, wird keinen Schaden davon haben.

Nachwort

«Ich beneide Sie ... Wie Sie hätte auch ich gern ein Buch geschrieben ... Allein das Gefühl, aus der Masse hervorzustechen ...»

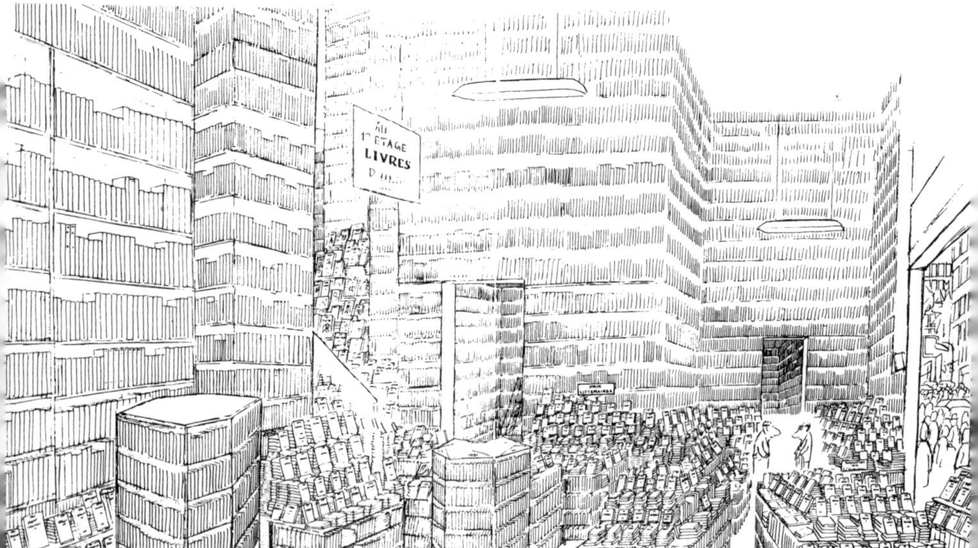

Literatur

Adler, R.P., Lesser, G.S., Meringoff, L.K., Robertson, T.S., Rossiter, J.R. & Ward, S. 1980. The effects of television advertising on children: Review and recommandations. New York: Lexington.

Adorno, Th.W. 1964. Eingriffe. Neun kritische Modelle. Frankfurt: Suhrkamp.

Allport, G.W. & Cantril, H. 1935. The psychology of radio. New York: Harper.

Anders, G. 1961. Die Antiquiertheit des Menschen. München: Beck.

Anderson, D.R. & Field, D.E. 1984. Die Aufmerksamkeit des Kindes beim Fernsehen: Folgerungen für die Programmproduktion. In: Meyer, M. (Hrsg.): Wie verstehen Kinder Fernsehprogramme? Schriftenreihe Internationales Zentralinstitut für das Jugend- und Bildungsfernsehen. München: Saur.

Arbeitsgruppe Sesamstraße. 1972. Erziehungs- und Lernzielbestimmung für die deutsche Version von Sesame Street. Rundfunk und Fernsehen, 20, 3-10.

Asch, S. 1952. Social psychology. Englewood Cliffs: Prentice-Hall.

Augst, G. & Völzing, P.L. 1980. Kind und Fernsehen. Theoretische und empirische Untersuchungen zum Kinderfernsehen. Opladen: Westdeutscher Verlag.

Balazs, B. 1924. Der sichtbare Mensch. Eine Film-Dramaturgie. Halle (Saale): Knapp.

Ballstaedt, S.P. 1977. Eine Inhaltsanalyse zum Filmjournalismus bei «heute» und «Tagesschau». Publizistik, 22, 443-449.

Benesch, H. 1968. Experimentelle Psychologie des Fernsehens. München: Ernst Reinhardt.

Benjamin, W. 1966. Das Kunstwerk im Zeitalter seiner technischen Reproduzierbarkeit. Frankfurt: Suhrkamp.

Berghaus, M. 1978. Anregung kindlicher Aktivitäten durch «Sesamstraße». In: Berghaus, M., Kob, J., Marencic, H. & Vowinckel, G. (Hrsg.): Vorschule im Fernsehen. Weinheim: Beltz, 167-190.

Berghaus, M. 1978. Soziales Lernen mit «Sesam-Straße»: Geschlechtsrollen. In: Berghaus, M., Kob, J., Marencic, H. & Vowinckel, G. (Hrsg.): Vorschule im Fernsehen. Weinheim: Beltz, 81-114.

Berghaus, M., Kob, J., Marencic, H. & Vowinckel, G. 1978. Vorschule im Fernsehen. Ergebnisse der wissenschaftlichen Begleituntersuchung zur Vorschulserie Sesamstraße. Weinheim: Beltz.

Berry, C., Gunter, B. & Clifford, B. 1980. Nachrichtenpräsentation im Fernsehen: Faktoren, die die Erinnerungsleistung der Zuschauer beeinflussen. Media Perspektiven, 10, 688-694.

BÖCKELMANN, F., HUBER, J. & MIDDELMANN, A. 1979. Werbefernsehkinder. Berlin: AfK Studien 14.

BOGART, L. 1972. Warning: the Surgeon General has determined that violence is moderately dangerous to your child's mental health. Public Opinion Quarterly, 36, 491-521.

BOLLINGER, G. & KAHLERT, M. 1985. Kabelpilotprojekt Ludwigshafen: Merkmale erster Teilnehmer. Media Perspektiven, 6, 464–470.

BONFADELLI, H. 1980. Neue Fragestellungen in der Wirkungsforschung: Zur Hypothese der wachsenden Wissenskluft. Rundfunk und Fernsehen, 28, 173–193.

BONFADELLI, H. 1983. Der Einfluß des Fernsehens auf die Konstruktion der sozialen Realität: Befunde aus der Schweiz zur Kultivierungshypothese. Rundfunk und Fernsehen, 31, 415–430.

BOSHIER, R. 1975. A video-tape study on the relationship between wearing spectacles und judgements of intelligence. Perceptual and Motor Skills, 40, 69–70.

BREITKOPF, L. & PONISCHOWSKI, K. 1985. Die Induktion von Angstabwehrmechanismen durch Modelle - Ergebnisse eines Experiments mit Videofilmen. Vortrag auf der 27. Tagung experimentell arbeitender Psychologen, Wuppertal.

BRENNE, F. 1977. Zur Messung der Wirkung von Fernsehsendungen (II): Verbale Kommunikation unter dem Einfluß des Fernsehens. Hamburg: Bericht des Hans-Bredow-Instituts.

BRYANT, J. & ANDERSON, D.R. (Eds.). 1983. Children's understanding of television. New York: Academic Press.

BRYANT, J., ALEXANDER, A. & BROWN, D. 1983. Learning from Educational Television Programs. In: HOWE, M.A.J. (Ed.): Learning from television. Psychological and educational research. London: Academic, 1–30.

BUDDEMEIER, H. 1970. Panorama, Diorama, Photographie. München: Fink.

BÜCKEN, R. 1985. Video - Die Systemvielfalt bleibt auch längerfristig erhalten. Media Perspektiven, 5, 317–331.

BUERKEL-ROTHFUSS, N.L. & MAYES, S. 1981. Soap opera viewing: The cultivation effect. Journal of Communication, 31, 108–115.

BULL, P. & CONNELLY, G. 1983. Body movement and emphasis in speech. Paper presented at the 2nd International Conference on Social Psychology and Language in Bristol.

BURDACH, K.J. 1981. Methodische Probleme der Vielseherforschung aus psychologischer Sicht. Fernsehen und Bildung, 15, 99–113.

BUSS, M. 1085. Die Vielseher. Fernseh-Zuschauerforschung in Deutschland. Theorie-Praxis-Ergebnisse. Frankfurt: Metzner.

BUSHBY, L.J. 1975. Sex role research on the mass media. Journal of Communication, 25, 107–131.

CANTOR, J. & SPARKS, G.G. 1984. Children's fear responses to mass media: Testing some Piagetian predictions. Journal of Communication, 34, 90–103.

CANTRIL, H. 1940. The invasion from Mars. Princeton. (deutsch in: PROKOP, D. (Hrsg.). 1973. Massenkommunikationsforschung 2: Konsumation. Frankfurt: Fischer, 198–212.

Christensen, P.G. & Roberts, D.F. 1983. The role of television in the formation of children's social attitudes. In: Howe, M.J.A. (Ed.): Learning from television. London: Academic, 79–100.
Christmann, S. 1985. Verstehen, Bewerten, Befolgen - Zur kognitiven Verarbeitung von Fernsehnachrichten. Unveröffentlichte Diplomarbeit. Mannheim.
Clostermann, G. 1952. Abhandlungen zur Jugend-Filmpsychologie. Veröffentlichungen des städtischen Forschungsinstituts für Psychologie der Arbeit und Bildung, Heft 3. Münster: Aschendorffsche Verlagsbuchhandlung.
Comstock, G., Chaffee, S., Katzman, N., McCombs, M. & Roberts, D. 1978. Television and human behavior. New York: Columbia University Press.
Comton, M.F. 1983. Television viewing habits of early adolescents. The Cleary House, 57, 59–62.
Cook, T.D., Appleton, H., Conner, R.F., Shaffer, A., Tamkin, G. & Weber, S.J. 1975. «Sesame Street» revisited. New York: Russell Sage Foundation.
Cook, T.D., Kendzierski, D.A. & Thomas, S.V. 1983. The implicit assumptions of television research: An analysis of the 1982 NIMH report on «Television and Behavior». Public Opinion Quarterly, 47, 161–201.
Cramond, J. 1979. Auswirkungen des Fernsehens auf das Alltagsleben der Kinder. In: Sturm, H. & Brown, J.R. (Hrsg.): Wie Kinder mit dem Fernsehen umgehen. Stuttgart: Klett-Cotta, 287–306.
Darkow, M. & Buss, M. 1983. Der Bundestagswahlkampf 1980 - ein Ereignis am Rande des Alltags. In: Schulz, W. & Schönbach, K. (Hrsg.): Massenmedien und Wahlen. Schriftenreihe der Deutschen Gesellschaft für Publizistik- und Kommunikationswissenschaft, 11, 446–463.
Darschin, W. & Frank, B. 1985. Tendenzen im Zuschauerverhalten. Ergebnisse der kontinuierlichen Zuschauerforschung für das Jahr 1984. Media Perspektiven, 4, 245–256.
Degenhardt, B., Degenhardt, W. & Uekermann, H.R. 1983. Bedingungen der Themenstruktur des politischen Publikums im Wahlkampf 1980. In: Schulz, W. & Schönbach, K. (Hrsg.): Massenmedien und Wahlen. Schriftenreihe der Deutschen Gesellschaft für Publizistik und Kommunikationswissenschaft 11. München: Ölschläger, 321–345.
Dehm, U. 1984. Fernsehunterhaltung. Zeitvertreib, Flucht oder Zwang? Mainz: v. Hase & Köhler.
Dehm, U. & Klingler, W. 1985. Programmvielfalt versus Programmnutzung. Ergebnisse einer Tagebuchuntersuchung im Kabelpilotprojekt Ludwigshafen-Vorderpfalz. Media Perspektiven, 6, 459–463.
Deutscher Gewerkschaftsbund (DGB). 1982. Kabelpilotprojekt - jetzt? Mainz.
Doob, A.N. & MacDonald, G.E. 1979. Television viewing and fear of victimization: is the relationship causal? Journal of Personality and Social Psychology, 37, 170–179.
Dorr, A., Doubleday, C. & Kovaric, P. 1984. Im Fernsehen dargestellte und vom Fernsehen stimulierte Emotionen. In: Mayer, M. (Hrsg.): Wie verstehen Kinder Fernsehprogramme? Schriftenreihe Internationales Zentralinstitut für das Jugend- und Bildungsfernsehen 17. München: Saur.

EHLERS, R. 1983. Themenstrukturierung durch Massenmedien. Zum Stand der empirischen Agenda-Setting Forschung. Publizistik, 28, 167–186.

ENDE, M. 1983. Jim Knopf und die Wilde 13. München: dtv.

ESCHE, A. 1977. Probleme, Aufgaben und Ergebnisse der Nachrichtenforschung. Politische Medienkunde, 3, 66–84.

ESCHER, R. 1977. Familiensozialisation durch Fernsehwerbung. Salzburg: Unveröffentlichte Dissertation.

ESSLIN, M. 1982. The age of television. San Francisco: Freeman.

EULER, H.A. & MANDL, H. (Hrsg.). 1983. Emotionspsychologie. München: Urban & Schwarzenberg.

FEIST, U. & LIEPELT, K. 1982. Objektiv der Politik oder politische Kamera? Beobachtungen zur Interdependenz von Fernsehen und Wählerverhalten – Ergebnisse einer Infas-Analyse. Media Perspektive, 10, 619–635.

FETLER, M. 1984. Television viewing and school achievement. Journal of Communication, 34, 104–118.

FINDAHL, O. 1971. The effect of visual illustrations upon perception and retention of news programmes. Sveriges Radio, Audience and Programme Research Dept., Stockholm.

FISKE, J. & HARTLEY, J. 1978. Reading television. London: Methuen.

FRIEDMAN, H.S., DIMATTEO, M.R. & MERTZ, T.I. 1980. Nonverbal communication of television news: The facial expressions of broadcasters during coverage of a presidential election campaign. Personality and Social Psychology Bulletin, 6, 427–435.

FUHRMANN, A., MAHLE, W.A., NEVERLA, J. & WINCKLER, K. 1975. Das Werbefernsehkind. In: HEYGSTER, A.L. & MASEBERG, E. (Hrsg.): Fernsehkritik Band VIII, Werbung im Fernsehen. Mainz: Haase & Koehler.

FUNKHOUSER, G.R. 1973. The issues of the sixties: An exploratory study in the dynamics of public opinion. Public Opinion Quarterly, 37, 62–75.

GAZIANO, C. 1983. The knowledge gap. An analytical review of media effects. Communication Research, 10, 447–486.

GEISSNER, H. 1975. Das Verhältnis von Sprach- und Sprechstil bei Rundfunknachrichten. In: STRASSNER, E. (Hrsg.): Nachrichten. München: Fink, 137–150.

GERBNER, G. & GROSS, L. 1976. Living with television: The violence profile. Journal of Communication, 26, 173–199.

GERBNER, G. & GROSS, L. 1976. The scary world of TV's heavy viewer. Psychology Today, 89, 41–45.

GERBNER, G. & GROSS, L. 1980. The violent face of television and its lessons. In: PALMER, E.L. & DORR, A. (Eds.): Children and the faces of television. New York: Academic, 149–162.

GERBNER, G., GROSS, L., MORGAN, M. & SIGNORELLI, N. 1980. The «mainstreaming» of America: Violence Profile No. 11. Journal of Communication, 30, 10–29.

GERBNER, G., GROSS, L., SIGNORELLI, N. & MORGAN, M. 1980. Aging with television: Images on television drama and conceptions of social reality. Journal of Communication, 30, 37–47.

GERBNER, G., MORGAN, L. & SIGNORELLI, M. 1984. Political correlates of television viewing. Public Opinion Quarterly, 48, 283–297.

GERHARTZ-FRANCK, J. 1955. Über Geschehensgestaltungen in der Auffassung von Filmen durch Kinder. Leipzig: Barth.

GLYNN, C.J. & MCLEOD, J.M. 1982. Perceptions of public opinion, communication processes and voting decisions. Paper presented at the 32nd Annual Convention, International Communication Association, Boston.

GRABOWSKI, J. 1984. Lebenswelt und Medienwelt: Zum Einfluß medialer Zeitstrukturen auf individuelle Zeitschätzungen. Mannheim: Unveröffentlichte Diplomarbeit.

GROEBEL, J. 1982. «Macht» das Fernsehen die Umwelt bedrohlich? Publizistik, 27, 152–165.

GROEBEL, J. 1983. Federal Republic of Germany: Aggression and aggression research. In: GOLDSTEIN, A.P. & SEGALL, M.H. (Eds.): Aggression in global perspective. New York: Pergamon.

GROEBEL, J. in press. International research on television violence. Synopsis and critique. In: HUESMAN, L.R. & ERON, L.D. (Eds.): Television and the aggressive child: A cross-national comparison. Hillsdale: Erlbaum.

GROHALL, K.H. & SCHUSTER, A. 1975. Bemerkungen über den Inhalt von Fernsehnachrichtensendungen in der BRD. In: STRASSNER, E. (Hrsg.): Nachrichten. München: Fink, 51–65.

GUTTMANN, R. 1916. Die Kinomenschheit. Wien: Auzengruber.

HAAS, H. 1986. Programmangebot und Programmnutzung. Eine empirische Untersuchung zur Nutzung des Programmangebots am Beispiel des Kabelfernsehpilotprojekts Ludwigshafen. Mannheim: Unveröffentlichte Diplomarbeit.

HAASE, H. 1981. Gewalt im Fernsehen. In: HAASE, H. & MOLT, W. (Hrsg.): Handbuch der Angewandten Psychologie. Band 3: Markt und Umwelt. Landsberg: Verlag Moderne Industrie, 262–282.

HAASE, H. 1981. Kinder, Jugendliche und Medien. Eine Literaturübersicht. Schriftenreihe Media Perspektiven, 1, 9–292.

Hans-Bredow-Institut für Rundfunk und Fernsehen (Hrsg.). 1975. Begleituntersuchung zur Fernsehserie «Sesamstraße». Ausgewählte Ergebnisse des Gesamtprojekts. Hamburg: Hans-Bredow-Institut für Rundfunk und Fernsehen an der Universität Hamburg.

HERRMANN, Th. 1985. Allgemeine Sprachpsychologie. München: Urban & Schwarzenberg.

HESSE, K.W. (Hrsg.). 1955. Schmutz und Schund unter der Lupe. Bericht über eine Untersuchung des Gesamtproblems der Jugendgefährdung. Frankfurt: Deutsche Jugend-Presse-Agentur.

HILSE, C. 1976. Der junge Verbraucher. Eine Untersuchung über Einstellung und Verhaltensweisen des jungen Konsumenten am Markt. Hamburg: Prisma Institut.

HIRSCH, P.M. 1980. The «scary world» of the nonviewer and other anomalies: A reanalysis of Gerbner et al.'s findings on the cultivation hypotheses. Part I. Communication Research, 7, 403–456.

HIRSCH, P.M. 1980. The «scary world» of the nonviewer and other anomalies: A reanalysis of Gerbner et al.'s findings on the cultivation hypotheses. Part I. Communication Research, 7, 403-456.

HIRSCH, P.M. 1981. Die «angsterregende Welt» des Nichtsehers und andere Unstimmigkeiten. Fernsehen und Bildung, 15, 43-64.

HIRSCH, P.M. 1981. On not learning from one's own mistakes. A reanalysis of Gerbner et al.'s findings on the cultivation Hypotheses. Part II. Communication Research, 8, 3-37.

HOISS, J. & TSCHECH, H. 1975. Die Arbeit des Nachrichtenredakteurs im Rundfunk. In: STRASSNER, E. (Hrsg.): Nachrichten. München: Fink, 206-217.

HOLZER, H. 1974. Kinder und Fernsehen. München: Hanser.

HOLZER, H. 1975. Theorie des Fernsehens. Hamburg: Hoffmann & Campe.

HORN, I. 1982. Fernsehverbreitung und Fernsehnutzung in den USA. Neuere Ergebnisse aus der US-Zuschauerforschung. Media Perspektiven, 6, 398-403.

HOWE, M.J.A. (Ed.). 1983. Learning from television. Psychological and educational research. London: Academic.

HUESMAN, L.R. & ERON, L.D. (Eds.). In press. Television and the aggressive child: A cross-national comparison. Hillsdale: Erlbaum.

HUTH, S. 1978. Emotionale Wirkungen von Film und Fernsehen. Ergebnisse aus der empirischen Forschung. Fernsehen und Bildung, 12, 235-290.

HUTH, S. 1979. Verstehen und Behalten von Nachrichtensendungen. Fernsehen und Bildung, 13, 115-165.

HUTH, S. & LÖHR, P. 1982. Kabelfernsehen: Eine Bibliographie. München: Saur.

Infratest. 1978. Kommunikationsverhalten und Buch. München: Unveröffentlichter Infratest-Bericht.

Infratest. 1981. Fernsehen im Alltag von Kindern. Schriftenreihe Media Perspektiven 1. Frankfurt: Metzner.

INGENKAMP, F.D. 1983. Die Neuen Medien. Informationen für Lehrer und Erzieher. Arbeitsbericht 3 der Forschungsstelle für politisch-gesellschaftliche Erziehung. Weingarten.

JEFFRES, L.W. 1978. Cable TV and interest maximation. Journalism Quarterly, 55, 149-154.

JENESSEN, H. 1980. Leistungsmotiventwicklung und Fernsehen. Eine empirische Untersuchung bei Schulanfängern. Bochum: Brockmeyer.

KAASE, M. 1973. Die Bundestagswahl 1972: Probleme und Analysen. Politische Vierteljahresschrift, 14, 145-190.

KALBUS, O. 1935. Vom Werden deutscher Filmkunst. Hamburg: Cigarettenbilderdienst.

KATZ, E. 1978. Konzepte der Medienwirkungsforschung. Vortrag gehalten auf der 8. flämischen Konferenz über Kommunikationswissenschaften, Brüssel, Oktober 1978.

KEILHACKER, M. 1954. Der gegenwärtige Stand der deutschen und ausländischen Forschung über Wirkungsweise und Einflüsse des Films auf Kinder und Jugendliche. Vierteljahresschrift für wissenschaftliche Pädagogik, 30, 192-205.

KELLNER, H. 1978. Visuelle Aufmerksamkeit und verbale Kommunikation unter dem Einfluß des Fernsehens. ZDF-Schriftenreihe, 21, 26-37.

KELLNER, H. 1981. Wieviel und welches Fernsehen wollen und nutzen die Bürger? Media Perspektiven, 2, 116–123.
KEPPLINGER, H.M. 1979. Ausgewogen bis zur Selbstaufgabe? Die Fernsehberichterstattung über die Bundestagswahl 1976 als Fallstudie eines kommunikationspolitischen Problems. Media Perspektiven, 11, 750–755.
KEPPLINGER, H.M. 1980. Optische Kommentierung in der Fernsehberichterstattung über den Bundestagswahlkampf 1976. In: ELLWEIN, Th. (Hrsg.): Politikfeldanalysen. Opladen: Westdeutscher Verlag, 163–179.
KEPPLINGER, H.M. 1982. Die Grenzen des Wirkungsbegriffs. Publizistik, 27, 98–113.
KEPPLINGER, H.M. 1982. Visual biases in television campaign coverage. Communication Research, 9, 432–446.
KEPPLINGER, H.M. & DONSBACH, W. 1981. The impact of camera perspectives on the perception of a speaker. Institutsbericht des Instituts für Publizistik. Mainz.
KEPPLINGER, H.M. & DONSBACH, W. 1983. Der Einfluß der Kameraperspektiven auf die Wahrnehmung eines Parteiredners durch Anhänger, Gegner und neutrale Zuschauer. In: SCHULZ, W. & SCHÖNBACH, K. (Hrsg.): Massenmedien und Wahlen. Schriftenreihe der Deutschen Gesellschaft für Publizistik- und Kommunikationswissenschaft 11. München: Ölschläger, 406–423.
Kinder, Medien, Werbung. 1981. Ein Literatur- und Forschungsbericht. Schriftenreihe Media Perspektiven. Frankfurt: Metzner.
KLAPPER, J.T. 1967. Mass communication, attitude stability and change. In: SHERIF, C.W. & SHERIF, M. (Eds.): Attitude, egoinvolvement, and change. New York: Wiley, 297–310. (deutsch: Massenkommunikation - Einstellungskonstanz und Einstellungsänderung. In: AUFERMANN, J., BOHRMANN, H. & SÜLZER, R. [Hrsg.]. 1973. Gesellschaftliche Kommunikation und Information, Band 1. Frankfurt: Athenäum Fischer, 49–63.).
KNIETZSCH, H. 1971. Filmgeschichte in Bildern. Berlin (O): Henschel.
KNIVETON, B.H. 1979. Soziales Lernen und Nachahmung. In: STURM, H. & BROWN, J.R. (Hrsg.): Wie Kinder mit dem Fernsehen umgehen. Stuttgart: Klett-Cotta, 255–286.
KOCH, M. 1954. Fernsehen als neuer Umweltfaktor. Psychologische Rundschau, 5, 22–35.
KOMMER, H. 1979. Früher Film und späte Folgen. Berlin: Basis.
KRAMPEN, G., VIEBIG, J. & WALTER, W. 1982. Differentialpsychologische Korrelate des Fernsehverhaltens. Psychologische Beiträge, 24, 199–223.
KREBS, D. 1981. Gewaltdarstellungen im Fernsehen und die Einstellungen zu aggressiven Handlungen bei 12- bis 15jährigen Kindern. Zeitschrift für Sozialpsychologie, 12, 281–302.
KRÜGER, U.M. 1985. «Soft news» - kommerzielle Alternative zum Nachrichtenangebot öffentlich-rechtlicher Rundfunkanstalten. SAT 1, RTL plus, ARD und ZDF im Vergleich. Media Perspektiven, 6, 479–490.
KÜBLER, H.D. 1980. Kauft, Kinder, kauft! Kinder und Werbung. Sozialpädagogische Blätter, 31.
KÜBLER, H.D. 1982. Kino und Film. In: KAGELMANN, H.J. & WENNINGER, G. (Hrsg.): Medienpsychologie. München: Urban & Schwarzenberg, 45–59.

KÜBLER, H.D. & WÜRZBERG, G. 1982. Medienforschung. In: KAGELMANN, H.J. & WENNINGER, G. (Hrsg.): Medienpsychologie. München: Urban & Schwarzenberg, 96–117.

KÜCHENHOFF, E. 1975. Die Darstellung der Frau und die Behandlung von Frauenfragen im Fernsehen. Stuttgart: Kohlhammer.

KUNCZIK, M. 1979. Massenkommunikation. Köln: Böhlau.

LANG, E. 1980. Kind, Familie und Fernsehen. Freiburg: Herder.

LANGE, K. 1920. Das Kino in Gegenwart und Zukunft. Stuttgart: Enke.

LASSWELL, H. 1927. Propaganda technique in the world war. New York.

LAZARSFELD, P., BERELSON, B. & GAUDET, H. 1944. The people's choice. New York: Meredith.

LE BON, G. 1895. La psychologie des foules. Paris.

LESSER, H. 1977. Television and the preschool child. New York: Academic Press.

LETTAU, R. 1975. Nachrichten im Fernsehen. In: DAHLMÜLLER, G. (Hrsg.): Kritik des Fernsehens. Darmstadt: Luchterhand, 48–65.

LIPP, M. 1983. Journalistische Wahlkampfvermittlung. Eine Analyse der politischen Diskussionssendungen im Fernsehen. In: SCHULZ, W. & SCHÖNBACH, K. (Hrsg.): Massenmedien und Wahlen. Schriftenreihe der deutschen Gesellschaft für Publizistik- und Kommunikationswissenschaft 11, 238–259.

LOJEWSKI, G.v. 1975. Journalisten, Menschen wie du und ich. In: STRASSNER, E. (Hrsg.): Nachrichten. München: Fink, 165–179.

LYLE, J. & HOFFMAN, H.R. 1979. Sehmuster von Vorschulkindern. Eine amerikanische Untersuchung. In: STURM, H. & BROWN, R.J. (Hrsg.): Wie Kinder mit dem Fernsehen umgehen. Stuttgart: Klett-Cotta, 115–124.

LYNCH, M.D. & SASSENRATH, L.H. 1965. Dimensions of personality association of television network newscasters. Journal of Broadcasting, 10, 33–43.

MALETZKE, G. 1963. Psychologie der Massenkommunikation. Hamburg: Bredow-Institut.

MALETZKE, G. 1979. Kinder und Fernsehen. In: STURM, H. & BROWN, R.J. (Hrsg.): Wie Kinder mit dem Fernsehen umgehen. Stuttgart: Klett-Cotta, 21–86.

MANDELL, L.M. & SHAW, D.L. 1973. Judging people in the news - unconsciously. Effect of camera angle and bodily activity. Journal of Broadcasting, 17, 353–362.

MANDER, J. 1978. Four arguments for the elimination of television. New York: MORROW. (deutsch: Schafft das Fernsehen ab! 1979. Reinbek: Rowohlt.)

MCCOMBS, M.E. & SHAW, D.L. 1972. The agenda setting function of mass media. Public Opinion Quarterly, 36, 176–187.

MCDAVID, J.W. & HARARI, H. 1968. Social psychology. New York: Harper & Row.

MCLEOD, J.M., BYBEE, C.R. & DURALL, J.A. 1979. Equivalence of informed political participation: The 1976 presidential debates as a source of influence. Communication Research, 6, 463–487.

MCLUHAN, M. 1962. The Gutenberg-Galaxy: The making of topographic man. Toronto: University of Toronto Press. (deutsch: Die Gutenberg-Galaxis. 1968. Düsseldorf: Econ.)

McLuhan, M. 1965. Understanding media: The extensions of man. New York: McGraw-Hill. (deutsch: Die magischen Kanäle. 1968. Düsseldorf: Econ.)

Melchers, C.B. & Seifert, W. 1984. «... das Bild ist jetzt noch nicht weg». Medium, 6, 21-31.

Meringoff, L. 1980. Children and advertising: An annotated bibliography. New York: Children's Advertising Review Unit, Council of Better Buisiness Bureaus, Inc., 1980.

Merten, K. 1977. Kommunikation. Eine Begriffs- und Prozeßanalyse. Opladen: Westdeutscher Verlag.

Merten, K. 1983. Wirkungen der Medien im Wahlkampf. Fakten oder Artefakte? In: Schulz, W. & Schönbach, K. (Hrsg.): Massenmedien und Wahlen. Schriftenreihe der Deutschen Gesellschaft für Publizistik- und Kommunikationswissenschaft 11. München: Ölschläger, 424-441.

Mickelson, S. 1972. The electric mirror. Politics in an age of television. New York: Dodd, Mead.

Milavsky, R.J., Kessler, R.C., Stipp, H.H. & Rubens, W.S. 1982. Television and Aggression. New York: Academic.

Mohn, E. 1985. Kabel«pilot»projekt Ludwigshafen. Programmliche Vielfalt im außenpluralen Anbietermodell. Media Perspektiven, 2, 111-119.

Moreck, C. 1926. Sittengeschichte des Kinos. Dresden: Aretz.

Morin, E. 1958. Der Mensch und das Kino. Stuttgart: Klett.

Moscovici, S. 1981. Bewußte und unbewußte Einflüsse in der Kommunikation. Zeitschrift für Sozialpsychologie, 12, 93-103.

Münsterberg, H. 1916. The photoplay. A psychological study. (Neuauflage 1970. New York: Dover.)

Muth, H. 1955. Film und Jugendkriminalität. Die neue Volksschule in Stadt und Land, 7, 308-319.

Nelson, K. 1973. Structure and strategy in learning to talk. Monographs of the Society for Research in Child Development, 149 (38).

Neubauer, W. 1975. Wirkungen des Werbefernsehens hinsichtlich der Behaltensleistungen und Kritikfähigkeit. Jugend-Film-Fernsehen, 19, 165-180.

Neverla, I. 1982. Sexismus. In: Kagelmann, H. & Wenninger, G. (Hrsg.): Medienpsychologie. München: Urban & Schwarzenberg, 183-189.

Nias, D.K.B. 1983. The effects of televised sex and pornography. In: Howe, M.A. (Ed.): Learning from television. London: Academic, 179-192.

Noack, V. 1913. Der Kino. Etwas über sein Wesen und seine Bedeutung. Gautzsch b. Leipzig: Dietrich.

Noelle-Neumann, E. 1979². Öffentlichkeit als Bedrohung. Freiburg: Alber.

Noelle-Neumann, E. 1980. Die Schweigespirale. München: Piper.

Ong, W.J. 1977. Interfaces of the word. Studies in the evolution of consciousness and culture. Ithaca: Cornell University Press.

Pingree, S. & Hawkins, R. 1981. U.S. programs on Australian Television: The cultivation effect. Journal of Communication, 31, 97-105.

Pingree, S. & Hawkins, R.P. 1982. What children do with television: Implications for communication research. In: Dervin, B. & Voigt, M.J. (Eds.): Progress in communication sciences, Vol. 3. New Jersey: Ablex, 225-244.

POSTMAN, N. 1982. The disappearance of childhood. New York: Delacorte Press. (deutsch: Das Verschwinden der Kindheit. 1983. Frankfurt: Fischer.)

POSTMAN, N. 1985. Amusing ourselves to death. Public discourse in the age of show business. New York: Viking-Penguin. (deutsch: Wir amüsieren uns zu Tode. Urteilsbildung im Zeitalter der Unterhaltungsindustrie. 1985. Frankfurt: Fischer.)

PROKOP, D. (Hrsg.). 1972. Massenkommunikationsforschung. Frankfurt: Fischer.

PROKOP, D. 1979. Faszination und Langeweile. Die populären Medien. Stuttgart: Enke.

QUARFOTH, J.M. 1979. Children's understanding of the nature of television characters. Journal of Communication, 29, 210–218.

RADUNSKI, P. 1980. Wahlkämpfe. Moderne Wahlkampfführung als politische Kommunikation. München: Olzog.

RÄDER, H.-G. 1980. Medieneinfluß auf die Wahl? Literaturübersicht über eine Unterstellung. Materialien zur Politischen Bildung, 3 (3), 93–103.

RENCKSTORF, K. 1980. Erinnerung von Nachrichtensendungen im Fernsehen. Konturen des aktiven Publikums. Media Perspektiven, 4, 246–255.

ROBERTS, D.F. & BACHEN, C.M. 1981. Mass communication effects. Annual Review of Psychology, 32, 307–356.

ROBINSON, G.J. 1980. Das Image von Frau und Beruf im Wandel der Darstellung in den Medien. Ein Überblick aus Kanada und den USA. Fernsehen und Bildung, 14, 43–66.

ROBINSON, J.P. 1967. World affairs information and mass media exposure. Journalism Quarterly, 44, 23–31.

RONNEBERGER, F. 1982. Neue Medien. Schriften der Deutschen Gesellschaft für COMNET Band 1. Konstanz: Universitätsverlag.

RONNEBERGER, F. & GERHARD, P. 1984. Kabelpilotprojekt München. Ergebnisse einer ersten Telefonbefragung. Media Perspektiven, 12, 961–969.

RYDIN, I. 1984. Wie Kinder Fernsehsendungen verstehen und daraus lernen. In: MEYER, M. (Hrsg.): Wie verstehen Kinder Fernsehprogramme? Schriftenreihe Internationales Zentralinstitut für das Jugend- und Bildungsfernsehen 17. München: Saur, 158–177.

SALOMON, G. 1976. Cognitive skill learning across cultures. Journal of Communication, 26, 138–145.

SALOMON, G. 1979. Interaction of media, cognition, and learning. San Francisco: Jossey-Bass.

SALOMON, G. 1979. Shape, not only content: How media symbols partake in the development of abilities. In: WARTELLA, E. (Ed.): Children communicating: Media and development of thought, speech, understanding. Sage Annual Review of Communication Research, 7, 53–82.

SAXER, U., BONFADELLI, H. & HÄTTENSCHWILER, W. 1980. Die Massenmedien im Leben der Kinder und Jugendlichen. Zug: Klett & Balmer.

SELG, H. 1986. Pornographie. Psychologische Beiträge zur Wirkungsforschung. Bern: Huber.

SICKER, A. 1956. Kind und Film. Der Einfluß des Filmes auf das Seelenleben des Kindes. Bern: Huber.

SINGER, D.G. 1982. How much television is too much? Families 1.
SINGER, D.G. & SINGER, J.L. 1983. Learning how to be intelligent consumers of television. In: HOWE, M.J.A. (Ed.): Learning from television. London: Academic, 203–222.
SINGER, J.L. & SINGER, D.G. 1983. Implications of childhood television viewing for cognition, imagination and emotion. In: BRYANT, J. & ANDERSON, D.R. (Eds.): Children's understanding of television. New York: Academic, 265–298.
SIX, U. 1984. Kognitive und emotionale Fernsehwirkungen im Längsschnitt. Vortrag auf dem 34. Kongreß der Deutschen Gesellschaft für Psychologie in Wien.
SMITH, R.R. 1979. Mythic elements in television news. Journal of Communication, 29, 75–82.
SREBERNY-MOHAMMADI, A. 1984. The «world of the news» study: Results of international cooperation. Journal of Communication, 34, 121–134.
SCHATZ, H., ADAMCZEWSKI, K., LANGE, K. & NÜSSEN, F. 1981. Fernsehen und Demokratie. Eine Inhaltsanalyse der Fernsehnachrichtensendungen von ARD und ZDF vom Frühjahr 1977. Opladen: Westdeutscher Verlag.
SCHERER, K.R. 1979. Kommunikation. In: SCHERER, K.R. & WALLBOTT, H.G. (Hrsg.): Nonverbale Kommunikation. Forschungsberichte zum Interaktionsverhalten. Weinheim: Beltz, 14–24.
SCHERER, K.R. & WALLBOTT, H.G. (Hrsg.). 1979. Nonverbale Kommunikation. Forschungsberichte zum Interaktionsverhalten. Weinheim: Beltz.
SCHNEEWIND, K.A., BECKMANN, M. & ENGFER, A. 1983. Eltern und Kinder. Stuttgart: Kohlhammer.
SCHÖNBACH, K. 1982. «The issues of the seventies». Elektronische Inhaltsanalyse und die langfristige Beobachtung von Agenda-Setting-Wirkungen der Massenmedien. Publizistik, 27, 129–140.
SCHRAMM, W. 1981. What is a long time? In: WILHOIT, G.C. & DE BOCK, H. (Eds.): Mass Communication Review Yearbook 2, 201–206.
SCHULZ, W. 1976. Die Konstruktion von Realität in den Nachrichtenmedien. Analyse der aktuellen Berichterstattung. Freiburg: Alber.
SCHULZ W. 1980. Das Weltbild der Nachrichtenmedien. Politische Bildung, 1, 33–45.
SCHULZ, W., VAN LESSEN, R., SCHLEDE, C. & WALDMANN, N. 1976. Die Bedeutung audiovisueller Gestaltungsmittel für die Vermittlung politischer Einstellungen. AV-Forschung, 15, 49–210.
SCHWABE, R. & TAUSCH, A.M. 1975. Die Fernsehsendereihe «Das Wort zum Sonntag». Empirisch-psychologische Untersuchung ihrer Wirkungsbedingungen. Publizistik, 20, 794–801.
SCHWARTZ, T. 1973. The responsive chord. Garden City, N.Y.: Anchor Press.
STEARN, G.E. (Hrsg.):. 1969. McLuhan – Für und Wider. Düsseldorf: Econ.
STRASSNER, E. 1982. Fernsehnachrichten. Tübingen: Niemayer.
STROEBE, W. 1980. Grundlagen der Sozialpsychologie I. Stuttgart: Klett-Cotta.
STÜCKRATH, F. & SCHOTTMAYER, G. 1955. Psychologie des Filmerlebens in Kindheit und Jugend. Hamburg: Schropp.

STÜCKRATH, F. & SCHOTTMAYER, G. 1967. Fernsehen und Großstadtjugend. Braunschweig: Westermann.

STURM, H. 1984. Wahrnehmung und Fernsehen: Die fehlende Halbsekunde. Media Perspektiven, 1, 58–65.

STURM, H. & BROWN, J.R. (Hrsg.). 1979. Wie Kinder mit dem Fernsehen umgehen. Stuttgart: Klett-Cotta.

TANKARD, J.W. Jr., McCLENEGHAN, J.S., GANJU, V., LEE, E.B., OLKES, C. & DUBOSE, D. 1977. Nonverbal Cues and Television News. Journmal of Communication, 27 (4), 106–111.

TANNENBAUM, P.H. & GREENBERG, B.S. 1968. Mass Communication. Annual Review of Psychology, 19, 351–386.

TAYLOR, D.G. 1982. Pluralistic ignorance and the spiral of silence: A formal analysis. Public Opinion Quarterly, 46, 31–355.

TICHENOR, P.J., DONOHUE, G.A. & OLIEN, C.N. 1970. Mass media flow and differential growth in knowledge. Public Opinion Quarterly, 34, 159–170.

TRIANDIS, H.C. 1975. Einstellungen und Einstellungsänderungen. Weinheim: Beltz.

TUCHMAN, G. 1980. Die Verbannung von Frauen in die symbolische Nichtexistenz durch die Massenmedien. Fernsehen und Bildung, 14, 10–42.

UEKERMANN, H. & WEISS, H.J. 1980. Die Themenstrukturierungsfunktion der Massenmedien. Kommunikationswissenschaftliches Gutachten für das Presse- und Informationsamt der Bundesregierung. München/Göttingen.

UPMEYER, A. 1985. Soziale Urteilsbildung. Stuttgart: Kohlhammer.

VITOUCH, P. 1981. Vielseher und Attribution. Ein sozialpsychologischer Ansatz zur Medienforschung. Fernsehen und Bildung, 15, 160–167.

WAGNER, W. & BRANDSTÄTTER, H. 1980. Differentielle Medienwirkungen bei der Beobachtung einer Politikerdiskussion – akustische vs. audiovisuelle Bedingungen. Zeitschrift für Sozialpsychologie, 11, 69–78.

WARTELLA, E. (Ed.). 1979. Children communicating: Media and development of thought, speech understanding. Beverly Hills: Sage.

WARTELLA, E.A. 1980. Frauen und Fernsehwerbung: Die Zusammenhänge von Rollenklischees und Verkaufsstrategien. Fernsehen und Bildung, 14, 102–114.

WARTELLA, E. & HUNTER, L.S. 1984. Die Präsentationsformen der Fernsehwerbung und ihre Wirkung auf Kinder. In: MEYER, M. (Hrsg.): Wie verstehen Kinder Fernsehprogramme? Schriftenreihe Internationales Zentralinstitut für das Jugend- und Bildungsfernsehen 17. München: Saur, 138–157.

WASEM, E. 1957. Jugend und Filmerleben. München: Reinhardt.

WEAVER, D. 1983. Media agenda-setting and elections: Assumptions and implications. In: SCHULZ, H. & SCHÖNBACH, K. (Hrsg.): Massenmedien und Wahlen. Schriftenreihe der Deutschen Gesellschaft für Publizistik- und Kommunikationswissenschaft 11. München: Ölschläger, 263–282.

WEICHLER, K. 1985. Das Buch wird bleiben. Wochenzeitschrift *Die Zeit* Nr. 7, Februar 1985.

WEISS, H.J. 1976. Wahlkampf im Fernsehen. Untersuchungen zur Rolle der großen Fernsehdebatten im Bundestagswahlkampf 1972. Berlin: Spiess.

WEISS, W. 1971. Mass communication. Annual Review of Psychology, 22, 309-336.

WENDLAND, U. 1981. Kausale Modelle zur Wirkung des Werbefernsehens auf Kinder und Jugendliche. In: HAASE, H. & MOLT, W. (Hrsg.): Handbuch der Angewandten Psychologie. Band 3. München: Verlag Moderne Industrie, 251-261.

WILLIAMS, P.A., HAERTEL, E.H., HAERTEL, G.D. & WALBERG, H.J. 1982. The impact of leisure-time television on school-learning: A research synthesis. American Educational Research Journal, 19, 19-50.

WILLIAMS, R. 1974. Television - technology and cultural form. London: Fontana.

WINN, M. 1977. The plug-in drug. New York: Viking. (deutsch: Die Droge im Wohnzimmer. Reinbek: Rowohlt, 1984).

WINTERHOFF-SPURK, P. 1983. Die Funktionen von Blicken und Lächeln beim Auffordern. Frankfurt: Fischer.

WINTERHOFF-SPURK, P. 1983. Fiktionen in der Fernsehnachrichtenforschung. Von der Text-Bild-Schere, der Überlegenheit des Fernsehens und vom ungestörten Zuschauer. Media Perspektiven, 10, 722-727.

WINTERHOFF-SPURK, P. 1985. Die Mimik in Aufforderung und Bericht. Zum Zusammenhang verbaler und nonverbaler Kommunikation. Zeitschrift für Semiotik, 7, 155-174.

WINTERHOFF-SPURK, P. & GRABOWSKI-GELLERT, J. 1985. Nonverbale Kommunikation und die Direktheit von Direktiva: Der Ton macht die Musik. Arbeiten der Forschergruppe Sprechen und Sprachverstehen im sozialen Kontext. Bericht Nr. 2. Heidelberg/Mannheim.

WINTERHOFF-SPURK, P. & SCHMITT, R. 1985. Texte bei der Fernsehwerbung. Eine experimentelle Untersuchung zur Wirkung von Texten auf die Bildrezeption und die Bewertung von Werbespots. Media Perspektiven, 2, 142-147.

ZGLINICKI, F. v. 1956. Der Weg des Films. Berlin: Rembrandt.

Bildnachweis

Umschlagbild: Ausschnitt aus Carl Spitzweg, *Aus der guten alten Zeit.*

Seite 7 (zu Kapitel 1): Auto-Aufkleber (Informationsmappe aus Farmington).

Seite 29 (zu Kapitel 2): Aus der Einladung zur International Conference on Visual Communication in Philadelphia. Photo J.R. Eyerman. Life Magazine. © 1952, 1980 Time Inc.

Seite 51 (zu Kapitel 3): Aus der Broschüre *Jugendgefährdung durch gewaltdarstellende Video-Filme* des Ministeriums für Arbeit, Gesundheit und Soziales des Landes Nordrhein-Westfalen.

Seite 89 (zu Kapitel 4): Aus Sempé, *Von den Höhen und Tiefen.* © 1972 Diogenes Verlag AG, Zürich.

Seite 105 (zu Kapitel 5): Aus Bosc, *Alles bloß das nicht.* © 1983 Diogenes Verlag AG, Zürich.

Seite 129 (zu Kapitel 6): Aus Sempé, *Konsumgesellschaft,* © 1973 Diogenes Verlag AG, Zürich.

Seite 149 (zu Kapitel 7): Aus *Loriots Gesammelten Werken im Diogenes Verlag.* © by Diogenes Verlag AG, Zürich.

Seite 169 (zu Kapitel 8): Aus Michael Ende, *Jim Knopf und die Wilde 13.* © 1962 K. Thienemanns Verlag, Stuttgart.

Seite 185 (Nachwort): Aus Sempé, *Konsumgesellschaft.* © 1973 Diogenes Verlag AG, Zürich.

Sachregister